当高考遇上青春期

张 磊 著

中国海洋大学出版社

·青岛·

图书在版编目（CIP）数据

当高考遇上青春期 / 张磊著 . —青岛：中国海洋
大学出版社，2023.8

　　ISBN 978-7-5670-3579-9

　　Ⅰ. ①当… Ⅱ. ①张… Ⅲ. ①高中生－青春期－心理
健康－健康教育－研究 Ⅳ. ① G444

　　中国国家版本馆 CIP 数据核字（2023）第 151108 号

当高考遇上青春期
DANG GAOKAO YUSHANG QINGCHUNQI

出版发行	中国海洋大学出版社
社　　址	青岛市香港东路23号　　　　邮政编码　266071
出 版 人	刘文菁
网　　址	http://pub.ouc.edu.cn
电子邮箱	j.jiajun@outlook.com
订购电话	0532－82032573 （传真）
责任编辑	姜佳君　　　　　　　　　　电　　话　0532－85901040
印　　制	青岛海蓝印刷有限责任公司
版　　次	2023年8月第1版
印　　次	2023年8月第1次印刷
成品尺寸	170 mm × 230 mm
印　　张	18.25
字　　数	278千
印　　数	1～1 000
定　　价	58.00元

发现印装质量问题，请致电0532-88785354，由印刷厂负责调换。

谨以此书献给我的同仁和我亲爱的孩子们，以及人生中最美好的青春。

"在你的手中是许许多多正在成长的生命，每一个都如此不同，每一个都如此重要，全部对未来充满着憧憬和梦想。他们都依赖你的指引、塑造及培育，才能成为最好的个人和有用的公民。"

笔者和她的孩子们（一）

笔者和她的孩子们（二）

笔者和她的孩子们（三）

笔者和她的孩子们（四）

笔者和她的孩子们（五）

笔者和她的孩子们（六）

笔者和她的孩子们（七）

运动会

"校长杯"足球赛

篮球赛

孩子们在艺术节自编自演《名画动起来》

孩子们合唱《保卫黄河》

"收获"主题展板

笔者和孩子们在"收获"主题展板前的合影

序 一

万分荣幸能为张老师，为这段珍贵的青春写点什么。提起笔来，仿佛打开了记忆的闸门。

高中三年，她是文思泉涌、才情斐然的语文老师，更是我们朝夕相伴、亦师亦友的"老班"。偶尔我们怕她的威严，因为她总能一眼就发现问题出现的苗头。但更多时候我们敬佩她的学识渊博、崇拜她的奇思妙想、爱她的温暖幽默。愚人节陪我们一起搞怪，儿童节给我们这些"大龄儿童"发糖，课前偶尔变成找不到 U 盘的"小迷糊"……她也被我们亲切地喊作"磊姐姐"。

作为一名多年奋战在教育教学一线的班主任，她总是面对着像我们一样处在人生关键阶段的"熊孩子"。作为班级这个大家庭里的妈妈，她时刻关注着几十个孩子的学习、成长。百般思虑和种种压力难以想象，但她游刃其中，她总能传递给我们最积极、坚定的力量。记得张老师给我们布置周末作业，除了常规内容外，必不可少的一项就是总结。每个同学的总结或长或短，她都会用心批阅，留下几句警醒或鼓励的话。高考像是一场不能停歇的长途奔袭，这些总结就像是一次次"空中加油"，为我们补充了源源不竭的动力。张老师如此强调总结的重要性，自己也同样善于总结。这本书正是她在教育事业苦心孤诣、辛勤耕耘二十余载，与家长、同学们一同奋战，种种经历、经验的总结。书中有她对迷茫的学生、焦急的家长的引导与援助，对一块块展板、一节节班会课的长期铺垫与精心设计。张老师陪伴我们奋斗过的路，也曾陪伴许多学长学姐们走过，今后她也会继续陪伴更多的学弟学妹们前行。在一次次的总结里，她形成、发展并完善了她的教育思想和方法；这些她思考、实践又反思而得出的精华，在越来越多的学生身上得到了成功的运用。想必这也就是为什么她能被同学们评为"最懂学生的班主任"了吧。

除此之外，张老师还是一个极富生活情趣的人，生活中的点滴可爱之处总会被她精准地捕捉、记录。当年她还给我们班开了一个专属博客，于是那些班里的趣事，她便替我们永远地保存了下来。毕业以后联系的机会少了，但偶尔刷到她的朋友圈，我还是会被她文字里的阳光所感染。在"磊姐姐"的班级里，我们感受着属于高中阶段独一无二的酸甜苦辣，收获的不仅仅是令人满意的高考成绩，还有对待学业、对待人生的谦虚、严谨、扎实的态度和许多宝贵的品质：积极、坚韧、淡定……

得遇良师，何其有幸。这珍贵的师生情谊与青春记忆此生难忘。当高考遇上青春期，是张老师伴我走过。我也和书中许多故事的主人公一样，遇见了"磊姐姐"，于是遇见了更好的自己。

王辰（2014 级 9 班学生）

2023 年 7 月

序二

我与张磊老师的相识始于 2017 年的夏天。那年,孩子初入高中,有幸分在张老师班。让我记忆犹新的是开学后张老师给家长们上的第一课,她在屏幕上展示了一幅由五光十色、形色各异的"宝石"组成的美丽画面,每一颗都闪耀着迷人的光芒,令人陶醉。班会要结束的时候,张老师说,这些"宝石"其实是我们平时看到的最普通、最不起眼的沙子在显微镜下呈现的模样。孩子们正如一粒粒沙子,需要经历海风和海浪的洗礼,然后以自己独特的形式绽放。这期间需要家长学会用放大镜、以欣赏的心和智慧的眼光去发现孩子不一样的美。此后三年里的一次次家长会,张老师把她宝贵的教育经验和智慧一点点地传递给我们,教我们如何看待青春期"长了刺"的孩子,教我们如何与孩子正确相处,教我们怎样才是真正爱孩子。

2020 年的高考无疑是特殊的,不仅因为那年是新高考政策实施的第一年,还因为疫情让高考延期了一个月,这些都让老师、家长和孩子们感到"压力山大"。但就是在这样风云变幻的大环境下,张老师带领的海尔创新班取得了全班平均 620 多分的傲人成绩。在张老师的眼里,高考是一个节日,备考是一个采摘收获的过程。她用一棵不断生长的苹果树向孩子们传递着对收获的欣喜期待,减轻孩子们内心的紧张和焦虑。越来越多的红苹果挂上枝头,到孩子们离校的那一天,苹果树已硕果累累,等待孩子们去采摘!

谈及高考,人们脑海中往往会闪现"千军万马过独木桥""自古华山一条路"的画面;谈及青春期的孩子,"叛逆"成了家长们常说的词汇。关于高考与青春期孩子的话题，成为困扰众多家庭的难题。《当高考遇上青春期》这本书凝聚了张老师执教二十余年的心血，深入浅出地介绍了许多涉及孩子心理、行为、认知、教育等方面的教育理论和行之有效的教育方法，使我们能"知其所以然"，更重要的是其中有张老师多年教育研究与实践的体会，特别是她积累的诸多与高考有关的成功案例，给我们讲述了一个又一个生动有趣又发人深省的故事。书中浅显易懂的比喻如"尖锐的刺""包子、饺子、馅饼""脂肪肝""推拿""沙子与石头"，将科学的教育理论与实际应用场景联系起来，纠正了我对家庭教育的认知。这本书让我真正懂得为什么我过去的很多想法、做法是错误的，更让我清楚地知道我今后应该怎样做才会对孩子、对自己更好。

张老师在教育和教学中取得了优异的成绩，获得了多项荣誉，她所培养的学生遍及大江南北。更令人欣喜的是，孩子们并没有把高考当成学习的终点。我不时听到孩子从大学里传来的好消息；在和孩子的交流过程中，我也时时欣慰地感受到孩子对国家、对时代的责任感和使命感。张老师已把终身学习、全面学习的概念根植于孩子们的心灵。我强烈推荐家有高中生或孩子马上步入高中阶段的家长阅读本书，学会如何与青春期"长了刺"的孩子相处，学会如何正确看待学习成绩，学会做一个内心丰盈的家长。

愿更多的孩子在快乐健康的环境中成长，愿更多的家庭幸福美满！

段晓磊（2017 级 4 班学生吕林航家长）

2023 年 7 月

目 录

CONTENTS

当青春期的孩子长了刺|

孩子以后是需要在这个社会上立足的，你应该想办法让孩子更强大。孩子长了刺，也是一种自我保护。而你是如何做的呢？孩子长一根刺，你拔掉一根，甚至连皮也撕掉。这样一来，孩子对你来说是没有"侵略性"了，然而他以后如何在社会上立足？孩子在外面受到伤害，你为他修补好创伤，这才是为人父母应该做的。

当青春期的孩子长了刺

青春期的孩子为什么叛逆？每一个叛逆的孩子的出现，都离不开父母的不理解和孩子心底的不甘。如果不被理解，那么孩子正常的情绪释放换来的是父母变本加厉的批评甚至讥讽，孩子脆弱的心无处安放，怎么办？他会用尖锐的刺将自己包裹起来，用激烈的反应来掩饰自己内心深处的忧伤。很多叛逆的孩子都有一颗柔软的内心，这就是为什么很多所谓的"问题生"对父母的打骂无动于衷，却在耐心与爱护的影响下"浪子回头"。他们只是找到了安放内心的地方，不需要再"张牙舞爪"了而已。用正常诉求便能解决问题，为什么还要用激烈的手段呢？

周末我和一个朋友聊到孩子的教育问题，觉得他提出的很多问题都具有普遍性，故而整理如下：

朋友家的基本情况：孩子父母一人在体制内，一人在知名外企工作，均承担一定的管理责任，比较忙。孩子念初一，正处于青春期，成绩不错，文体兼优，待人有礼貌，是众人眼中"别人家的孩子"。谁也想不到，看似完美的一个家庭，父母竟为了孩子教育吵到近乎离婚的地步。

以下为整理出的主要问题，大多由孩子父亲提出：

（1）母亲不在家的时候孩子老老实实的，为什么母亲一回来，孩子就开始有各种毛病？

（2）孩子目前连最起码的教养都没有了，有时候你说一句，他顶好几句。

（3）父亲认为，自己教育孩子的时候，别人不应该参与。可是母亲总要插手，而且与父亲的意见从来不一致，总是站在孩子一边。这让父亲的教育很难达到效果。

（4）父亲认为，夫妻二人不应该在孩子面前吵架。然而事实上，二人几乎每次吵架都当着孩子的面。

（5）孩子的老师反映孩子心理出了一些问题，让父亲和孩子亲密一些。父亲试图与孩子拉近关系，可是为什么没有进展？

（6）孩子现在有很多毛病，但母亲只知道护着孩子。

父亲一脸悲愤委屈，母亲一脸委屈悲愤。母亲觉得父亲做得不对，但又说不出多少道理。

经过了解，我得知近期夫妻爆发冲突的原因是：父亲让孩子写完作业，收拾好书包，才能看课外书，可是孩子没有收拾好书包就津津有味地看起了课外书。于是父亲就大声叫孩子过去。孩子发现父亲生气了，有些害怕，便装没听见。父亲就更大声地叫孩子。孩子撒了两句谎，发现瞒不过去，只好老老实实承认自己没收拾完书包就忍不住看课外书。父亲暴怒，将孩子的一个拼装玩具摔坏。父子抢夺过程中，孩子膝盖磕伤。母亲便上前为孩子辩解。父亲觉得母亲干扰了自己教育孩子，遂对着母子一通怒吼。最后，孩子崩溃。母亲亦崩溃，遂提出离婚。

外人看来或许会有些愕然：多么小的一件事情，竟到了离婚的境地？而在我看来，这里面并没有这么简单。

看起来这仅仅是一件家庭琐事，其间却折射出长久以来父母教育理念的差异，是矛盾长久累积后的爆发。矛盾如果不能从根本上解决，以后将愈演愈烈，影响的不仅是夫妻关系、亲子关系，还有可能搭上孩子一生的心理健康。

于是我与孩子父亲做了以下交谈。

"平日管孩子的时间多吗？"

"以前还可以，最近不行。我们两个太忙了，一个老加班，一个老出差。孩子经常自己在家或者在老人家待着。"

"孩子最近成绩出了很大问题吗？"

"那倒没有，他对待学习还是挺上心的。"

"在学校犯过很大的错误吗？"

"没有。老师和同学对他评价都挺好的。他就是在家毛病特别多。"

我略略激动地说:"你知道你们两个都顾不上孩子,孩子能保持个人成绩和校园关系的良好有多难得吗?你意识到了这个问题吗?你肯定过孩子吗?"

父亲沉默,又说:"可是他以前画画很自觉,现在经常偷懒,还动不动玩手机。"

"如果没有人监管,你不偷懒吗?你不玩手机吗?"

父亲有些语塞。

"你平日夸奖孩子多吗?"

"有的时候还行,最近很少,因为他老是出问题。"

而据我了解,所谓出问题,也就是孩子偶尔写作业磨蹭一点,或者有时候挑食,最大的问题就是和父亲顶嘴。

"如果你的领导每天总是在指出你的不足,你感受如何?"

父亲不说话。

"可能领导说的是事实,但你依然不开心,对不对?你会想,他为什么每天只盯着自己的问题,自己做得好的时候他从来不提。"

父亲说:"我有点明白了。"

"所以一定要多夸奖孩子,他真的已经很不容易了,不要把孩子所有的好都当作理所当然。"

张老师的话:孩子的好不是理所当然的。每个人都有惰性,但这个孩子在父母几乎顾不上的情况下,还能保证自身处在一个比较优秀的位置,他一定是与自身的惰性做了顽强的斗争,这是非常难得的。父母一定要及时发现孩子的优点,而且及时肯定、鼓励孩子,给孩子添一把火。如果父母长时间对孩子的努力视而不见,甚至总是盯着孩子的毛病,那么孩子内心的火焰便很容易一点点熄灭。

"尤其是青春期的孩子,有时候和你顶嘴,不见得是因为你这个问题指出得不对,而只是他内心不满而已。"

"可是他也不能老和我顶呀。他妈妈一回来,他就特别放肆。"

我答道:"你有没有想过,他为什么在你面前规矩,而在妈妈面前放肆?是因为他怕你。在你面前,他隐藏了真正的自我,根本就不敢释放自己真实的情绪,而在妈妈面前释放,是因为妈妈给了他足够的安全感。

"家应该是让人放松的地方,应该是治愈内心的地方,而不是令人焦虑的所在,更不应该是刀光剑影的战场。

"孩子的顶嘴虽然是青春期叛逆的表现,但更多的是一种本能的自我保护。"

张老师的话:班里有个孩子和父母产生了激烈的冲突,是因为孩子丢了电话卡不敢回家说,父母发现真相后大发雷霆,觉得孩子毛病多、不诚实。而我只觉得可悲:孩子在家里是多么缺乏安全感,才会导致丢了电话卡都不敢和父母说?父母难道不应该先反思自己的失职吗?父母给予孩子的爱和接纳应是无条件的,这样孩子在外面对风雨时才不会惧怕,因为他们心里永远有一个温暖的港湾。

这位父亲提出了另一个问题:"那我教育孩子的时候,他妈妈不应该插手吧?她过来帮着孩子说话,这是不是教育的大忌?"

"问题在于,你是如何教育的,你的教育是否适度。"

此时,母亲开始列举父亲对孩子说的一些过头的话和做的一些过分的事情。

我说:"如果你的教育是有问题的,那么孩子就是受害者。这个时候有个人站出来保护孩子,你不觉得恰恰是减轻了对孩子的伤害吗?你应该感谢她,而不是不满。"

张老师的话:人们经常说,父母对孩子的教育若方向一致是最好的。这个"一致"一定要建立在方向正确的前提下。我们鼓励父母通过学习、交流探讨最佳的育儿方式,在孩子身上形成合力。但是,若有一方对孩子造成伤害,另一方却逃避,那么孩子将陷入孤立无援的境地。这非但起不到教育的效果,而且很容易引发孩子的心理问题。现在很多极端事件的发生都与父母一方的责任缺失有关。如果守着孩子的一方始终扮演着控制或压制的角色,孩子便容易如溺水般没有喘息的空间,久而久之就容易出大问题。

　　我说:"教育,应建立在正确的基础上。孩子长大了,开始叛逆,父母不能像以前的封建家长一样发号施令,试图让孩子一味服从。孩子有自己的思想其实也是成长的体现。如果你真的想让孩子听你的,你应该去提升自己,想想如何才能够让孩子心甘情愿地听你的建议,而不是要求孩子仅仅做一个服从者。

　　"孩子以后是需要在这个社会上立足的,你应该想办法让孩子更强大。孩子长了刺,也是一种自我保护。而你是如何做的呢?孩子长一根刺,你拔掉一根,甚至连皮也撕掉。这样一来,孩子对你来说是没有'侵略性'了,然而他以后如何在社会上立足?孩子在外面受到伤害,你为他修补好创伤,这才是为人父母应该做的。"

　　这次谈话进行了很久。后来这位父亲又解开了自己的另一个疑惑:为什么自己努力和孩子亲密,孩子却不接受。因为这位父亲所谓的"亲密"只是语言上的"表演",而非内心的亲近。孩子是很敏感的,他能感受到这只是"伪亲密"而已。

　　张老师的话: 对于青春期的孩子,只要没有原则性的问题,就先多给予他爱和宽容,再努力引导他在一些方面做得更好。其实,引导本身就是一门学问。对于一个比较自律的孩子而言,肯定、激励的效果比挑剔、斥责的效果要好得多。爱他,就试着去理解他。怀着一颗真诚的心,弯下腰和孩子交流,让他高高兴兴地接受,而不是战战兢兢地服从。如果实在没有时间管孩子,那就不要对孩子有太高的要求,而要先反省自身。没有春日的播种,没有夏日的耕耘,却又想要最丰硕的收获,这本身是违背自然规律的,对孩子亦是极不公平的。

孩子，你为什么不说话？

"孩子为什么不愿意和我说话？"

不知从何时起，餐桌突然就静默了。不知从何时起，孩子除了必不可少的话之外，一句话也不想说。不知从何时起，孩子回家就把自己关进房间，根本不给你交流的机会。

那个在婴儿期把你当作全世界的孩子，那个你天天见他，为他出钱出力、操心着急的孩子，不知从什么时候起，对你关闭了他的世界，也不关心你的话题。

很多家长颇为烦恼：这孩子是怎么回事呢？

让我们来仔细分析一下，孩子不和你交流的原因可能有哪些。

（1）缺乏共同语言。孩子的世界和你离得太远，孩子和你讲，你也不懂，不能顺畅交流，甚至对孩子的话嗤之以鼻。那么，孩子当然更愿意和同学交流。

（2）交流经常被"非正常"阻断。比如，孩子在说班里的趣事，你不是作为一个听众在听，而是横加评判："你忙学习还忙不过来，整天叨叨这些乱七八糟的干什么？""管好自己就行了，少操心别人。"孩子在兴头上被浇了一盆冷水，于是他长了记性，再也不自讨没趣了。

（3）不给孩子说话的机会，"命令式"地沟通。与孩子的交流都是你在把持主题，如"别人家的孩子考了多少名""你看看人家"，或者两三句就开始说教。你以为你在争分夺秒地教育孩子，实则把孩子推得更远。

在父母语重心长的训导下，孩子在自己和父母之间竖起了一道屏障。

有的父母很委屈，说"我和孩子沟通的时候很有耐心啊"。但关键在于，这种"耐心的沟通"，只是父母自认为的。谈话的全过程里，他们确实态度温和，也可能非常有耐心，潜台词却是告诉孩子："你必须听我的，这件事没得商量。"

他们并不想听孩子说什么,也不关心孩子真正的想法和感受,他们只想让孩子无条件接受他们所说的一切。

还有一些家长过度关注自身的尊严,觉得不能在孩子面前认输,一定要端起家长的架子,一旦受到孩子的质疑便暴跳如雷,看似暂时赢了孩子,实则却伤害了更珍贵的孩子心态和亲子关系。这正所谓"赢了孩子一时,输了孩子一世"。

或许我们可以在以下方面做出改变:

(1)学会倾听。倾听并不是一边刷手机或者做家务,一边"嗯""啊"地敷衍孩子。《少有人走的路》中有一段非常经典的话,"真正的倾听,不论时间多么短暂,都需要付出相当大的努力",指出倾听需要倾听者全神贯注。父母认真倾听,进而捕捉孩子讲话中的交流点;或者只是专注倾听,对孩子来说亦是极大的尊重。而这种尊重,孩子是能够感受到的。

(2)学会"察言观色"。有的父母"输出"的时候不分时机、场合。比如,有的父母喜欢当着别人的面批评孩子,来换取自己心理上的平衡,找回一点自己丢掉的所谓的"面子";还有的父母不顾孩子正在看电影或者和朋友聊天,逮着就是一顿"输出"。这样的交流又有什么意义呢?孩子听不进去还算好的,如果孩子因此而反感,甚至顶撞父母,那么效果就是负面的了。

(3)善于把握时机。其实你只要留心,就会发现时机总是有的。比如,孩子高兴地和你说这次英语检测他考了多少分,尽管只是一次小小的检测,但依然使他心花怒放,并且很愿意与你交流、分享。此时你应该怎么说?"不就是一次小检测吗?有本事大考也考这么好。"一旦你这样说,谈话就到此为止了。作为家长,要具有共情和把握时机的能力。这个时候,难道你不应该为孩子感到高兴吗?夸他几句,再问问他为什么会这么厉害,是不是这段时间学得很认真,满足孩子的小小虚荣心,让他的心里充满这次小小成功带来的愉悦。那么,这对孩子来说就是一次有效的正反馈:认真付出—取得好成绩—很开心。这种愉悦感可以变成他成长路上的动力。而且孩子这个时候愿意和你交流,你可以试着提一些小建议,你会发现他接受的程度会比较高。为什么呢?因为他现在心理上是愉悦的、敞开的,而且他感受到了你对他的欣赏和肯定,所以,他甚至不太反感你的说教了。当然,这里要把握一个度,过犹不及。

当孩子对父母的话开始反感、本能地逃避的时候,父母的改变已经刻不容缓。

作为父母,当你的想法和孩子的想法不同时,只告诉孩子"不可以"是不行的。就算你要说"不可以",也要在尊重的基础上,以孩子真正能理解也能听进去的方式告诉他为什么你觉得不可以。同时,要给孩子说的权利和机会。要时刻牢记,你们是在平等交流,而不是单方面说服。

只有守护，才能激发勇敢

我曾经教过一个很乖的孩子：性情温和，对班里的事情非常热心，文章写得也棒，写故乡、写童年、写朋友……

却从来没有写过父母。

有学生在课前演讲谈到很多学生的心理问题。我点评时说："你们有什么问题都可以来找我说，不要有顾虑。我即使提不出特别有效的建议，也会做好一个倾听者。"

次日，这个孩子突然给我一封很长的信。我读完这几页文字，又震惊，又心疼。

那是孩子哭着写出的 2 000 多字，细细叙述了他从小到大的成长经历，令我触目惊心。

孩子的父母在事业上都是极成功的，然而孩子谈起父母，却战战兢兢。因为自己的成绩始终达不到父母的要求，所以他在家里一直处于被贬低、被讥讽的境地。他六年级时因为成绩不好被父母痛打，忍无可忍还了手。后来，父母不再打了，变成了歇斯底里的辱骂。

我感慨不已。多少父母一辈子都在做孩子的"差评师"，在孩子遇到困难时不给鼓励，而是用批评、打击、冷漠给予回应。打击式教育，极容易让孩子习惯性否定自己，深陷自卑情结中无法自拔。

这个孩子悲哀地说："她爱的不是我，她爱的只是能取得好成绩的我。"可是这样一个情绪不稳定的母亲，却是他心底最信赖的人，因为父亲与自己的距离，更远。他始终缺乏安全感，表现出自我否定、表情茫然、快乐缺失。一次写以"告别"为题的文章，他竟写了一个男孩告别人世的经过。据孩子父母说，孩子在家里动不动就发呆,有时候自己悄悄地哭,而父母的反应是极不耐烦:"行了,差不多得了。"

我听了很是心酸。这个孩子的父母忘记了一个事实:家庭最重要的功能是孩子的避风港,是温暖的、安全的、放松的,而不是横眉冷对、让人颤抖的。

正如苏珊·福沃德在《中毒的父母》一书中写的那样:"来自父母的打击,所造成的伤害效果不只是当下。它贯穿岁月,像一根针一样深扎在子女的心头。"

最好的教育,莫过于给孩子足够的尊重和理解。让孩子感受到鼓励和温暖,他们才能成长为阳光自信的模样。

我经常会说一个词——无条件接纳。什么是无条件接纳?就是无论怎样,我们都爱你。我们爱你是因为你是我们的孩子,没有任何其他的条件。不是你成绩好我们才爱你,不是你得奖我们才爱你,不是你聪明、乖巧我们才爱你。我们爱你,并不需要任何理由。

很多人发现了动画电影《寻梦环游记》中的一个细节——歌王为米格祝福时,花瓣并没有亮,由此判定歌王不是米格真正的亲人。在我看来,真正的细节难道不是歌王那句貌似玩笑话的"真希望你早点死"吗?听到这句台词时,我心里突然有点不寒而栗。来自真正亲人的祝福是怎样的呢?

快回家,没有任何条件。

我们爱你,没有任何条件。

这是真正的、纯粹的来自家人的情感。尤其对于一个处于成长期的孩子而言,这份接纳更是无比重要。因为有了家人的托底,孩子在遭遇成长中的冲击时可以有倾诉、释放的空间,而不是自我压抑,甚至自我伤害。

在父母的"差评"中长大的孩子,一生都在摆脱心底自卑的烙印。

只有在父母满满的爱中长大的孩子,才能坦然接受自己的不完美,有着无可比拟的安全感。

为了孩子，请好好爱自己

通过多年观察，我发现有心理问题的孩子半数以上存在家庭情感缺失的问题。因从小没有受到足够的、正确的爱护，内心始终有匮乏感，始终有缺口，于是看到的世界很难是完整的。

1964 年，美国心理学博士西尔维娅·布洛迪招募了 131 组家庭，对他们进行了长达 30 年的观察研究，并在这 30 年中对他们进行访谈，从家庭尤其是孩子与父母的关系出发，探讨了孩子与父母的关系对孩子心理健康的影响。研究者在被试者 30 岁的时候对他们进行了深度访谈，并做了详细的心理评定。研究者对他们早期的成长经历以及后期的发展困难之间的联系展开了研究，发现在那些心理健康程度高、情感生活比较成功的孩子的家庭中，父母的教养方式有着一些共同性：

（1）对孩子有信心。

（2）对孩子的未来感到乐观。

（3）情绪稳定、有反省意识。

（4）给予孩子无条件的爱。

（5）适时对孩子共情。也就是说，当孩子产生了某种情绪时，父母要让孩子明白，自己理解他的感受。

这个研究结果告诉我们：好的教育，一定是充满爱与耐心的。

有的父母颇为不屑："我们小时候几乎没人管，爹妈几乎一直忙于生计，根本顾不上管我们，我们不是也长大了？现在的孩子不愁吃、不愁穿，生出那么多毛病，说到底还是矫情。"

问题核心或许就在于"没人管"。父母忙碌，因此对孩子的关注反而相对少,对孩子的要求也没有那么多。粗粝的父母往往伴随开放的环境,孩子成长的压力并没有那么大,反而容易收获相对健康的心态。

还有的父母说:"我从小到大也是被打骂出来的啊,这不是也好好的吗?"

这也正是目前青少年心理问题的一个重要原因:代际传递。父母从小到大就没有受到很好的爱护,自身在一个缺爱的环境中长大,心理本身不够健全,而以前因为物质水平比较落后,有时物质上偶尔得到满足的快乐可以抵消一部分伤害,也可以转移一部分注意力。还有的父母选择尘封自己的情感体验,以一种逃避或者麻痹的状态来淡化伤害,从而达到保护自己的目的。在与下一代的相处中,这些问题却往往无意识地暴露出来,很多父母的做法正是对上一代亲子相处模式的复刻。现在孩子的精神需求比以前要多得多。有的父母能够意识到原生家庭的问题并能试着去和解、修补,慢慢治愈,在与孩子相处的时候能够尽量避免同样的伤害。他们的孩子是比较幸运的。而有些父母却意识不到这一点,往往会在无形中造成对孩子心理的伤害。

孩子的心理状态还与父母双方关系的好坏息息相关。融洽的家庭,往往能催生出更多的爱意;而纷争不断的家庭,不断滋生的负能量必然对孩子身心造成比较大的负面影响。

就孩子教育而言,我们常看到以下几种家庭:

(1)家庭氛围和谐,父母给予孩子完整、充足的爱。此类家庭的孩子在家里会感受到满满的爱和安全感,往往开朗、舒展、自信、友善。有的父母因为文化水平不高,可能不太会表达,但发自内心地关爱、心疼孩子,在孩子受到伤害时能切实体会孩子的心情并感到焦灼和痛苦。孩子内心知道父母是爱他的,尽管方式可能有些笨拙。所以,我们会看到很多农村父母可能不太懂教育方法,但能用自己朴实的方法爱护孩子,孩子依然快乐、健康地成长。然而,有的家长尽管看似其他方面水平很高,但对孩子缺少共情的能力,认为孩子天生就应该乖巧和优秀,如果做不到就是孩子不对。孩子出了问题,这样的父母第一反应不是心疼,而是觉得丢了自己的面子,或者嫌麻烦、不耐烦,导致孩子的精神经常处于紧张的状态,压抑而敏感,表现出来就是怕人说、胆小、容易自责。

(2)一方伤害,一方修复。父母一方可能对孩子苛刻,但另一方对孩子很疼爱和宽容。这样，孩子受到伤害后往往有一个治愈的空间，另一方的存在如同孩子在浅水区溺水时能够踩到的地或者能摸到的绳索。孩子尽管也会受伤害，但总能找到喘息的机会。很多家庭中，父亲严厉，但母亲很温柔，或者母亲焦虑，但父亲很平和，或者严厉的父母旁边有慈爱的爷爷奶奶，孩子往往和温柔、平和的一方更为亲近，有了心事也愿意和这个人诉说，在对方的温柔接纳中达到部分治愈的效果。

（3）两方伤害、单亲伤害或类单亲伤害。两方伤害很容易理解。比如，有些婆媳关系不好的家庭里，母亲对孩子抱怨奶奶，奶奶向孩子责备母亲。再比如，夫妻关系不和的家庭里，父母经常吵架，气头上最狠毒的话都让孩子听去。这些压力无形中会转嫁到孩子身上——那么父母有没有想过，孩子要去哪里发泄听来的怨气？孩子要如何化解这些压力？有的孩子将这些痛苦外化，表现为焦虑不安、过度活跃、挑衅或者行为涣散；还有的孩子则将痛苦内化，表现为抑郁、焦虑、恐惧。

何为类单亲伤害？尽管父母没有离异，但一方因种种原因长期在孩子教育中缺失，由另一方全权负责。因此孩子接触的对象也只有这一方。这种情况和单亲家庭比较相似的一点是，对照顾孩子一方的教育要求相当高。

一个人照顾孩子本身并没有问题，如果这一方是心理健康、平和的，一样可以为孩子营造积极向上的生长环境。但如果照顾孩子的一方是暴躁、苛刻的，抑或负能量爆棚的，便很容易对孩子造成伤害。照顾孩子的一方若有了负面情绪，往往缺乏消化情绪的渠道，缺少足够的正情绪来影响、关爱孩子，甚至将孩子当作负面情绪的"垃圾桶"；在孩子出现问题时不关心、不在乎，甚至觉得孩子矫情、"装的"，非但不理解、关心孩子，反而变本加厉地对孩子进行身体或语言伤害。

很多的极端案例往往都属于这一种情况。因为在这种家庭里，孩子没有喘息的空间，没有治愈的机会，家庭环境是令人窒息、压抑的。如果一个抑郁的人又被隔绝了世界上所有的美好，他便会产生自我伤害甚至轻生的念头。

很多人说当今孩子出现心理问题是由于学业压力太大、成绩刺激等。其实这些都是外显的次要原因。很多孩子出现问题最重要、最根本的原因是家庭日积月累的负面影响。孩子在一个情感缺失的环境之中被伤害了太久,便容易自我否定、怀疑,甚至失去对世界的希望和念想。

因此,无论父母自己的成长环境是怎样的,为了孩子的健康成长,一定要试着好好爱自己。先和那个受过伤害的自己和解,避免自身受到的伤害变本加厉地投射到孩子身上。

让我们记住:匮乏的父母,很难养出丰盈的孩子。

孩子为什么考得不好还闹情绪？

我们来谈谈中学阶段矛盾的集中点——考试。

一般说来，高中阶段父母和孩子之间爆发冲突的点很容易集中在两个问题上：要考试了，孩子还不用心学习；孩子考得不好还态度不好，听不进父母的话。

而孩子考得不好的表现也各不相同，往往有两种常见的状态：沮丧，或烦躁不安、发脾气。而这两种状态都不是父母想要的。父母想要什么？想要孩子认真反思，最好能够痛哭流涕、懊悔不已，一边骂自己，一边洗心革面、发愤努力。

可事实往往并非如此。认真在反思的反而是成绩不错的孩子，成绩越不理想的孩子越拒绝反思，拒绝交流，萎靡不振，或者怒气冲冲。父母看到成绩本就不爽，在这种情形下更是火冒三丈，轻则不停唠叨，重则人身攻击，便容易爆发激烈冲突。父母愈发委屈："我供你吃喝住行，牙缝里省钱给你上辅导班，你就学成这样？学成这样还不惭愧，还那么多毛病？我怎么会生出你这么个孩子！"孩子也委屈："考不好我已经很不开心了，还要听你们说教，难道我是故意考不好的吗？难道我不愿意考好吗？这个时候你们不是想办法安慰我、帮助我，而是来批评我！我怎么会有这样的爸妈！"

让我们试着来剖析孩子情绪的背后是什么。

孩子为什么会沮丧？无非因为成绩与自己的期望值有差距，但是又不知道如何缩小这个差距，觉得自己做得不少，但成绩还是不如意。孩子因此不爱说话，有心事，易哭，"易燃"。"易燃"的外显便是愤怒、发脾气。

具体而言，一般又有以下几种情况：

（1）孩子觉得自己很努力，但是没有收获足够好的成果，因此对自己感到失望，对前途感到迷惘。

（2）孩子不太努力，但有些小聪明，初中阶段凭借这些小聪明便可以利用考试前几天的时间"逆袭"。但在高中，"逆袭"的概率太低，因为高中的知识点太多了，需要一个长期严谨学习的过程，因此未能考出让自己满意的成绩。看到以前成绩不如自己的同学现在考到了自己前面，还挺出彩，孩子心理会严重失衡，总感觉大家都在笑话自己，自己的骄傲无处安放，信心受损，又怕家长说，自然充满戒备和有敌意。

如果父母善于控制情绪，孩子也将更好地学会与情绪共处，增强应对压力的能力；如果父母经常有比较强烈、消极的情绪，难以克制自己的感受，孩子也很有可能会遵循这样的情绪处理方式，来解决自己的问题。

脾气不好的孩子与萎靡的孩子不同：萎靡的孩子虽然敏感，但比较内收，主动攻击的意识不强烈；脾气不好的孩子则表现为极易愤怒，看什么都不顺眼。但细细推究，其实两者的根源是相似的，只是孩子的不同个性造成了外在表现的不同而已。

孩子这些负面情绪的背后，其实有着非常珍贵的东西。

让我们想想：孩子为什么会沮丧、愤怒呢？

因为孩子心底觉得自己不应该如此，觉得自己可以做得更好，更好的成绩才对得起自己的付出（或智商），可自己怎么会考成这样呢？

因此，父母一定要看到这一点，进而调整情绪和措辞，把孩子内心这个小小的火苗捧在手心，悉心呵护，在此基础上适当吹吹风、加点火，让火苗渐渐燃大，很多问题其实就有了解决的方向。

孩子的这些表现，往往是内心"要好""要强""上进""不甘心"的另一种展现方式。可是，父母为什么只看到了孩子的"脾气不好"呢？

我为什么总在强调亲子关系

学生的成长和发展是多方面综合作用的结果,如亲子关系、家校关系、师生关系、师师关系、生生关系……

我把亲子关系放在了第一位。

高中第一次家长会,我用了一半的时间在谈亲子关系。之后每一次家长会,这也是我必谈的一项内容。

有的家长很奇怪我为什么一直在强调亲子关系。我想是因为以下几点:

一、整个家庭的幸福程度与亲子关系的好坏密切相关。而且这不仅仅关乎一时,有可能关乎几年、几十年。

举个最简单的例子:有一部电视剧曾经很火,剧名是《激情燃烧的岁月》。剧中石光荣和儿子石林的关系一度降到冰点,二人多年未能和解。其间,石光荣、石林、褚琴(石林的母亲)、石晶(石林的姐姐)都持续受到二人关系的伤害,每个人的生活都蒙上一片阴影。因为彼此之间存在着不可割裂的血缘关系,且心中都有着对家人深深的爱,所以没有人可以置身事外,独自解脱。

因此,一旦亲子关系闹僵,家庭里没有胜者。

其间有坏人吗?没有。

能说他们不爱彼此吗?不能。

事实就是这样:一边爱,一边伤害,甚至爱得越深,伤害越重。然而,这已经违背了我们"爱"的本心。

尤其让人痛心的是,我们明明不想这样,有的时候却不得不眼睁睁看着孩子离自己越来越远。这个"远",不只是地理距离上的远,更多的是心灵上的隔阂。这种心理上的失去往往让人感觉无能为力。你明明还爱他,却无论用多大的力气都没办法改变他，甚至你越用力，他离你越远。最后的结果就是全家人的痛苦。这种痛苦往往深刻而长久。

我们经常看到，孩子青春期时形成的亲子隔阂在多年后随着孩子毕业、成家似乎消失了，然而，孩子提出一个什么意见，父亲却本能地反驳，孩子心底对父母亦本能地排斥。明明是至亲至爱的人坐在一起，却很难像对待外人般平和，很难冷静、从容地交流。这，往往就是孩子青春期时的亲子隔阂导致的长久伤害。其实亲子之间从未真正和解，那些刺已经长在了心灵深处，不一定什么时候就会痛一下。

一个残忍的现实是：这还不算是最坏的结果。有些孩子受到伤害并勇敢地反抗，而且反抗产生了一定的效果，运气比较好的甚至暂时中止了伤害。但很多孩子不敢反抗，或者反抗了却遭受更猛烈的打击。这些孩子性格比较内向或者柔弱，面对自己无法改变的现实，他们只能选择自我攻击，产生各种心理问题。

二、容易对孩子的心理产生持续伤害。

我任教的班级中，就曾经有好几个这种情况的孩子。

A 生：高一时意识到自己的心理有问题，但家人说他"矫情"，他偷偷跑到医院去看，被确诊为中度抑郁，竟换来家人的一顿斥骂，说他"浪费钱"。

B 生：小的时候母亲在外地，由情绪极不稳定的父亲照顾。父亲一旦心情不好就狠揍孩子撒气：孩子考不到 100 分要揍，不好好吃饭要揍，偷偷和妈妈告状也要揍，一直到孩子上高中还动辄拳脚相加。孩子在家时常如受惊的小兽。父亲向来不尊重孩子的人格。有时孩子参与家庭交流，父亲便大声呵斥："你懂什么？闭嘴！"动辄摔东西以泄愤。久而久之，孩子便呈现出与其他孩子不同的特质。首先表现在不会交朋友，不会把握和人交往的分寸，安全感极低，对他人的依赖性极强。其次，随着学习压力的加大，孩子性格中的另一方面——攻击性和破坏性愈发明显。一旦心愿不被满足便极为冲动，轻则大喊大叫，重则摔东西，油盐不进，毫不讲理，呈现出狂躁的特质。

C 生：自小家长对成绩要求极高，小学、初中成绩还不错，进入高中，随着课程难度加大，成绩到了班级后列。家长对他冷嘲热讽，他心理上受不了，开始与同学产生各种矛盾，总感觉别人在嘲笑自己，多次与别人产生肢体冲突。

D生：父母均名校毕业，事业有成。他从小偏文，学起理科比较吃力，父母辅导不见效果，动辄便用语言打击辱骂："我们怎么会生出你这么笨的孩子！"久而久之，孩子重度抑郁，一度产生轻生念头。

更令人唏嘘的是，当发现孩子心理出现异常时，这些家长不是第一时间反思自己的教育，亦不是寻求老师或者医生的帮助，而是把孩子视为"神经病"，把孩子的心理问题看作丢人的事情，继续否定、嘲讽，甚至打骂，导致问题愈发严重。

这些孩子后来在我和心理老师的帮助下有所好转，但是，多年的伤害已刻在他们心底，岂是一朝一夕能够彻底治愈的？

令人痛心的是，这些伤害经常会伴随孩子的一生，很容易导致孩子未来在与伴侣的相处、与同事的相处、与自己孩子的相处中出现问题，时时扰乱他们本该拥有的幸福，也容易造成心理创伤的代际传递。

因此，亲子关系的和谐对于孩子的一生而言，对于整个家庭的幸福而言，非常重要。

别让孩子的情绪变成堰塞湖

有的家长说:"我也是第一次做家长,很多方面无法做到十全十美。"

有的家长说:"或许我以前确实有些方面做得不够好,可是伤害已经造成了,我也很无措。"

还有的家长说:"我现在也在试图修补和孩子之间的关系,可是不知道从哪里着手。"

我们并不苛求每一个家长都成为教育专家、心理专家,但希望家长能够先做到最基本的一点:当孩子产生激烈的负面情绪时,允许孩子释放情绪。

比如我上一篇讲到的几个孩子,每个孩子成长的过程中都会有诸多的不顺,可是为什么这些孩子的问题会特别严重?这里面很重要的一个原因就是,当孩子遭遇问题时,家并不是温暖的港湾,而是尖锐的仙人掌,孩子缺乏安全感,情绪无法释放,久而久之积压下来,便在某种刺激(别人的玩笑、成绩的下降等)下集中爆发。

家长要记住一点:当孩子产生情绪时,一定要及时抱住孩子,给他一个安全的释放空间。

家是什么?家是你在最脆弱的时候可以栖身的地方,是无条件接纳你的最温暖的场所。请你先理解孩子的情绪,爱他,接纳他,等他渐渐冷静下来,再和他慢慢讲道理也不迟。

首先,孩子为什么会产生这些负面情绪?往往是因为他受到了伤害(或者他认为自己受到了伤害),他的心底是痛苦的。而情绪的宣泄,是他释放痛苦的方式。

其次,孩子为什么在家里宣泄得比较多?就如同有的家长所说:"守着别人好好的,一回到家就发疯。"这是因为面对别人时,孩子在本能地掩饰,而在家里,孩子觉得安全。

因此,从某种程度来说,孩子在家里宣泄情绪是一件好事。我们要意识到一点:孩子把情绪宣泄出来比在心里憋着憋出毛病好,孩子在家里宣泄比在外面宣泄好。

毕竟,对于孩子而言,家,是安全的;父母,是亲近的。

不知孩子在家里吐槽、愤怒、哭泣的时候,你是怎么做的呢?

家长常犯的 3 个错误:

（1）否定情绪。具体表现:"小孩子家,哪来那么些事儿? 那都不叫事儿!""我们已经够辛苦的了,回家还要看你发疯。""没事,谁没点儿烦恼,心大一点儿,想开就好了。"几铁锹土堆过去,生生给堵了。孩子的情绪出不来,就变成了堰塞湖,看似风平浪静、水光潋滟,实则险象环生。

（2）生硬教育。具体表现:"老师是为了你好,你得理解老师。""你学习的事情还忙不过来,哪有心思想三想四的? 以后要把精力放在学习上。""这事你做得就是不对,我来给你分析分析……""年轻人,不要那么斤斤计较,要向你妈妈我学习,想当年……"这种做法看似方向没问题,但是往往导致孩子更加狂躁(委屈)。这是教育的时候吗?

（3）打击嘲讽。具体表现:"你觉得人家不好,人家还觉得你不好呢。先管好你自己再说。""你这人本事不大,脾气不小,难怪人家看你不顺眼。""现在知道难受了? 让你不听我的!""好好好,全世界都对不起你,你最对,你最棒,我们都有问题,简直是神经病!"不但把情绪堵成了堰塞湖,还往里扔石头,加重伤害。

这个时候,家长的共情极为重要。甚至有时候什么也不需要做,只是倾听;有时候可能只需要抱抱他,或者回应几句"嗯,我知道""嗯,我明白""哭吧哭吧,没事""我理解你的感受"。这和对错没有关系。就如同一个孩子打碎了碗,吓坏了,你首先要解决他受到惊吓的问题,而为什么会打碎碗,是之后再解决的问题。

不客气地说,现在很多父母根本不知道心疼孩子。

一位常年对孩子施加言语暴力的母亲愤怒地控诉："我感觉自己被这个孩子制住了，她就是用伤害自己来威胁我的。"心理老师轻轻问了一句："当孩子自我伤害的时候，您作为她最爱的亲人，首先不是应该感到心疼吗？"母亲讶然。我轻轻问了一句："当孩子刚生下来的时候，您抱着她，是怎么想的呢？您是不是特别希望这个孩子一生健康快乐，其他都不那么重要？"这位母亲突然泪流满面，抓住我的手说："我终于知道我错在哪儿了。"这位母亲突然明白，孩子吵闹着想要的，从来不是她所认为的多么贵的衣服、多么贵的课，而是她发自内心的心疼和关爱。

你的心疼，孩子是能感受到的。

你能理解他的感受，你能给他的情绪托底，你能给他无条件的接纳……孩子都是能够感受到的。而这往往就是安全感的本源。因为有了家庭的安全感，孩子才可以披上铠甲，无所畏惧地在外面的世界搏斗——他们知道，无论遭遇怎样的挫败，家永远是自己的港湾。所以在家里，孩子才能毫无负担地卸下盔甲，舔舐自己的伤口。

当孩子在家里也要穿上盔甲，那实在是一件可悲的事情。

当孩子平和下来，或者高兴起来，我们再慢慢帮助他找原因、商量对策，而不是在他宣泄的时候比他还要愤怒，让孩子的情绪变成堰塞湖。

老师,你不要发孩子比赛的照片了

阿泓,一个阳光开朗的大男孩儿,在校足球比赛中表现出彩,在演出和朗诵方面也很有天分。然而高二下学期开始,他渐渐消沉,有时还交不上作业。

我悄悄问他原因,他也很痛苦:"老师,我真的写不完。"我有些许惊愕。高一时我是他的任课老师,记得他成绩挺好的呀。

他的眼睛里满是迷茫:"老师,我觉得自己真不行了,我越学越累,感觉落得越来越大。"确实,他的成绩在节节后退。

另一边是他母亲的迷茫和无奈:"张老师,我现在真快愁死了。每次他考不好,他爸爸就骂他,从来没个好脸,我劝也不听。"我说我觉得这孩子挺努力的呀。他母亲只是说:"没有用,只要考不好,他爸爸就骂得很难听。"

一次球赛后,我在班级群里发出了孩子们比赛的视频和照片,画面充满孩子们的欢呼和开心的笑容。我觉得,任是他父亲的心肠再硬,看到这些,也会柔软一些吧。

结果我却收到他母亲的信息:"张老师,拜托您以后不要在群里发比赛的照片了,他爸爸不愿意他参加体育活动,觉得影响学习,一看到那些照片就生气。"

我感觉其中的问题比较严重了。正常来说,父母平日纵然觉得孩子千般不是,看到孩子们胜利后发自内心的笑容也会受到感染,即使不表扬,起码也不会斥责。而这位父亲很显然已经表现得非"常态"。我觉得,是时候解决问题了。

首先我找阿泓深入了解了他的学习情况。他感觉自己比较努力,但有时候力气使不在点上,而且所选的等级考三科(他选的纯理组合)主要是家长确定的,并不是他擅长的学科,学起来非常累。"老师,别人为什么一听就会呢?"他一脸的迷茫和无助。

家长会后，我留下了阿泓的父亲。

不出意料地，这位父亲一上来就是对孩子暴风骤雨般的控诉。我听了一会儿，问："您年轻的时候体育怎么样？"他有一点惊讶，但迅速做出回答："不错啊，我好几个项目都是很不错的。"我说："您擅长的项目是什么呢？"他有点自豪地列举："短跑、中长跑、跳高、跳远，这些方面我都不错！"

我问："如果让您去扔铅球或铁饼呢？"

他连连摇头，说："那可不行，真的不行。"我说："如果刻苦练习呢？"他依然摇头，说很多项目是要看身体素质的，不是通过刻苦练习就可以突飞猛进的。

我说："那么，孩子选科选的都是他擅长的吗？"他沉吟，然后说不是，孩子学物理、化学其实特别累，光看他在那儿忙活，也不出成绩。

我说："据我所知，孩子并不太想选这几科，但是家长执意要求他选理、化、生，觉得这样以后报志愿的范围会广一些。那么，孩子学不擅长的学科和您练习不擅长的体育项目有何区别呢？"

他语塞。我接着说："孩子并非不努力，但选了自己原本不擅长的学科，因此现在学得很累。这其中，家长并不是没有责任。请问您有没有试着去理解孩子的痛苦呢？您刚才说过，不擅长的项目不是通过刻苦练习就可以突飞猛进的。"

孩子已经足够努力，而且孩子也很痛苦，他此时最需要的是理解和鼓励，而不是批评和指责，更不是讥讽和冷脸。

这位父亲陷入了沉思。

过了几天，阿泓的母亲给我发信息："张老师，孩子爸爸自从开完家长会后简直就像换了个人一样，现在也不骂孩子了，有的时候还叫孩子'兄弟'。家里的氛围好了很多，而且我注意到孩子也开心起来了。"

真好。

阿泓还是非常努力，但可以看得出眉宇间不似往日般凝着愁绪了，整个人变得舒展了很多，一年多后以还不错的成绩进入一所财经院校学了自己喜欢的经济。这次，父亲没有如往日般要求他必须报理工类。

个人感悟： 有些家长比较执拗，如果只是和他就事论事往往很难达到想要的效果。有时或许可以试着引导家长站在孩子的角度去思考问题，或者用贴切的比喻将道理变得通俗易懂。我们会发现，当父母真正理解了孩子，很多问题往往迎刃而解。

呵护那些火苗

我在博客上写了孩子们近日表现不错，家长纷纷留言："孩子毕竟是孩子，装能装几天，过几天就露出原形来了。""惰性肯定是有的，希望老师多加鞭策。"我忍不住笑：这些可爱的家长，当孩子取得进步的时候，他们不是欣喜，而是担忧。

当孩子燃起一点小火苗的时候，很多家长不是去想如何小心地呵护它，让它一点点燃旺，而是千般挑剔："别人家的火烧得那么旺，你怎么才这么一点点？"或是万般警惕："上次你也烧了一次火，几天就灭了，看你这次能烧几天！"火苗还没烧起来呢，就生生被浇熄了。

所以，让我们时刻铭记杨育红老师报告的第一个小标题：教育从赏识开始。

每个孩子心底都有向好的愿望。没有一个人愿意去故意做不好的事情。只有在以下 3 种情形下，人才会去做一些不好的事情：

（1）他失去了向上的动力。无论他做什么，得到的永远是批评和否定，于是他自暴自弃，不思进取，甚至故意去做一些不对的事情进行对抗。也就是我们经常提到的"习得性无助"。

（2）他缺乏必要的辨识能力，不知道如何做是对的，如何做是错的。

（3）他缺乏必要的监管。

我们的孩子，遭遇最多的往往是第一种情形。如果在做之前提醒他们怎么做，他们照着做了，赶紧给予表扬、肯定，引导他们在满足的同时反思自己的问题，那么他们之后会做得更好。这是一个良性的循环。如果不告诉他们怎么做，等他们犯了错误就一通训斥，那么他们会很沮丧，可能更容易犯错误，于是再训斥，久而久之，孩子陷入完全消极的状态。这是一个恶性的循环。

我在家长会上谈了这个问题，并展示了几张图片：一个灭火器，一个路障，还有一个火箭推进器。我问："在孩子成长的路上，家长应该担任什么角色呢？"家长们一致认为应该是推进器。我说："大家平时又是怎么做的呢？你的嘲讽和打击看起来似乎是在教育孩子，但实际上是否浇熄了孩子心头的火焰，挡住了他们前进的道路？"之后，我一点点教给家长们与孩子正确沟通的方式。

很多孩子第二天反映那天晚上过得很太平。有孩子在反思里写道："原以为一定是狂风暴雨，没想到妈妈不但没有批评我，反而还鼓励我，我觉得很愧疚……"

当引导和鼓励与斥责效果相当甚至效果更好的时候，我们为什么一定要用斥责的方式呢？

多肯定孩子，他们才会肯定自己，进而肯定他人。这，也是一种潜移默化的教育。

手握糖果的孩子

——对抗"习得性无助"，不妨试试"门槛效应"

"习得性无助"是很多所谓"问题生"的根源。孩子并非不想做好，但如果做好的时候不被看见，或者努力了也没有取得明显进步，如此几番，便容易丧失上进心，呈现出颓废、沮丧的状态，甚至用违反纪律和规则的方式来体现自己的存在。

我刚接班的时候，就碰到这样一个孩子：不穿校服，上课大声接话把儿，作业想写就写，逃课，违纪被退宿，翻墙出校，顶撞老师……

分到我班之前，这个孩子受到了三四次处分。按理说很多孩子受一次处分之后就会吸取教训了，然而他并未如此，而是又持续犯了好几次错误，班主任和家长都极其无奈。

我当时只是他的语文老师。我发现他不羁的外表下其实有颗细腻的心，语文作业要么不写，要么写得很认真。他的作文里时常有抒情的优美文字，我把它们挑出来进行展示，说他"很有诗人的潜质"。

他在语文课上偶尔也会大声接话把儿，但没有其他出格的行为。有时候我提醒几句，他就表现得好很多。

从种种迹象来看，我并不认为这是个不可救药的孩子。

换句话说，有几个孩子是真正不可救药的呢？

很多孩子的不可救药，往往是从我们认为他们不可救药开始的。

有一部给小朋友看的动画电影，叫《坏蛋联盟》。因为情节太过简单，我中途几度想退场，又觉得来都来了，就咬牙看完了。

但这部电影情节的简单并不影响它闪闪发光的主题：当一个人感受到足够

的肯定时,他其实是不太愿意继续干坏事的,因为受到大家认可、肯定的感觉实在太好了。

作为教育者,我们要做的,就是试着"用魔法打败魔法"。把孩子们那些微小的火苗慢慢吹起来,将他们内心那些隐藏的美好一点点挖掘出来。

这个过程中非常关键的一点是正反馈。

所以,我工作的主要方向是努力制造正反馈的机会。先从平时的小事开始。这也有点像我们心理学上的"门槛效应"。

门槛效应:心理学家认为,在一般情况下,人们都不愿接受较高、较难的要求,因为它费时费力又难以成功;相反,人们却乐于接受较低、较易达到的要求,在达到了较低的要求后,人们才慢慢地接受较高的要求。

我设置的第一个门槛是将班里多余的桌椅搬到公共教室。他完成得非常好。除此之外,我又安排了一些别的劳动,他都完成得很认真。我真诚而恳切地表扬了他,看得出他有一点开心。

问题:孩子最喜欢什么样的老师?
答案:喜欢他的老师。

我加了孩子母亲的微信,目的很单纯,就是表达对他近期表现的肯定以及我对他的喜爱和期许。我知道,这些真心的赞美很快就会传达给孩子的。

孩子的坏习惯并非一下子就能全部改掉。他上课接话把儿的时候,我给他一个"嘘"的手势,他一般会消停一会儿。下课的时候我表扬了他,并告诉他以后只要我一提醒,他就要这样停下来。他点点头。然后,这个坏习惯就慢慢改掉了。

有人问:上课好好听讲、回答问题不行吗?为什么要接话把儿或者说怪话呢?答案很简单:是为了找存在感呀。为何要用这种方式找存在感呢?因为用其他方式找不到呀。所以我们有时候发现,越优秀的人往往越低调,为什么?因为低调照样存在感爆棚,人家根本就不需要哗众取宠。

我曾经见过这样一个问题:什么样的孩子最愿意把自己的糖果分给别

人？答案是：拥有很多很多糖果的孩子。其实这个道理在很多方面都讲得通。有的孩子做得不够好，不是因为他不想做好，而是因为"匮乏"。这里的"匮乏"更多指思想和心灵的匮乏。这个时候，教育者要做的不是批评他为什么没有分给别人糖果，而是关注他自己的糖够不够吃，帮助他想办法拿到更多的糖果。

一天早自习，我惊讶地发现这个孩子犯困后没有趴下打盹，而是自觉地站起来学习。我在班里大力肯定了这种做法，并拍下照片发到了家长群，简单叙说了事情的经过，然后评价：我们难免会碰到各种各样的问题，最珍贵的是，我们采取了某种措施解决问题，而不是任其发展。

令我印象最深的一次是我们要举行一次社会实践活动——参观新整修的海军博物馆，我把写新闻稿的任务交给了他。他文字功底本就不错，在整个参观过程中也听得异常认真，随时做记录。当晚，他很快就给了我稿子，我提了一些修改意见，后来稿子成型，写得不错。第二天，他的名字出现在学校公众号的文章里。我把文章转发到家长群，大家啧啧称赞。

之后明显能感觉到这个孩子不那么浮躁了，沉稳了许多。于是我提出新的要求：穿校服，早晨尽量别迟到。

他做得越来越好。我时时对他竖起大拇指，或者过去拍拍他的肩膀夸两句。

然后，我慢慢开始抓他的学习。

比如，我提前和他说："明天要检查你背课文哦，背《春江花月夜》。你一定要好好背，给大家开个好头。"他有些畏难。我说："这篇文章挺长的，又不好背，大家肯定以为你背不过，结果你倒背如流，多酷啊。"他想了想，最终答应了。第二天，他背得异常熟练，震惊四座。我在家长群大大表扬了他，并提醒他："可不能昙花一现啊，要继续加油。"他点点头。

后来，他尽管偶尔还会接个话把儿，偶尔迟到，但整体上越来越好。很多人说我改变了这个孩子，我心里明白实则不然，这个孩子心底本来就隐藏着许多美好，我只是制造了一些小小的机会让它们呈现出来而已。

有一天，我收到了孩子母亲发来的一则长长的信息：

敬爱的张老师：

　　您好！

　　打扰您了。

　　早就听闻您是博学多才、育才有方的老师，一直希望孩子能进入您的班级，但由于孩子的表现而不敢奢想。

　　没想到在我们最无助的时候，孩子却进入您亲自带领的班级，对此我们全家都欣喜异常，深感万分荣幸。

　　孩子此前好多方面表现很差，一而再、再而三地违反校纪校规，屡受处分，旁心杂念太多，未能专心向学。我们恨铁不成钢，虽然严加管教，但收效甚微。我们大为头痛与苦恼，但又束手无策。他的表现令作为家长的我们，由最初的满怀希望，一步步跌入异常失望，甚至崩溃与绝望……我们看不到任何希望，无心工作，整个家庭都笼罩着一层阴云。

　　自从孩子进入您的班级，您对他非常用心，提振他的士气与信心，因材施教，并时常激励督导。您为孩子所做的一切，我们做家长的全看在眼里，感激在心。

　　我们发现孩子变了，重拾了信心。一向不爱穿校服的他，在家里会翻箱倒柜地找校服；一向抱着手机不撒手的他，现在会放下手机开始学习；他会时常和我们说您的好……

　　孩子的这种状态让我们大感欣慰！我们的感恩之心无以言表。您的出现，使我们看到了阳光，我们又有了努力前行的勇气！

　　谢谢您，张老师。我们必定重整旗鼓，在您的引领之下，尽最大努力协助孩子抛开旁心杂念，全力向学，希望能够实现由谷底向山峰的逆袭！

　　无论孩子成绩与未来发展如何，对您，我们都永怀感恩之心，欣然乐享一段充实的奋斗之旅！师恩不忘！！永志不忘！！！

　　收到信息那一刻我正在梵净山顶，读毕，内心充盈着一种奇异的温暖。我想，或许这就是教师的幸福感吧。

　　本来这篇文章到这里就结束了，然而即将定稿的时候，我决定补充上这个孩子的后续——

在近期的一次高三大型考试中,这个孩子达 A 线了。我迫不及待地把这个消息发给年级主任,他回复道:"你赌赢了。"

一时心中万般感慨。入班后的第一次考试,他考了倒数第一,成绩比别人低很多。他也曾迷惘地问我自己还能不能追赶得上,而我心中一直有一种莫名的执念:他可以。可是当他跌跌撞撞终于第一次达线的时候,我才意识到,其实自己一直也是在揪着心的。我匆忙拿了一张纸包了几块糖果,里面写"你达线了",悄悄递给正在低头学习的他。他抬起头,我看到他眼睛里的光彩。

他越来越努力。下课的时候,我经常看到他在讲台上问老师问题,不问明白不罢休的那种。他的靠背椅换成一个小圆凳,说这样不容易懈怠。当他肠胃出问题,每天只能喝点稀饭的时候,他仍然每晚拼到 12 点——这是他妈妈后来和我说的。

我们只看到了他成绩的提升,然而对于已经落下太远的他来说,这一程,并不容易。他在教室里问问题,到办公室问,老师们都耐心地帮他解答,即使有些问题很幼稚。

有时候我想:他高考会达线吗?会考到哪里?

但后来想想又觉得这些其实都不太重要,他在往上走,就够了。

若他多年之后在生活中遇到挫折的时候,想到在这段在谷底徘徊的日子里有那么多人愿意耐心地帮助他,有那么多人真诚地关注他,因此生出继续前行、与困难对抗的勇气,就够了。

最近的班主任节,班长组织同学们每人给我写了点东西。读完他写的,我沉吟良久,突然觉得自己曾经付出的一切都值得。

以下是他的文字:

或许再过十年,很难想起刚入高中时无感的老师会成为影响我很久的恩人,那就先让我仔细回忆一下是什么时候开始对您抱有感激之情的吧。可能是在我高一一整年拙劣仓皇的行径之下,分班时却听到自己的名字在您带的班里;也可能是您为了顾及我没用的面子,从不当众批评我;还有可能是我算不上什么成就的进步却让您为我感到的欣喜;当然最有可能的应该是长久以来我虽然抱着无所谓又不上进的态度,却总能得到您的信任。

　　大概有些话写下来显得过于矫情了,让我不知如何下笔,但可以肯定的是,我真挚又敏感的心只能够通过文字来呈现了。我不知道是什么样的信念能一直让您对我抱有如此的期待。等我再回头看这几年的事,心里估计不免觉得那会儿自己可真傻。庆幸的是,你却从未这样看过我。

　　我也不清楚到底怎么写才能表达我对您的感激,但我清楚有些恩情今生算是还不完了,至少借这难能可贵的机会让我稍微阐述一下平时再三感慨却又难以由衷表达的情感吧。原来一直不解到底什么样的老师才配得上"灵魂工程师"这样的描述。或许我不是可贵的千里马,但您一定是属于我的伯乐。中考之后看了名为《银河补习班》的一部电影,当时感慨颇多,却遗憾自己没拥有过能温柔我灵魂的老师。前段时间恍然发现其实我早就遇到了我生活中的天使。可能生活会在我觉得未来可期的时候给我从头到脚浇上一盆冷水,但您不会。您炽热滚烫的真心总如余晖云霞,带着仿佛盛夏吹过操场的晚风的温柔抚慰我无处安放的彷徨。

　　从始至往,承恩甚久,不胜感激。

你居然就这么长大了

去年此时，小儿初入高中，班主任让家长给孩子写了这封信。又是入学季，现今读来依然颇多感慨。把它发出来，给亲爱的小朋友，也给新高一的学子们。

亲爱的儿子：

今日我起时你还在熟睡，胡子们跟随你的呼吸一起一伏，但这成长的标志下却难掩青涩与稚嫩。看着你睡得很平静，我觉得真好，成长真好，有你真好。

你自小到大都有自己鲜明的特质：爱笑，温和，有一点执拗；爱运动，爱钻研，兼有钢铁直男的大大咧咧和一丝文艺的细腻。爸爸妈妈一直都很忙，经常早晨拖着迷迷瞪瞪的你到单位，晚上扛着迷迷瞪瞪的你回家。你的幼儿园、小学，都似一幅粉笔画，在粗粝的线条中绘出成长的痕迹。我们经常会觉得缺席你的成长太多，心中会有些歉疚和遗憾，然而你依然成长为一个坚韧的小男子汉，越来越阳光，越来越自立，在我们家占到不可或缺的位置。出行的时候，你是我们最好的GPS（不对，你纠正说是北斗，国产的）；劳动的时候，你是我们最称职的搬运工；家里进了新设备的时候，你是我们的万能钥匙。你如一棵慢慢长大的小树，不觉间已开始为我们遮蔽岁月的风霜。我们经常分享学校趣闻，你告诉我们班里的快乐点滴；我们有时探讨国家大事，你的观点尽管稚拙却渐渐呈现思想的轮廓；我们有时互相使坏，你掩面大笑，爸爸一脸无奈，我假装无事发生。烈日里你出门去跑步，回来的时候带回快递和半块西瓜（你纠正说是1/4块）。你不爱戴帽子，顶着一张被日光抚摸过的脸，放声大笑抑或皱眉思考。有时候被逼急了你会生气，然后很快就觉得不好意思。有时候我们会教你一些人生道理，尽管你不是特别认同，但多数时间在倾听。嗯，这就是你，一个看起来质朴天真实则"气象万千"的你。

亲爱的儿子，你很快就要进入一个更广阔的世界。如果说小学和初中的知识是泳池，那么高中就是浩瀚的大海。尽管都是水系，但需要你有更广阔的视野、更乐观的心态、更严谨的思维、更顽强的意志。这是一个丰富而奇妙的世界，在这里，你会感受到数字、符号组合变换的无穷奥秘，字母和文字的博大精深。基础题锻炼你的严谨和扎实，探究题挑战你的思维和应变；理科使你睿智，文科使你丰富。你渐渐会发现高中的知识无论广度和难度都是初中的数倍，对你的要求也更高。然而我相信——你会和以前无数次打败"小怪兽"一样打败它们，经过一番顽强的拼杀，最终呈现胜利者淡淡的笑容。老爸和老妈像"小迷弟""小迷妹"一样崇拜地看着你，觉得你"好厉害的样子"。

不要害怕失败。我可以负责任地说，高中你一定会经历一些让你沮丧的失败。或许是一门你喜欢的学科考不到你理想的成绩，或许是你经过一番努力却未见明显上升，甚至有一点点后退，或者一不留心出现了比较大的失误，或者以前没太在意的学科却变成你前进路上的拦路虎。或者是一场不太满意的竞技，或许是一个质疑的眼神，或许发现很多事物不是你想象中的样子，或许是一个朋友渐渐疏离，或许发现繁杂而基础的知识多到你有些失措，或许发现时间越来越不够用，或许……

孩子，我想和你说，这非常非常正常。你所要面对的，几千、几万、几十万人都曾经面对过；你所要经历的，也是大多数高中生曾经经历过的。学习本来就是一个升级打怪的游戏，一开始只要躲过障碍就可以了，后来需要你奔跑或者跳跃，而现在，需要你修炼出更厉害的技能。但是这打怪的过程也很刺激呀，而且在一路博杀中你会变得越来越厉害！希望你一路不忧亦不惧，不断战胜自我，最后成为自己的王者。

而且请你记得，这一路无论经历什么，我们永远在你的身后，永远可信任、可托付。我们从来不是完美的父母，也从不苛求你是完美的孩子。让我们平和地去发现问题，并认真探讨解决问题的方法，然后我们渐渐会发现，正是这些挫折和困难让你变得更加坚韧、乐观和成熟。正如剑的铸成需要冷水的淬炼，只要你顶住磨炼和敲打，就会变成更好的自己，绽放出属于自己的光芒。

学会拥抱身边的快乐。我从来不怀疑你是一位"理科选手"，然而并不希望你变成"理科动物"。做一个懂得感受生活、有情感的人。缜密的理科思维与精彩的生活感受并不冲突。为我们生命中的每一次惊喜而激情欢呼，为生命里每一个美丽的瞬间而激情感受，为我们未来美好的人生而激情拼搏。这才是真正充实、丰富的人生。

做一个快乐的人。除非投降，否则，没有人能夺走属于我们内心的快乐。人生有两种快乐最为真实和纯粹，那就是——收获之乐、助人之乐。

做一个有情怀、有温度的人。只要你留心，就会发现身边的温暖永远都在。同学灿烂的笑容，老师善意的提醒，与他人思维的碰撞、心灵的沟通，通过一道错题弄懂一个知识点，通过努力达到一个小目标……这些小小的美好瞬间都值得铭记与感恩。心存美好，去发现这世界上更多的美好，生活就会变得更加温柔而饱满。

亲爱的孩子，有时候看着你，会忍不住想起你孩童时圆圆的脸和温软的声音，然而长大的确是一件让人欣喜的事情。生命就是一个不断打开盲盒的过程，无论遭遇怎样的惊喜抑或惊吓，希望我们能永葆再次打开的期待与新奇。

用以前的一段文字来做今天的结语吧：

你要学着由一味索取转为开始承担自己的责任，要学会去关注更多的人，让更多的人因为你的存在而更幸福、更温暖、更有力量。

你将成为这世界的支撑者，要让自己更坚韧，百炼成钢。

你要知道以后要面对形形色色的困难，这世界有最真实的风雨，也有最让人心碎的绝望，有日进斗金的惊喜，也有一无所有的苍凉。

这世界将非坦途一条，你要学会，在崎岖中依然有能力感受清风雨露，欣赏绿树繁花，依然能够顽强向上。

你要学会，在郊野抛锚时依然能够看到如火晚霞如诗夕阳，等待求援时，互相温暖，互相打趣，吃压缩饼干、喝凉白开也能满口生香。

你要学会在没有路的地方走出一条路，而不是在熟牛皮铺的路上抱怨彷徨。你要学会在鲜花簇拥中依然淡定，在穷途困境中依然相信自己的能量。强者前不卑，弱者前不亢，得意时自省，失意时自强。始终有斗志，始终有梦想。

在王宫的花园中，我们戴着珠玉载歌载舞。在林边的田野中，我们依然可以戴着花冠载歌载舞。

　　这快乐，不减分毫。

永远爱你的
妈妈

高中学习没那么难，也没那么简单|

学会以一颗欣赏的心去看待孩子，这是进入高中后我们的第一课。

张老师的"比喻们"

我是个很喜欢使用比喻和类比的人，包括班会、家长会及平时讲解知识点等经常会用到比喻。适当运用比喻可以把一些艰涩的知识和道理变得简单易懂，而且也很有趣呀。

后来我发现这个方法在班级管理方面也特别适用，会使很多理论的讲解变得通俗直白、生动形象。

在此举几个例子，说说我平时用到的"比喻们"。

孩子和沙子的故事

（使用时机：高一期初家长会）

高一报到后不久，我们就召开了第一次线上家长会，主要是传达刚进入高中应该注意的问题以及近期安排。

我的课件模版是这样的（图1）：

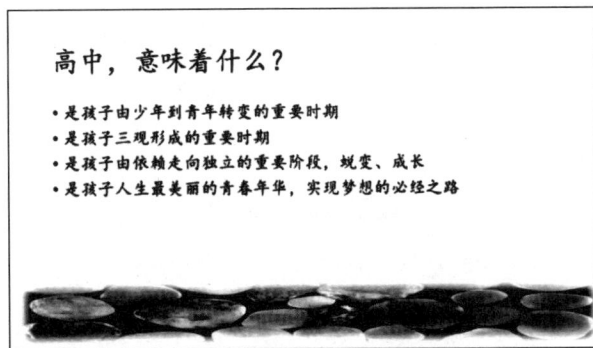

图 1　高一期初家长会课件模版

到家长会临近结束时，我加了这样一个环节——写在后面的话。

这个"写在后面的话"就是对我的课件模板的说明。课件模板上美丽的图案(图2)是什么呢?是沙子。是我们平时看到的最普通、最不起眼的沙子放到显微镜下呈现的模样。

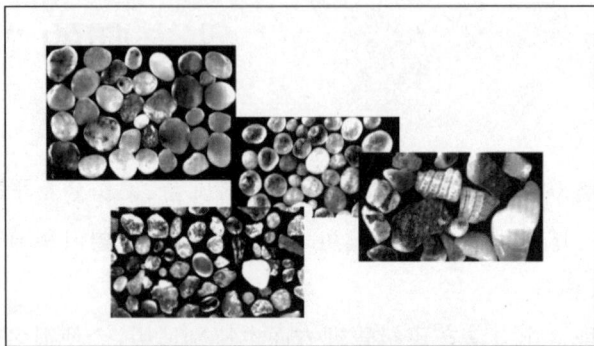

图2　高一期初家长会课件模板上的图案

然后是这样两段话:

每一粒沙子经历海风和海浪的拍打和洗礼,都会以自己的形式绽放光彩。每一粒沙子,都是美丽且独特的。

我们的孩子正如一粒粒沙子。崭新的高中阶段需要我们一起带着放大镜,以一颗宽容的心和智慧的眼光去发现他们不一样的美。

学会以一颗欣赏的心去看待孩子,这是孩子进入高中后家长的第一课。

高中第一次比较大型的检测结束,几家欢喜几家愁。家长会上,我针对初中和高中学习特点的不同及家长们普遍反映的问题打了"饺子、包子、馅饼""切苹果和啃苹果""脂肪肝"等几个比方。

饺子、包子、馅饼
（使用时机:高一第一次期中家长会）

这个比喻主要是为了解释初中、高中学习特点及考查方式的不同。

初中的时候,一节课教你和面,作业是和面;一节课教你擀皮,作业是擀皮;直到教会你包饺子,考试就考包饺子。

到了高中，一节课教你包饺子，作业是回家蒸包子，考试的时候考什么？考的是烙馅饼。

这也展示了初中和高中的一个重要区别：初中主要靠反复练，高中还需要在练的基础上悟。所以，孩子在高中阶段要努力养成以下两个习惯：

（1）主动学习的习惯。平时发现了问题要及时想办法解决，从根本上去弄懂，而不只是单纯会做这道题。连知识点都没弄懂就盲目刷题的做法是错误的。

（2）要学会举一反三，试着去找知识点内部的关联和区别。如同饺子、包子和馅饼，它们的相同点是都需要和面、擀皮和包起来。不同点：包子和馅饼需要发面，而饺子不需要；饺子是在水里煮，包子是蒸，馅饼用油烙；饺子和包子包好就行，馅饼还需要压平……

由此可见，高中学习较初中对孩子各方面的要求都要高不少，家长和孩子积极转换思路是非常有必要的。

切苹果和啃苹果

（使用时机：高一第一次期中家长会）

这个比喻主要针对该阶段家长的焦虑而言。

家长很着急："孩子对高中学习方法还没有掌握，成绩出现了明显的下降，我们应该怎么做？"

家长有这个想法其实很正常，因为孩子初中时很多学习任务在家里完成，家长参与较多。孩子上高中出现问题后家长便很容易沿用以前的思路："我该如何帮助孩子学习？是检查作业，还是买一些资料回来强化训练？"然而高中的学习与初中的相比有着根本的区别：一是知识难度和广度都在加大，二是孩子在家的学习时间大大减少。因此无论从哪个角度来说，家长都无法和初中一样掌控孩子学习。这种"无法掌控感"也恰是家长慌张的原因之一。

针对这种情况，我打了切苹果和啃苹果的比方。

我说："不知道大家有没有印象——孩子小的时候，我们是怎么喂他们吃苹果的呢？"

家长们说打成泥。

"孩子稍大点儿呢？"

家长们说削成片，后来就切成块。

我说："是的，随着苹果形态的变化，孩子们的咀嚼、吞咽和消化能力也在一天天加强。

"这个吃苹果的过程和小学、初中的学习过程很像。一开始是老师把'苹果'研碎了一点点地喂，渐渐地，把'苹果'切成片、切成块。

"现在进入高中，孩子们拿到了一个圆圆的完整的苹果。老师会教给他们如何吃掉这个苹果，但不帮他们切了。这个时候，有些孩子如果一开始没学明白，势必会比以前吃得慢、吃得少，孩子可能也会瘦一点儿。"

讲到这儿，我停顿了一下，又说："是不是因为孩子瘦了一点儿，我们便要回到切苹果的操作呢？"

家长们都摇头，说这是孩子们成长必然要经历的一个阶段，一开始不会，慢慢就会了。我们不可能给他们切一辈子苹果的。

我说："对，高中学习也是这样，一开始孩子可能会有一些不适应，但后面慢慢就会越来越好。孩子们在不断学习和克服困难的过程中逐渐成长为学习的掌控者。"

家长这个时候有点着急很正常，不妨先保持平和的心态，耐心鼓励、引导孩子面对困难、克服困难。因为，这是孩子成长的必然阶段。

脂肪肝

（使用时机：高一第一次期中家长会）

孩子成绩出了问题，往往家长想到的第一个方法就是——请家教。

为什么呢？因为这个办法最简单呀。

但是，每个孩子都适合请家教吗？未必。对于有的孩子而言不但无用，还可能会起到相反的效果。

可是家长往往意识不到这点。"请家教"依然是很多家长遇到问题时的第一选择。

因此，我打了脂肪肝的比方。

我说："到了这个年龄，很多人在体检中查出脂肪肝。"家长们会心微笑。

我又问："拿到这个体检结果，请问大家觉得应该做些什么呢？"

家长们七嘴八舌，有的说多锻炼，有的说少吃点儿（大家笑），有的说调整饮食结构。

等大家说得差不多了，我说："大家说得都很好，但是，为什么不是去找一个名医来解决这个问题呢？"

一位家长说："嘻，这是不良生活方式导致的，又不是病毒或者细菌引起的，找名医没用。"

我微笑着说："学习中的检测就和我们的体检是一样的。孩子出现了问题，大家是否也应该先想想问题的原因是什么，是听讲习惯问题、课后落实问题、学习态度问题还是知识点没弄懂？大家一股脑都抢着去请家教，这和拿到体检结果第一时间去找名医有什么区别呢？"

家长们听了开始沉思。后来有家长说："老师，我明白啦。我们先和孩子一起探讨一下成绩出问题的原因，如果是学习习惯和态度问题，我们便先从这些方面入手，只是请家教是没有用的。"

深以为然。

为什么要将高一期初家长会和高一第一次期中家长会单独拿出来说呢？因为孩子初入高中，家长正处于焦虑、无助的时期，特别需要老师的帮助。在这个时候，班主任不妨收集一下家长最关注的问题，借家长会的时机解答，往往会对家长有比较大的帮助。

事实证明，进入高中，不仅仅是孩子们在成长，家长们也在不断成长。后来再遇到相似的问题，家长们就比较淡定了。

推拿

（使用时机：期中家长会或稍晚一些）

这个比喻针对一个非常敏感的问题——对犯错孩子的惩戒。

2021年，教育部出台了《中小学教育惩戒规则（试行）》。许多人认为这是"还教师以戒尺，还教师以尊严"。为什么会出台这样的文件呢？我认为很重要的一点就是有关部门已经意识到,对于孩子们的成长而言,只有鼓励和赞扬是不够的。如同树木的生长,除了浇水、施肥,必要的时候也需要剪枝、打药才行。

然而,多数家长内心是不希望孩子受到惩戒的。这也很正常。尤其很多问题尽管有规则在先,但很难一刀切。毕竟孩子和孩子是不一样的,问题和问题也是不一样的,需要有一定的操作灵活度。多数家长希望老师用最温和的方式、最低程度的惩戒来解决孩子的问题,但这并不符合教育现状。那么,如果和家长说明白这个道理呢?

于是,我给家长打了关于推拿的比方。

我说:"孩子犯了错误时,家长都希望老师好好和他说教,最好不要用其他惩戒方式,对不对?"大家笑起来,表示默认。

我说:"我非常能理解大家的这种心情,因为我本身也是家长嘛。孩子小时候生病的时候,大家是如何处理的呢?"有的家长说直接去医院打针,但多数家长并不认可,认为应该先温和处理,比如多喝水、补维生素、喝姜汤。

我说:"对,有的孩子可能体质比较好或者症状比较轻,这样温和处理就能痊愈,我们都很开心。但是这些方法是不是每次都有效呢?"家长们摇头。

我说:"如果效果不好,大家是如何处理的呢?"有的家长说该去医院让医生检查一下,有的家长说找中医推拿。

不过,家长们也意识到推拿只能解决轻症,并不能解决所有的问题。当孩子持续未见好转或者症状加重时,还是需要用药或者打针。而且这个过程并不能拖得太久,拖得太久会导致症状加重,反而贻误治疗的时机。

我说:"孩子们身体出问题时大家是这样处理的,如果思想或者行为习惯上出了问题呢?我们第一时间肯定先温和处理,对孩子进行提醒,或者谈话。但是这并不能解决所有的问题,在温和处理无效的情况之下就需要用药或者打针,比如让孩子承担一定的班级劳动。"家长们纷纷点头。

后来,当个别孩子几次三番出问题,需要一点点惩戒的时候,家长很支持。因为家长知道:谈话并不能解决所有的问题,如果"推拿"不见效,还是需要用药或者打针的。但是,我们的出发点是一致的——都是为了孩子的身心健康。

起点和终点

（使用时机：学生入校后的第一次班会）

我们班很多孩子是被第二志愿录取的，他们不免有些沮丧。于是我打了起点和终点的比方。

我说："当你在赛场上跑步的时候，最后决定输赢的是什么？"孩子们说是冲过终点的时间。

我说："对。三年高中的学习也和跑步一样。一开始可能你起跑慢了一点儿，或者不小心晃了一下，但我们参加的不是50米或者100米的短跑，而是1 000米的中长跑。在这三年里我们有无数赶超的机会。记住，决定最后谁是胜利者的不是起点，而是终点。"

期中考试后的班会主要是针对孩子们学习上的问题进行解答。

孩子们在成绩出现问题时，往往关注表层原因，而忽略深层根源。比如，孩子们在考试反思中写自己出问题的原因是审题不到位啊，考试时间没把握好啊，粗心啊……改正措施就是下次好好审题，下次把握好时间，下次仔细一点……

我们知道，冰冻三尺非一日之寒，我们还知道著名的"海恩法则"：每一起严重事故的背后，必然有29次轻微事故、300起未遂先兆以及1 000起事故隐患。如果仅仅关注这些问题的表层原因，势必忽略对根源的挖掘，从而影响问题的解决。考试中出现的很多问题的根源都在平日，只有平日养成严谨认真的做题习惯，考试的时候才会尽可能减少失误。

但是，如果仅仅和孩子们讲道理，他们是不太爱听的。因此，我打了以下的两个比方。

痘痘的故事

（使用时机：期中考试后的班会）

我笑眯眯地（是的，讲道理不一定是苦大仇深，也不一定是语重心长）对孩子们说："有一天，小迟同学脸上长了个痘，他觉得既不舒服又影响美观，于是到医院去看。医生一看是小问题，就给他抠掉啦。"（其实可以说"打掉"，但是这个词不够形象，没有冲击力。）

孩子们的表情很平静，未觉什么异常。

我又说："有一天，小迟同学发现自己脸上长了两个痘，医生又给抠掉啦。"

他们感觉有点不太对劲。

我接着笑眯眯地说："有一天，小迟同学长了一脸痘……"

他们有点儿坐不住了。

我问："能不能接着抠啦？"

大家还没回答呢，小迟同学就赶紧说："不行！"大家哄笑。

我作不解状，问："为什么不行呢？"

他们"恨铁不成钢"地看着我："应该检查一下为什么长痘，要找出根本原因才行啊！"

是啊，有经验的医生应该会思考：导致短时间内大量爆痘的原因是什么？是不良的作息，是饮食不当，还是内分泌出了问题？这样才能够从根本上解决问题。倘若头疼医头，脚疼医脚，看起来表面问题解决了，但实际上遗留了更大的问题。

我点头表示赞许。然后说："你们说考试审题不认真，下次要好好审题；时间没安排好，下次要安排好时间；题没看仔细，下次要好好看题……"

没等我说完，他们就明白了。

接下来就要找出问题的根源：是平时没有养成好的学习习惯，是对老师强调的问题不重视，还是知识学得不扎实？如果只关注表层问题，那和抠痘有什么区别呢？

对待学习，我们要运用中医的思维，努力做到治本，而不仅是治标。

100 米和 1 万米

（使用时机：期中考试后的班会）

解决了治标还是治本的问题，就轮到下一个问题：平时我们应该怎么做？具体做法当然有很多，但有一点非常重要，那就是养成好的学习习惯，比如对待作业的态度、对待平时小测的态度。因为很多孩子觉得平时随意点不要紧，等到考试好好写就行。

我又笑眯眯地问了他们一个问题："如果你运动会报了 100 米跑，平时是照着 100 米的速度练习，还是照着跑 1 万米的速度练习？"

他们都不爱理我了：这是什么问题！因为答案太简单了：当然要按照跑 100 米的速度练习啊！如果平时照着跑 1 万米的速度晃悠，那么跑 100 米时肯定出问题。

因此，平时就要养成规范、严谨的学习习惯，这样在考场上才能够从容应对。

很多孩子说考试出问题的原因是考前复习时间不够。

要真正把知识学扎实、学明白，不能只指望着考前复习，而是得把功夫放在平时。比如，朱同学运动会报了 1 500 米跑，是不是需要平时隔一两天练一次？朱同学如果平时不跑，到运动会前一下子跑个 1 万米，行吗？这样起不到真正的作用不说，还很有可能把自己给跑出问题来。所以，不要把复习任务全堆到考前，而要从平时开始，一点一滴地把知识"砸"实。

挣钱和存钱的故事

很多孩子学的时候很认真，课堂上反应很快，课后做题也不少，但始终不重视知识的落实和回顾，导致自己的知识体系千疮百孔，力气没少出，效果却不见好。

于是我打了个比方：

A 和 B 两个人，A 的能力很强，挣钱很快，一天挣 100 块，而 B 相对慢一点，一天只挣 50 块。A 盛钱的袋子破了，他并没有在意，而是继续赶着去挣钱，导致挣的很多钱都从破洞里漏掉，最后袋子里只剩下 500 块。B 虽然挣得相对少，但一直很注意对袋子的检查，随时检查，一旦发现问题就第一时间修补，所以挣到的钱几乎都存了下来，最后袋子里剩下 1 000 块。现在要去买一件 800 块的商品，很显然只有 B 能买得起。

我认真地强调：关键不是看你赚到多少，而是看你存下多少。

赚到是本事，能存下来才是真本事。

盖房子

我们一直在盖一座房子。地基打牢了，你的所谓创意和设计才有价值，否则就只是空中楼阁。

学习亦是如此，基础知识掌握扎实了，你的技巧、你的思维才有发挥的空间。

怎样才能打牢地基？要一块砖一块砖整齐地放好，黏合紧密。不是把一堆砖随便扔上去，亦不是随便粘一下就行，否则最后只能是豆腐渣工程，房子看起来挺高，实则脆弱不堪。

我们每天学习的过程就是一个不断垒砖的过程，力求每一天、每个知识点都踏实、扎实，也就是把每天的砖垒结实。只有这样，才不会给将来留下较大的隐患。

体育场

有的孩子学习的时候非常情绪化，喜欢某学科就铆足了劲去学，对某学科不感兴趣就不好好学（尤其很多理科生不重视语文、英语的学习），导致有的学科学得非常好，有的就出现了比较大的问题，总分自然也受到影响。有的孩子因为心思太多，精力没有放在学习上。还有的孩子不按老师要求的来，总有自己的一套，看起来很忙活，但力气没用对地方。

我在黑板上画了一个圆，说："这就是大学。大学就像一座很大的体育场，进去以后你可以打球，可以跳绳，可以跑步，有充足的发挥空间。但是现在，你在通往这座体育场的路上，路很窄，而且只有一条。如果你走偏了，那么你就永远到不了这座体育场。就算你晃来晃去晃到体育场的门口，专注的人早就一条直线冲进去了，你也只能在落后的位置徘徊。"

做你现在该做的事情，走你现在该走的路，方向要正；若方向偏了，出力越多，偏离得越远。

如果只片面关注感兴趣的学科，那么总分就会出问题，就有可能落在后面，导致离自己感兴趣的大学和专业越来越远。

真正的潇洒和自由，不是眼前爱学这科就学这科，不爱学那科就不学那科，而是能够凭着你优异的成绩，想去哪所学校就去哪所学校，想学哪个专业就学哪个专业，毕业后想做什么工作就做什么工作，想选择哪种生活方式就选择哪种生活方式。

沙子和石头

这是一个很古老的故事：瓶子里先放了石头，再放了沙子，最后又灌了很多水，瓶子才满。

讲完这个故事，我问："这个故事告诉了我们什么？"

孩子们说："瓶子看上去没有多大空间，其实能装很多的东西，就和我们平时的时间一样。只要去发现，其实还有很多的时间没有被利用起来。"

我说对。然后大家一起找了找还有哪些细碎的时间可以利用，最后算了算，发现这些时间加起来是很可观的。

我又问："这个故事还告诉了我们什么道理呢？"

孩子们说："放的次序很重要。如果先放沙子，那么石头就放不进去了。这就像学习中的主次关系，先保证完成主要的任务，再完成次要的。"

是呀，我们目前最主要的任务就是高考，其他都是次要的。千万不要喧宾夺主，因为瓶子就这么大，我们的时间和精力就这么多，沙子多了，石头就放不进去了。

我问了第三个问题："如果我想向瓶里放一只癞蛤蟆，该如何操作？"

孩子们听到这个奇怪的问题有点惊讶，但还是想了很多种办法，却发现都不可行，最后只能说把水和沙子倒一些出来。

我说："对，这个瓶子就像我们现在的心，这只癞蛤蟆就像坏情绪。坏情绪之所以占领你的心，是因为你给它腾出了空间。而杜绝坏情绪的最好方法就是用其他东西将心填满，让日子变得很充实，不给坏情绪可乘之机。"

如何把日子变充实呢？列计划呀。

九方皋相马

秦穆公召见九方皋，叫他到各地去寻找千里马。

九方皋寻找了 3 个月后,回来报告说:"我已经在沙丘找到好马了。"秦穆公问:"那是什么样的马?"九方皋回答:"那是一匹黄色的母马。"

于是秦穆公派人去取,却是一匹黑色的公马。秦穆公很不高兴,就把伯乐叫来,对他说:"坏了!您推荐的人连马的毛色与公母都分辨不出来,又怎么能认出千里马呢?"

伯乐这时长叹一声说道:"九方皋相马竟然达到了这样的境界!他真是高出我千万倍。九方皋看到的是马的天赋和内在素质,深得它的精妙,而忘记了它的粗糙之处;明悉它的内部,而忘记了它的外表。他只看见所需要看见的,看不见他所不需要看见的;只观察他所需要观察的,而忽略他所不需要观察的。九方皋相马的价值,远远高于千里马的价值!"

马从沙丘取回来后,果然名不虚传,是天下少有的千里马。

这则故事告诉我们看问题要抓住本质,不能被表面现象所迷惑。

比如,很多同学每次考完试都会惴惴于自己这次考了多少名,在班里进步还是后退了。考得好则意气扬扬,考得不好则沮丧万分;考得好便觉得自己登上了世界之巅,考得不好便觉得全世界都在笑话自己。

然而,考试最重要的意义是什么?是找到自己学习中存在的问题,进而解决它,其他都是次要的。如同九方皋相马一样,最核心的问题是找出真正的千里马,而不是被其他的琐碎影响了认知。

学习,亦是如此。如同田径场上最后的冲刺,眼睛里面只有终点,脑海中只有一件事情:更快一点,更向前一点。无暇顾及自己的表情及姿态,无暇顾及他人的眼光。专注,产生速度。

不要让那些次要的枝节影响了主干。一次考试最重要的从来不是分数、名次,别人的评价更无关紧要,不要让一时的名次升降影响了自己的认知。静下心来分析得失,把考试中出现的问题细细梳理出来,再对症下药,一点点解决,把所有出现的问题变成你的提升点,这才是考试的终极意义。

孩子进入高中，家长要过的第一个坎

我们经常说"幸福在于比较"，而在家长群体中，最常见的现象却是"焦虑在于比较"。尤其是读重点高中的孩子，当年过五关、斩六将终于杀出重围，坐到理想学校的教室里，还没来得及高兴几天，焦虑便如潮水般一波一波到达。

有的家长发现，那么多同龄孩子艳光四射，学习、体育，演讲、写作，文科、理科，样样拿得起放得下，而自家的孩子混迹于这样卧虎藏龙的环境中，几乎没有存在感，有点像——丑小鸭？

中考后刚刚累积起来的骄傲，如玻璃般不堪一击。

这往往也是高中家长最难过的一个坎。这个问题的根源在于：

（1）比较对象变了。以前孩子看起来还不错，是和初中的孩子们相比较而言，而初中的孩子们水平参差不齐，因此自己的孩子在里面看上去着实还不错。现在呢？周围都是杀出重围的胜利者，都是经过了一轮筛选保留下来的佼佼者，孩子们的整体水平较初中时大大提升。以前在班里能占到中上游的，现在可能只能占到中游甚至下游。这是非常正常的现象。

（2）知识结构变了。有的家长问："我家孩子初中的时候理科就有优势，所以上了高中肯定还是选理科。"过来者对此笑而不语。初中理科无论从广度还是深度看，与高中理科相比都不在一个数量级，尤其选科后学习的选修部分，分分钟让你怀疑人生。因此又有人总结道："初中理科好的，到了高中未必好；但初中理科就学不好的，到了高中往往学得更困难。"也不无道理。

（3）考试要求变了。初中的知识相对较浅，考试要求也较低。一般来说，考前稍微补一补、刷题练一下就大差不差。而高中知识繁多且复杂，"临时抱佛脚"的效果往往都不太好。高中对思维和学习品质的考查要求都比初中要高得多,只靠小聪明突击取得好成绩的孩子与靠苦刷题磨出来的孩子相比,往往要多吃些苦头。

一个很有意思的现象是:有的家长对孩子本来就没有太高的要求,觉得能大致跟上,一点点往前走就可以。本来这次有进步,孩子很高兴,家长也颇为欣喜,却听说同事的孩子考了班里前十,比自家孩子的成绩高出好几十分。进步的欣喜瞬间就不"香"了。孩子本来挺有学习劲头的,一下子又蔫了。

问题是,那个同事也没多么开心啊。他还听说朋友家的孩子考了年级前几名呢。自家这个能考名牌大学?做梦去吧。

而那个考了年级前几名的,家长正在商议对策:比第一名差了 30 分,怎么办?

考年级第一名的还在盯着市里的名次呢!

这确实是一个很有意思的现象。如果只看某个个体的话,本来挺好,但一旦有了参照物,快乐阈值就会提高,焦虑值更是成倍增长。

我们的生活又何尝不是如此。

有高目标、向前走的意识本来是好事,但是随之而来的却是永不满足的焦虑。

值得?不值得?

给自己一个肯定,然后打打气再往前走,不好吗?

正确认识人与人之间的差距,在力所能及的范围内继续努力,不好吗?

我们发现,无论孩子成绩在哪个层次,家长往往都各有各的焦虑。前 500 名的希望孩子进前 300,前 300 名的希望孩子进前 100,在年级前列的又担心孩子掉下来。我们仔细分析就会发现问题的根源并不在于孩子的成绩,而在于家长的心态。家长总是习惯用比现状更高一点的标准去要求孩子,自以为在帮助孩子进步,达不到目标便对孩子否定和挑剔,反而影响了孩子的上进心。

不妨把心态放平,正确认识孩子在高中学习的压力,多看到孩子的进步,看到他们的亮点,遇到问题时和孩子一起想办法打败问题,而不是惊惶失措甚至乱拳频出地和问题一起打败孩子。

孩子一直非常努力，为什么成绩未见提升？

有些孩子平时上课认真听讲、认真记笔记，作业及时交，写得也很工整，错题本也整理得很好，自习课从不乱讲话，看上去很认真、很努力、很听话，可是每次考试的成绩总不令人满意。是智商问题还是方法问题？让人抓狂。

通过长期观察、分析，我发现这些孩子往往分为以下几种情况：

情形一：文科不错，理科底子薄弱型。

这类孩子往往是上高中后受挫感最强的。因为初中理科难度不太大，只要稍微用心些就能学得不错，而高中数、理、化、生的难度远非初中可比，对思维和学习习惯的要求也极高，所以，初中学理科就有些吃力的孩子在高一下学期会非常痛苦，入校成绩本来相差不大的孩子在这段时间的成绩会明显分层。学科区分度加大也是高中学习的特点之一，但这样的好处是可以让孩子真正明白自己比较擅长的学科是什么，从而在后面的"六选三"选科中做出最清醒的选择。

应对要点 1：要保证自己的优势学科一直处于优势。

这个过程中必须避免的一点是，很多孩子本来文科不错，因为理科出了问题就把学习的重心全放在了理科上，结果往往是理科未见好多少，文科的优势也远不如前。这种情况比较麻烦，俗称"掉空里"。在此提醒大家：补短固然重要，但是扬长亦不可少。毕竟高考成绩是六科总分，不是像木桶一样由最短的木板决定容量，而是将六块板子接在一起，看总长度。因此，进入高中后一定要有兼顾的意识，不可顾此失彼。

那么，有些孩子理科不占优势，但为了以后选心仪的专业，还必须学一两门理科（即使选了纯文科也要学数学，而且目前山东高考数学是不分文理科的），又该怎么办呢？

应对要点 2：拿自己能拿的分。

你觉得困难的学科其实是你"不会做难题的学科"，并非一窍不通；如果你对该学科一窍不通还一定要选它，那我只能为你"掬一捧同情的泪水"。一般来说，我们所选的学科都是学得相对还可以的，虽然和"大神"相比有差距，但做好基础题还是没有问题的。你能不能做到基础题不丢分？如果不能，就努力把答案变成"能"。要保证总分，首先要保证基础题得分。

高中碰到的多数题尤其是难一点的题，老师都会细致讲解。那么，下一个问题是：老师讲过的题目，你能否做到不出错？恐怕很多孩子做不到，而这其实是可以做到的。可以试试下面的方法：

（1）努力把老师讲过的题彻底弄明白。如果听老师讲完还不会，可以再问同学、问老师，力求把思路（不仅仅是解这道题的步骤）理清楚，真正明白这道题考的是哪个知识点，正确的思考方式是什么，做的时候应该注意什么问题。

（2）错题本此时可以发挥作用了。把题目整理（为了省时间，也可以粘贴）在错题本上，除了正确步骤外，一定要写出做这类题时要注意的关键点。注意：你要会的是一个知识点，而不是一道孤立的题。你要做到以后碰到这一类题都能做出来，而不是同样的知识点换一个问法就呆住了。

（3）找考查同类知识点的题做。当你能做到熟练解决这道题的时候，再试着去做相关知识点的变形题，力求达到将知识夯实、记牢的效果。

（4）错题本不是整理完就行了，一定要及时回顾。不要让已经赚到的钱从你的破口袋里漏掉。如果出现遗忘现象，一定要及时复习，将知识前后勾连。这类题的思考方式是怎样的？容易挖什么坑？还有哪类题目容易设这样的坑？前后左右一联系，就可以使你的知识点串成线，进而编成网，思路更清晰，记忆也更深刻。

努力把做过的、老师讲过的题目和知识点理解透彻，而不是似是而非，这是高中阶段非常重要的一种能力。正如我们前面讲的把钱真正赚到手、存下来、不丢掉，这是我们每一个人要努力做到的。记住，最终决定你的购买力的，不是一开始赚到多少，而是最终存下多少。

对于理科基础较弱或是思维不是太占优势的孩子来说，以上两个应对要点至关重要。

情形二：问题累积型。

很多孩子有拖拉的习惯，起床拖拉，吃饭拖拉，写作业拖拉，解决问题更拖拉。一次两次好像没什么，但是久而久之会发现一些本该容易解决的问题拖成了老大难。病本来在腠理，因为拖得太久入了膏肓，这就非常麻烦了。

因此，一定要努力养成及时解决问题的习惯。早晚要解决的问题，为什么不早一点解决呢？刚发现问题时，你对问题的所在非常清楚，这个时候及时去问老师，往往会达到事半功倍的效果。老师讲完之后，你对题目的设置方向和解题思路也非常清楚，这个时候做错题整理，效果自然也最佳。解决问题拖不得，千万不要把小毛病拖成大病，如同令很多人谈之色变的龋齿，一开始不重视，待最后变成大洞时再去治疗，要多遭受许多痛苦，耗费的时间、精力、金钱也多，还不一定有效。

情形三：叛逆，另辟蹊径型。

敢于质疑本是一种非常珍贵的品质，但中学阶段的质疑是有前提的，这个前提便是你对知识已经了然于心，在彻底掌握的基础上独立思考，进而在有些方面提出自己独特的见解。这种质疑，有的时候可以使得思考更深入、更透彻。但是，如果很多基本知识还没有真正掌握，很多基础题、典型题动不动就做错，却总用"质疑"的眼光去看待老师的讲解，不屑于按照老师的要求去做，不愿意用规范、清楚的思路去思考和解决问题，那么，这样的"质疑"对学习就异常有害了。

基础知识学习阶段，孩子可以适当质疑，但是要有度。孩子不一定要百分百听话，但也不能鼓励孩子蔑视权威、藐视一切，那种拿着怼人当个性的"杠精"往往是很难学好的。

事实是，很多看似爱"质疑"的孩子表面上看起来很活跃，课外自己找很多题来做，愿意按照自己的一套来，但是往往成绩并不令人满意。为什么？因为基础还未打好，未走稳就想跑，未夯实地基便急着盖楼，还不愿意按照图纸和安全要求来，便很容易造出不合格的产品，即我们平时说的"豆腐渣工程"。

情形四：自我怀疑，信心不足型。

《张老师的"比喻们"》讲过，一个已经装满石头、沙子和水的瓶子是装不下其他任何东西的，就算要放进去代表坏情绪的癞蛤蟆，也必须先腾出一定的空间。因此，如果自己容易焦虑和急躁，那么最好的方式就是把计划安排得满一点，不给坏情绪足够的空间。

还有一些孩子，可能自小受到的肯定不足，碰到问题总是畏首畏尾，总觉得自己什么都做不好，或者在学习中明明发现了自己不懂的问题，却没有勇气去和老师、同学交流，任由问题搁置，等到考试的时候出了问题便更加怀疑自己，如此造成了一个恶性循环。事实上，每个孩子都有自己的闪光点，有的尽管逻辑思维不占优势，但是形象思维非常好，有的知识可能掌握得慢一点，但一旦掌握便非常扎实。因此，要注意看到自己的优势，进而发挥这些优势。就如同那个古老的问题：什么动物能够到达金字塔的顶端？是鹰，还是蜗牛？我们可能做不了驰骋天空的鹰，那就做踏踏实实、永不放弃的蜗牛吧。

同时，也没必要对自己过分苛求。事实上，再厉害的"学霸"，也不可能考前复习到100%的程度。因此，有问题是再正常不过的事情，我们要做的是：力求效率再高一点，付出再多一点，掌握的知识点比别人多一些、牢一些。如果别人掌握了50%，我们就努力做到掌握70%；或者同样都掌握了60%，我们就做到掌握得更扎实，考试时候也就更从容。

情形五：此长彼消型。

每个孩子的特质各不相同，有的偏文，有的偏理，都有自己的"舒适区"。孩子和众多大人一样，也有对"舒适区"的贪恋，喜欢、擅长的学科就拼命学，不喜欢的学科就不喜欢学，导致学科发展极不均衡。最后的结果是：优势学科的优势往往被弱势学科所抵消，如数学和语文较别人高30分，英语和物理却低了35分，总分依然是处于劣势的。而高考是一个"长板""短板"求和的结果，这样的孩子总成绩便不占优势了。

因此，要有综合发展的意识，要勇于走出"舒适区"去面对问题，把路上绊脚的石头变成攀登的阶梯，而不是沉迷于"舒适区"里不能自拔。

孩子很聪明，为什么成绩不好？

有的孩子往往初中没出多少力气，但成绩还不错，原以为上高中也可以轻轻松松当"学霸"，当考过一两次试，才发现自己想得有点天真。

这些孩子大致可分为以下两种情形：

情形一：眼高手低，自我感觉良好型。

这类孩子上课往往反应很快，新知识很快就学会了，喜欢做难题，以做出难题为傲。他们对相对简单的题目往往很不屑，不愿意听，不愿意做，即使不得不做也是草草应付，什么审题、过程、计算，根本不在意。后果就是他们难题明明做得比别人好，总分却并不令人满意。问题就在于基础题失分太多。步骤问题、书写问题、单位问题、计算问题……这些问题累积在一起，丢掉的分数便是一个不小的数字。

他们虽然心痛，却往往将原因归于"运气不好""不小心"，而不去想深层的根源。父母也往往不在意，觉得"孩子粗心，其实都会做""难题别人不会做，他都会做"。可是，难题会做，简单题不应该做得更好才对吗？

这些孩子都忽略了一个问题：什么叫简单？能拿到分的题才叫简单。有时候对于考试尤其是关键的选拔性考试来说，最令人遗憾和痛悔的往往不是没做出难题，而是失了不该失的分。

问题的根源，在意识，在习惯：忽视简单题、基础题，进而忽视老师叮嘱的意识，以及平日里从来没有按照考试的标准去执行过，形成的不良的答题习惯。日积月累，想要在考场上一下子纠正过来无疑是难上加难。

正常来说，人在竞技状态下产生失误的概率约为平日的 3 倍。也就是说，你就算平日认真对待了，考试的时候都不免会有失误，更何况平日就纰漏百出呢？

解决问题的方法就是努力缩小这个起始的数值。比如，平日失误的概率为1％，考场上失误的概率就是3％；如果平日认真听讲、认真练习，将失误率降至0.1％呢？

因此，一定不要被所谓的"粗心""不小心"之类的话语迷惑，要真正挖掘问题的根源。如果是思想上不重视，那就从现在开始重视起来；如果是平日做题习惯不好，那就从现在开始认真做题，努力养成好习惯。这，才是解决问题的正确办法。

我曾经给孩子们看库里、科比平日练球的视频。孩子们看着看着就笑了，因为一个个动作太单调了，感觉就像一个镜头重复播放了无数次一般。事实上，这就是他们平日训练的状态，将一个看似很简单的投球动作练习无数次。

后来，镜头转至赛场。孩子们恍然发现，篮球选手一次次成功投篮的动作，其实和平日的练习动作如出一辙，只是地方不同，身上的球衣不同，身边的人不同而已。人，还是那个人；球，还是那个球；篮，还是那个篮；动作，还是那个练习了成千上万次，最熟悉、最精准的动作。

功夫在平时，这是最浅显，也是最真实的道理。

很多孩子还找出其他原因："紧张""没控制好时间"……我都会很认真地和他们说："心态、时间问题都是知识点问题。"高三时，我们班教室前面一直贴着一张纸，上面写着：

什么是不熟练？

2分钟能做出的题，你要5分钟才做出，就是不熟练！

一遍做完没有把握，需要第二遍再回头检查，就是不熟练！

能得10分的题，你只得8分，就是不熟练！

时间一紧张就思路混乱，就是不熟练！

别轻易说自己已经会了！！！

情形二：知识掌握不扎实，"狗熊掰棒子"型。

这类孩子学的时候感觉都会了，随学随忘，等到真正需要的时候或者记不清楚，或者忘干净了。这就关联到学习之中一个很重要的问题——落实。

　　学了之后不落实，学得再多、再快也没有用，有的时候还不如那些学得慢却学多少就记住多少的孩子。

　　我曾经给孩子们打过"挣钱与存钱"的比方，最后孩子们惊讶地发现：那个更能挣钱的人反而最后的购买力稍逊一筹，原因在于他的袋子有漏洞，很多已经挣来的钱白白漏掉了。这是非常可惜的。

　　因此，在平日的学习中除了向前跑，有的时候还需停下来向后看看，检查一下行囊，发现漏洞及时修补，及时把遗漏的知识捡回来。这样，你慢慢就会发现行囊越来越充盈，购买力越来越强。岂不快哉？

什么是伪用功?

伪用功是什么意思呢?大概就像目前某些"网红"直播,观看的人很多,咨询的人也很多,但是最后销售额寥寥。

为什么?很多浮华只是表象。观众里真正有购买欲望、有购买力的有效客户极少。

有些孩子就是如此,看起来非常认真地听讲、写作业,实则很多时候这只是一个认真的表象而已,听着听着就走神,写作业只是机械地抄录,整理错题本只是将老师讲过的做法抄上。他们的大脑更多时间处于一种游离的或机械的状态,真正用来进行有效思考的时间很少。这就是我们所说的伪用功。

有的孩子说:"老师,我知道自己有这个毛病,可是我老是管不住自己,怎么办?我难以长时间集中注意力,学习一会儿就容易走神。我也不想这样呀,可是我改不了。"

其实,改变并不像所说的那么困难。如果是上课的时候易走神,那么最简单的方法就是睁大眼睛,紧盯着老师,随着老师的移动而转移视线。逼着自己认真思考老师提出的每一个问题(很多孩子的思考过程是从老师提问到自己才开始的,如果老师没有提问到自己,就一直处于被动听讲的状态,很容易疲沓),并且尽可能出声回答(尤其是自由回答的时候),给自己创造更多参与课堂的机会。这一点很重要。因为出声本身就是一种对自身的刺激动作,如果答得好,容易受到老师的肯定,并且为了答得好一点,大脑一定会较沉默时思考得更积极。这样,眼睛、大脑、嘴巴三者始终紧跟老师的讲授,手上再认真做好记录,想走神都很难。

有的孩子说:"我上课还可以呀,我的问题出在自习课上,或者是在家自主学习的时候。没有老师讲课，只是在一个安静的环境里学习，很容易走神，怎么办呢？"

好办！你需要的只是一个日程表。自习之前细致安排好自己的学习计划，并且详细列出每一项内容所需的时间，然后逼着自己在规定时间内完成，每完成一项就划掉一项（或者在后面打一个勾）。相信我，当你自习结束，看着自己划掉的一项项内容时，内心是非常有成就感的。而且你会发现，用这个方法学习的效率有可能达到从前随意学习的两倍之多，这就是计划和限时的优势。

考完试，该如何和孩子谈成绩？

每次大考出成绩之日，也是很多家庭鸡飞狗跳之时。平时明明相安无事，此时往往热战、冷战开始上演。

想想也正常，因为此时孩子和家长均处于情绪不稳定阶段。考不好，孩子心里总归是有些懊恼的，但是这份懊恼往往无处宣泄，于是他会有一种又心虚又不服的心态。家长内心更为焦灼。高中家长对孩子的掌控感与小学和初中时期相比是比较弱的。小学和初中知识难度较低，有大量的识记类基础知识，题目稍微琢磨一下并不难弄明白，因此家长对孩子的学习相当有掌控感。而高中知识陡难，很多家长难以弄懂，而且孩子平日在家时间极少，所以多数时间家长对孩子的学习状况茫然无措。高中本来就竞争激烈。家长好不容易等到一次大考，却发现孩子成绩不尽如人意，往日的无措无助很容易发酵成愤怒。家长的愤怒与孩子的不服发生碰撞，则难免出现冲突。

这也是令很多家长非常头痛的一个问题。

这个问题回避不了。开完家长会，拿到成绩单，如果什么都不做，家长会和成绩单就没了意义。

可是，多数家长和孩子的沟通不太成功，诸多家庭矛盾由此爆发，亲子关系亦因此产生裂痕。

我们不妨来看看，考完试家长如何更有效、更平和地与孩子交流。

把孩子夸得飘上天或者贬得一无是处不是恰当的做法。我们要的是清醒而平和，既发现问题，找到解决问题的方法，又不激化矛盾。

我建议家长试试下面的沟通方式：

家长：你对这次的成绩满意不满意？

正常情况下，90％的孩子会说"不满意"。

家长：为什么不满意？

孩子会说哪个地方没发挥好、哪个地方可以更好之类。

家长：嗯，我也觉得你可以更好。

（因为"不好"是孩子说出来的，所以就不会伤感情，而家长以鼓励的姿态出现，保证了谈话平和的氛围。）

家长：有没有想过出现问题的原因是什么？（或者前面加一句：你觉得哪些方面可以更好？）

孩子可能会说很多。家长认真倾听，频频点头，也可以温和地做些补充。

家长：分析得很好（当然，想多夸几句也是有很多方法的，比如"我没想到你会分析得这么清楚""你分析的比我想的好多了"），那么你觉得后面应该怎么办呢？

学生会开始制订计划和目标。家长应该持鼓励的态度，很重要的一点是之后适时提醒孩子定的目标，监督他按计划去做。当然，这些要求由孩子提出来更好（比如，家长问："需要我做些什么吗？""你觉得我做些什么可以帮助你把计划完成得更好？"）

是不是你想要的基本都有了？

这个交流模式的神奇之处在于，所有的问题都是孩子自己挖出来的，所有的解决办法也都是孩子自己提出来的。这和由家长提的效果有天壤之别。

这种交流模式的核心是让孩子多说。家长只是负责引导、共情、提供帮助。

其实，每一个孩子都是向好的，都希望自己通过做些什么可以变得更好。而且青春期的孩子本能地排斥大人的说教，如果考试再出了问题，就会第一时间切换到防御模式。家长要做的是蹲下来，处在和他平等的角度，看着他的眼睛，慢慢梳理问题，让他意识到你是真诚地接纳他并且想要帮助他，而不是想批评他、管教他或者强制他做什么。

这就和倒水一样。水倒得太急，反而容易溢出来；如果顺着杯壁慢慢倒，倒满杯的可能性更大。

对孩子，亦如此。

学长速递：一切都会越来越好

　　高一的时候要尽快适应高中的学习节奏。这时应跟紧老师学习九科的基础知识，所以我的高一是十分忙碌和充实的，也学到了很多通识知识，很有收获感。高一也很适合参加学校组织的读书节、班主任节、运动会、艺术节等丰富多彩的校园活动。

　　高二的时候，学校根据选考科目开始进行有序的选课、走班，我选择了物、化、生三科作为选考科目，学习的精力更加集中，可以更深入地了解自己感兴趣的知识内容，为高三的学习打下了良好的基础。

　　我学习时注意让自己跟着老师的节奏走，课上积极思考，课下自己整理笔记、错题、需要注意的问题等有价值的信息，便于随时翻看、复习。在老师的提醒下，我准备了随身携带的英语单词本、语文素材记录本等，充分利用碎片时间。在学习方向出现偏差或对题目有疑问时，我会选择和老师沟通交流，得到老师的帮助和鼓励。一直记得老师说过"没有白出的力气"，所以我一直在按部就班地学习，认真对待每一道有价值的题，不断尝试完善自己的知识体系。

　　高三是我提升最大的一年。从细致全面的一轮复习，到虽被疫情打扰但未被打乱的二轮、三轮复习，我都跟紧老师的节奏，巩固和夯实知识基础。高三一年，学校一共组织了七次大型统一考试和十余次小型考试，给了我很多找出问题、查缺补漏的机会，也给了我调整答题时间安排和完善答题策略的机会。我永远记得张老师说的："不要害怕有问题，不要在意你的名次，你最应该做的就是找到并解决问题。"记得疫情防控期间，从学校及时开展的线上教学，到老师们周密切实的学习安排，再到复课后老师每日的亲切陪伴，都让我亲身经历也切实相信在学校和老师的帮助下，"一切都会越来越好"。

　　以上是一位学长传授给学弟学妹们的高中学习经验。接下来也是很实用的内容，是送过高三生的"过来人"写给新高三家长的信，以自身体验提醒新高三家长在高三后期的诸多注意事项。

高三后期家长应该怎么做

——"过来人"写给新高三家长的叮嘱

我是 2020 届毕业生魏齐家的家长，我女儿现就读于中国海洋大学。下面，我想将女儿高考前与高考期间我的一些经历和感想分享给大家。这也让我回顾起女儿当年高考时的经历而感慨万分。

女儿是一个偏理科的学生，她的选科是物、生、地。其实地理并不是她的强项，之所以选地理是因为她感觉高中地理是偏逻辑性的学科。平时，我们尽量在生活上多关心她，在学习上多关注、少责备、多鼓励她。其实我并不是一个心态平和、有城府的家长，也时常会有焦虑与无助，碰到女儿在地理、生物学科懈怠时，我这当妈妈的也时常会犯絮絮叨叨的毛病。我心中有一根刺，那就是女儿中考时语、数、英三门加起来只扣了 9 分，但"小三科"的成绩低，影响了总成绩。我担心高考时这种情况重演。

女儿高三的一次家长会让我改变了很多。记得张老师在会上说：有的家长在孩子回家后还经常责备孩子，孩子本身压力就很大，再听着喋喋不休的责备，他们会更加焦虑与烦躁。会后我反思了自己，想出了折中的办法：让自己改变焦虑的情绪，不影响女儿。我可能一段时间能做到，但不经意的时候焦虑还会流露出来。为此我与孩子爸爸商量轮流陪伴。孩子爸爸是个比较理性的人，与他轮流陪伴女儿，也会调节我的焦虑情绪，防止给女儿带来负面影响。当然，我们俩会及时沟通女儿的情况。所以，父母的有效陪伴对孩子的身心起到很重要的作用。

众所周知，2020 年是实行新高考的第一年，也是疫情严重的第一年。当时山东省先举行了一场夏季高考模拟考试，这次考试女儿总分位于 4 207 名，让我们看到了希望，也给女儿带来了更多的信心。但是，在真正的高考时却出现了一件至今想起来都揪心的事情。

第一天上午的语文考试，女儿进行得非常顺利，平时的基础性知识掌握得很扎实，作文也发挥得很好，所以这门学科她自我感觉挺好。她就绷着劲想冲刺下午的数学。事后她和我聊，她是想在数学上冲一冲，因为她平时的数学成绩就不错，想着只要正常发挥就没问题。越是这样想，越出问题。她一开卷就被前面的一道题难住了，思考许久也没做出来，又怕浪费时间，耽误后面的题，就赶紧往下进行，但是心态开始不稳定了，非常影响考试状态。这场考试结束，我就发现女儿状态非常不好，脸上没表情，很疲惫的样子。我以为她考了一天挺累的，结果到了晚上，她突然问我："妈妈，复读可不可以？"我的脑子嗡的一片空白，不知道说什么好，就安慰她：就算做错几道题也不会影响很大。其实我心里很慌！望着坐在那继续看书却半天没翻一页的女儿，我感觉她状态非常不好，思来想去，决定把女儿今天的情况悄悄地发信息给班主任张老师。张老师先是回复了我，又让我给女儿看她的信息。她说今年的数学确实有难度，不要想着数学考试，放下担子，继续复习下一门。张老师还让我女儿回想一下之前班会上讲过的女排逆转的那场比赛。张老师一连发来的几条信息让女儿平复了一些焦躁、失望的心情。那一夜我几乎没睡，辗转反侧，非常担心女儿第二天的考试状态。早晨，张老师就打来电话，安慰、鼓励女儿。我在旁边看着女儿的眉头渐渐地舒展开来，也放心不少。接下来，女儿每一科都尽力去考好，特别是最后一门学科——地理，考前张老师又发信息嘱咐孩子们，因为很多孩子提前完成了高考，所以让他们不要浮躁。女儿也很听话，全力以赴投入最后一科的考试。最后，她地理考出了前所未有的好成绩：91分。没想到最后的努力，逆转了被动的局面。

我想说：保持平和的心态应对高考，就能发挥最好的水平和状态。女儿在一科失利的情况下，认真按照老师的话，一步一步，努力向前。作为家长，我同样听取老师的建议，做好孩子的后盾。

三年过去了，又将迎来新一轮的高考，希望孩子们取得理想的成绩，我们静待花开！

魏齐家家长

经历过高考的学生家长给出的几点建议：

第一，相信班主任张老师和她的搭档团队（各位任课老师），相信青岛一中。他们都非常优秀，有非常丰富的备考指导经验。

第二，相信孩子。孩子的压力或许比我们看到的更大，他们却一直在不懈努力，在坚持，在拼搏！

第三，管理好自己的情绪。高考前焦虑、纠结或茫然，甚至泄气都很正常。家长和孩子选择目标要适当，降低过高的期待。家长的情绪稳定对孩子备考很重要。

保持平常心，营造好环境，轻松迎考试。加油！

李沛然家长

高考前的家长：

要做好后勤工作。高三学习强度大，保证孩子营养到位，注意不能吃得太油腻。

对孩子多关注，少打扰。先稳住自己的心态，鼓励孩子。不能每天叨叨孩子，更不要动不动就批评孩子。

积极和老师沟通，配合好老师的工作。特别是高考前很多"综招"报名等事情，家长要配合老师尽快完成，不能耽误孩子时间。

最后，高考前要给孩子吃"定心丸"，告诉孩子：不论你高考成绩怎么样，家长都可以给你兜底。让孩子放平心态，奋力一搏，不负韶华！

国潆心家长

我是青岛一中 2020 届张老师所带海尔班的学生张德馨的家长，作为过来人，给家长们几点建议，请各位家长参考。

（1）管理好自己的情绪，不要给孩子传递焦虑。孩子面临的压力已经很大了，不要天天在孩子面前叨叨。

（2）照顾好孩子的起居饮食，做到营养均衡。尤其高考前，注意不要生病，不要吃坏肚子。不要让饮食起居的问题影响孩子的高考。

（3）管理好孩子用手机、电脑的时间。距离高考还有 100 多天时，要动之以情，晓之以理，让孩子高考前尽量少接触手机、电脑。

（4）此刻的孩子不会因为目标高而考得更好，适当降低期望值会让家长和孩子都不那么焦虑，一旦超出预期，岂不是皆大欢喜。

最后，祝所有家长心想事成！预祝参加高考的学子们破茧化蝶，梦想成真！

张德馨家长

非常感谢张老师给我这个机会，让我回顾陪伴儿子高三备考的点点滴滴。感触特别多，有遗憾，也有欣慰。高三冲刺阶段，孩子的焦虑和压力比我们想象的大得多。我很遗憾的是，在孩子崩溃、发泄情绪的时候，我做了太多"积极回应"，帮他找问题、找解决方案，效果却并不好，经常还会引发争执。现在想来，其实孩子最需要的是父母的"消极接纳"，倾听和引导他试着自己找解决方案。我们应该相信孩子和老师，他们在学校已经做了很多。欣慰的是，冲刺阶段，我尽自己所能给了孩子满满的爱，不是指物质上的，而是让孩子感觉到父母不是因为成绩才爱他，为他付出的一切不过是因为我爱他，愿意陪他面对人生的第一次大考。如果可以让我和孩子重新面对高考，我希望自己可以更温和、更开心地陪伴孩子，给予他更多信任和尊重。

张永泰家长

作为一名曾经的高三家长，我特别理解大家此刻的心情。高考不仅是对孩子成绩的检测，还有对家长智慧的考验。我们将同孩子一起经历这个人生中的重要时刻，为孩子助力。以下是我的几点建议，仅供大家参考。

（1）管住唠叨的嘴，无为就是有为。唠叨是因为不放心、不了解，不了解是因为没沟通、没倾听，没倾听是因为不尊重、不认同，不认同就会话不投机。恶性循环下去，孩子的耳朵和嘴巴就选择性地对家长关闭。高中生已经有了独立处理问题的意识和能力。如果孩子有困难和疑惑，我们家长又没有什么高招，最好还是在一旁关注和陪伴即可。无声胜有声，有时候教育中的无为就是有为。不要成天唠叨，什么吃饭慢、喝汤响、睡懒觉、爱拖拉之类的，改了十几年的毛病都没有改掉的，这时候就不要强求孩子改了，当成个性也好，小毛病也罢，随他去吧。孩子大了，我们大多数情况下要坚持一种策略：明确的目标、隐形的工作。智慧的家长不过多干扰孩子，只言片语胜过歇斯底里，关注、欣赏和陪伴远胜过无休止的唠叨。

（2）不要过度焦虑，保持情绪的稳定。有的家长从孩子一进入高三就如临大敌，自己就先有了变化：有的变得比平时更严厉，有的变得比平时更亲切，甚至有的茶饭不思、夜不能寐，怕孩子的成绩大起大落，怕孩子生病浪费时间，怕孩子考不上理想的大学，整日里忧心焦虑。其实家长的这些情绪变化，孩子都能敏锐地感觉到，这会成为孩子压力的主要来源。因此，我们必须首先保证自己情绪的稳定，用自己的稳定情绪去冲淡孩子心中的紧张、不安。希望大家给孩子多加动力、少添包袱，营造一个良好的生活和学习的环境。

（3）不要盲目攀比，守住平常心。有的家长认为孩子的成绩有很大提升空间，就经常在孩子面前提别人家的孩子怎么做的、怎么好，以为这样孩子就会借鉴、会有好效果。殊不知，大多数情况下这样会更糟。这种比较会给孩子造成压力，甚至会使孩子心生恐惧、厌恶，更加不利。我们要多引导孩子进行纵向的自己跟自己的比较，发现孩子每时每刻的进步。即使有一点儿提高，也要对孩子进行鼓励、表扬，即便夸张点儿也不过分。如果孩子一次考试成绩不理想，要和孩子一起查找原因：是情绪紧张、题目过难，还是复习计划有偏差？是基础知识不到位，还是考试技巧没掌握？这个过程中，一定要引导孩子主动说话，既是为了让孩子对学习进行总结，也是为了让孩子宣泄情绪。让孩子自己说出来，才能从中发现不足，制订下一阶段的学习计划。这时候家长不要失望、伤心，更不要生气、责骂孩子。我们应引导孩子设定合理的期望值，若目标过高，容易挫伤孩子的自信心。家长要多了解孩子的实际水平，守住平常心。

（4）帮助孩子做好时间管理规划。如什么时间做什么事，做得怎么样，及时评价、更正，学会合理安排时间。生物钟是个很厉害的东西，它让你身上每一个细胞都有记忆功能，到了时间点，学是每个细胞参与，玩也是每个细胞参与。我们不需要每一分钟都用来学习，但我们要用好学习的每一分钟。

（5）紧跟学校和老师安排的学习节奏，"亲其师，信其道"。学校的每一位带高考班的老师都有丰富的经验，他们更了解这个阶段的孩子，了解当下的高考方向。因此，我们要充分利用学校的教学资源，保持和每一位老师的充分沟通，找到孩子在每一个学习阶段中的不足和问题点。

总之，家长在学习上不能代替孩子，就在生活上、精神上多关心、帮助孩子，平等地和孩子交流。每一次和孩子谈话都要认真对待，同时不断反思自己，提高自身水平。高考只是人生长河中的一朵浪花，孩子一生的快乐幸福才是家长的终极目标。最后祝愿每位家长在2023年所想皆如愿，所求皆有得！

吕林航家长

亲爱的家长们和同学们：

你们好！我是青岛一中2017级高三4班叶家卿同学的家长。我的孩子是张老师上一届毕业班的学生，现在就读于西安交通大学能源与动力工程专业（钱学森班）。

结合孩子高三临考时的有关情况，我在此分享一下自己的一些感受和建议，不当之处敬请批评指正。

一是正确认清形势，合理确定目标。高三一模前，孩子的成绩和排名大致趋于稳定，但只要复习得法，还会有30～50分或者几千甚至上万位次的省排名提升空间。因此，结合现状与提升预期合理制定目标非常重要。最简单的做法就是综合当前排名和预期排名、各层次大学招生计划预估一下。比如，全国一共39所985大学，山大和海大2所省内高校一共招3 000多人，其他37所按平均每校150～200人计算，大约共计10 000人。考虑到志愿填报和专业喜好问题，范围扩大50%。也就是说，预估省内前10 000名的学生可以冲击985大学，前15 000名的学生可以把目标定在985大学、211大学及其他"双一流"大学（包含985大学，共计120余所），前25 000名的学生也可以把目标定在这个范围内，前30 000名可以冲击。

二是在巩固知识的同时，强化融会贯通。应会的知识必须做到熟练掌握，同时加强思维拓展训练，努力做到把知识联系在一起，包括同样的知识点在不同学科中的应用。此外，英语单词和必背古文必须提前掌握，到最后时刻再背就太被动了。

三是正确看待考试成绩。高三的每次考试都很重要，都要重视。我提醒一下,出来成绩后一定要做好试卷分析,知道为什么扣的分,是粗心、有知识盲区还是连知识点都不知道。第一种情况:能考650分,因为粗心只考了600分,现在发现问题,恭喜你,抓紧时间改掉粗心的坏习惯,成绩会很快提升。第二种情况:为你高兴,这次考试让你找到了自己的知识盲区,抓紧弥补。第三种情况:为你加油,下力气一步一个台阶地训练,努力一定会有收获。

四是合理对待难题。最后阶段,可以针对难题做专项训练,前提是与自己的目标相对应。目标是"清北华五"、670分以上的,请不要放过试卷任何一道压轴题、有难度的题。目标是其他985大学的,数学、物理最后一道难题不会做也无所谓,不如把时间用在巩固自己的其他方面,确保能会的地方不丢分。

高三学习主要靠学生和老师,家长重点做好后勤保障,让孩子吃好、喝好、休息好,在学习问题上充分尊重孩子和老师的意见。一定控制好情绪,不要因为孩子成绩的波动生气上火,训斥甚至打骂孩子,否则只能适得其反。多赏识,多鼓励,看到孩子的每一次进步!

最后,预祝同学们高考取得好成绩,考入理想的大学!

叶家卿家长

尊敬的各位家长:

您好!

作为张老师班级曾经的孩子家长,我很荣幸能跟大家分享一点高考前期的心得体会,希望能有所帮助。

(1)相信。孩子要相信老师的安排,家长更要相信老师的安排。一切按照老师的学习计划,按部就班地推进。

(2)切忌增加压力。学校里已经形成了迎接高考的紧张氛围,孩子的心情是紧张和忐忑的。家长不要在孩子面前反复唠叨高考话题,更不要说"你是最棒的""你一定能考好"这些空洞的话,会加重孩子的紧张、急躁情绪和心理负担,从而患得患失。一个温柔的拥抱和抚摸,胜过千言万语。

(3)屏蔽干扰。无论家庭或社会发生什么与孩子学习无关的负面事件,家长都不要跟孩子讲。杜绝一切电子产品(手机、电视、电脑等)。不要让孩子参加任何聚会活动,让孩子静心学习。

（4）休息。平常严格执行作息时间安排。睡眠充足才能保证白天的学习质量。晚上多熬夜一个小时，会导致白天几个小时的昏昏沉沉。节假日时，一定让孩子多睡觉，能睡多久就睡多久，缓解疲劳和紧张，给身体充电，对后面的学习更有利。

（5）做一个聪明的家长。要会给孩子解压；给孩子恰当和"走心"的鼓励，调动孩子的兴奋和激情；和孩子心平气和地聊聊天；学会倾听孩子的声音（此时孩子的述说只是释放压力的一个方式而已）；保证孩子的饮食安全和营养，但不要照管过度；不要如临大敌，家长的自信和从容会传递给孩子；不要在孩子面前谈论或攀比别的孩子；不要给孩子针对高考结果的任何奖励承诺；等等。

（6）相信以张老师为代表的青岛一中教师团队。这些优秀教师的存在，就是孩子与家长的信心源泉。作为家长，我们要努力配合张老师来完成高考的各项准备工作。

衷心祝愿：孩子们金榜高中！家长们心花怒放！

孙莉宝家长

把高考变成一个节日 |

做同一件事情,人在一种被动压抑的状态下和在一种积极昂扬的状态下,结果是大不一样的。既然不可避免地要走过这段旅程,那么,不要把高三妖魔化,更不要把苦和累整天挂在嘴上。给他们铺就一条充实而明亮的追梦之路,努力让他们成为追逐奖励的孩子吧!

追逐奖励的孩子

有这样一个故事：把一个班的孩子分成两组，要求这些孩子都跑到一个终点，且告诉第一组孩子只要跑到了就有奖励，告诉第二组孩子如果跑不到就要受到惩罚。实验结果是第一组的孩子都到达了终点，第二组里到达的则非常少。

我想这个故事应该还有一个细节，那就是到达终点的第一组孩子脸上肯定是放松的、带着笑容的，第二组孩子脸上则是漠然的或是含着恐惧的。

这个故事告诉我们什么呢？

对于孩子来说，他们渴望奖励的动力远远大于害怕惩罚的动力。

其实不只是孩子，我们，亦是如此。

进入高三，学生除了要面对学习上的困难之外，更要面对在备考过程中的种种负面情绪。研究表明，95％以上的学生在高三时有过备考焦虑，其中感觉比较严重的占到40％。若不适当引导，这些负面情绪无论是对考生的学习状态还是身心健康都有着非常大的影响。因此作为班主任和任课教师，我在进行高三准备时，会把如何缓解学生高考焦虑作为非常重要的议题，并且在实践中设计和总结出了一套比较有效的操作方案。经过数届学生的实践，效果非常好。

我将这一年划分为逐渐成熟的 6 个阶段，并且设计了一张海报。这张海报在这一年里，始终在教室走廊的展板上陪伴着我们，提醒我们已经走到了哪一步，后面要面对的是什么。最后的高考便是"收获"，在此之前都是令人奋进的追逐梦想的时光。

我的高三班会和展板都是成序列的：

"走进高三"班会，将这一年划分为 6 个阶段（图 3），设计收获进程海报，使学生明晰高三走向。

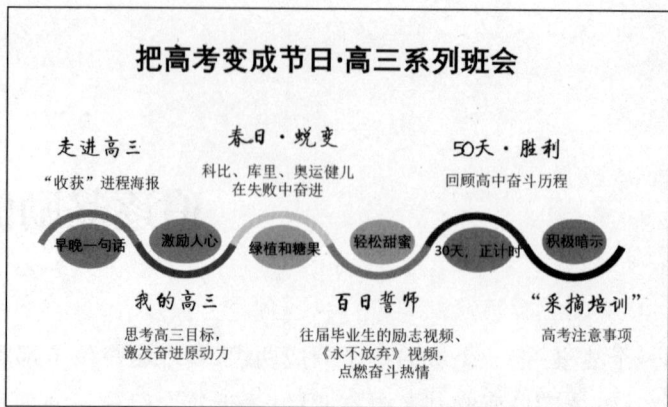

图3 "把高考变成节日"高三系列主题班会详解

"我的高三"班会,通过展示各大企业招聘要求及高校招生需求、国家需求,引导孩子们进一步思考自己的高三目标,激发奋进原动力。

一模结束后的"春日·蜕变"班会,通过体味科学名家及奥运健儿的心路历程,教会孩子们如何对待失败,如何在失败中奋进。

百日誓师班会,用往届毕业生的励志视频、文字及《永不放弃》视频点燃学生的奋斗热情。

离高考50天的"50天·胜利"班会,引导孩子们回顾进入高中后奋斗的历程以及诸多胜利场景,正面引导、激发他们对成功的渴望。

考前最后一次班会的主题为"采摘培训",在欢乐的氛围里教给孩子们"采摘"的注意事项。

在高考门口,有报社记者让我给考生们写一句话,我写的是——收获季,采摘快乐!

这,就是我们的高三,奋进的、昂扬的、充实的、快乐的高三。

没有"不苦不累,高三无味"的恐吓,没有"只要学不死,就往死里学"的悲凉,只有不断追逐收获的昂扬向上。

这几届学生,全都以积极乐观的心态参加了高考,且取得了非常优异的成绩,被各大媒体争相报道。

做同一件事情,人在一种被动压抑的状态下和在一种积极昂扬的状态下,结果是大不一样的。既然不可避免地要走过这段旅程,那么,不要把高三妖魔化,更不要把苦和累整天挂在嘴上。给他们铺就一条充实而明亮的追梦之路,努力让他们成为追逐奖励的孩子吧!

高三，我们来了

——初入高三教室，第一次班会

今天中午，我们正式从高二教室搬至高三教室。

这绝不仅仅是学习环境的改变，也不要奢望楼层的改变就会给孩子们带来质的改变。

很多工作，我们得去做才行。

比如说氛围的营造、思想上的改造……因此，孩子们能否迅速进入高三状态，能否以一种紧张而不失有序的状态顺利地踏入高三，能否在即将到来的暑假奠定一个良好的基础，这一天，至关重要。

第一，高三氛围营造。

因提前知道今日搬迁，我做好了准备工作：

（1）打印出展板材料，搬迁前粘贴好。

（2）找学生写板报大字："高三，我们来了！"

（3）打印当年高考一分一段表粘贴在展板上，上面是两列大字："明年此时，你在哪里？"

（4）更换电脑桌面图片，换成与高考有关的励志图片，时时警醒，时时敲打。

以上四个方面，是对高三氛围的初步营造，意在处处提醒孩子们：现在所处的环境和以前不一样了，现在面临的任务和应有的状态也和以前不一样了。

第二，其他常规工作。

（1）提前进行桌椅整理和卫生打扫。我不希望孩子们进入新的梦想殿堂时发现它是脏乱不堪的。除了常规打扫之外，桌椅、窗台必须认真擦拭干净，卫生工具摆放整齐。果断扔掉多余的工具,不能让它们组成另一个垃圾角。

（2）海报、班级文化展板、宣传用品、门锁等同步搬迁。

（3）若桌椅不足或有问题,及时补足或调换(尤其是咯吱咯吱响的椅子)。多余桌椅若影响环境也应搬离,否则要不了几天,上面就会堆满书包、试卷、衣服……

（4）确定教室桌椅摆放方位。有需要调换位置的,亦可借此机会调整。

（5）提前确定壁橱分配规则。

（6）更换电脑钥匙。

（7）提醒班长检查教室内外死角并解决问题,提醒公务委员检查门窗和空调开关。

第三,思想上的改造。

这天必须排除万难开班会。班会主题为"高三第一次班会"。

班会内容:

（1）询问几个孩子进入高三的感受。总结:不是即将进入高三,而是已经进入高三。时间过得很快,仿佛军训刚刚过去,高二刚刚开始,高三就来了。高三这一年的时间将过得更快。如果总想着还有一年的时间,可以稀里糊涂地混,那么有一天高考就会突然地来到你面前,那时你就会想起张老师说的这句话:"高三很快,时不我待。谁最早发力,谁就占有了先机。"

（2）为孩子们讲一下高三的几个阶段,让孩子们清醒面对,忙而有序。以下为高三阶段的大致划分,仅作参考。

6月27日—7月10日:清理战场,自我诊断。包括:顺利通过会考,做到不留后患;做好期末检测,为高考"把脉"。

7月中旬—8月底:"闭关修炼"。这是一个非常重要的力量积蓄阶段,就像士兵作战前首先要做好体能和物资上的多重准备,必须让自己身强力壮、装备齐全,而不能面黄肌瘦、仓皇失措地去打仗。在这个阶段必须弄清楚:我的优势是什么?如何保持优势或表现得更好?我的弱势是什么?如何采取行之有效的方式真正解决问题(而不是表面上"似乎解决")?比如,很多孩子对英语这门学科感到头痛,那么,就要认真分析哪个地方有问题,是语感,还是词汇,是书写,还是表达,是语法,还是听力。之后才能有针对性地解决问题。英语这门学科成绩一旦真正提上去就比较容易保持优势。数学和理、化、生也是如此。成绩是有一定规律性的,优势是可以保持的。而这个假期,是非常好的除去痼疾的机会。本轮学习的考查方式是全市期初统考,命题比较严谨、比较权威。

8月底—12月底:一轮战术演练。依据高一、高二所学内容进行知识的纵向梳理,这对孩子们来说是一个非常好的夯实基础的机会,哪个地方当时学得不好,就可以借助这一轮复习进行有效填补。

次年1月初—3月初:听力高考+二轮战术演练。二轮战术演练就是在一轮的基础上对知识点进行横向拔高和训练。如果一轮没打好基础,这时就会非常被动,当别人忙着拔高的时候你还要回过头去补窟窿,极其忙乱,效果还不一定好。这个阶段里有一个假期——寒假。这个假期至关重要,因为假期一结束便会面临高三期间最重要的一次考试——全市一模。这次考试是全市统一命题、统一阅卷、统一分析排名,而且会依据去年高考录取人数进行划线。

3月中旬—5月中旬:三轮战术演练。此时知识点复习结束,要进行大量的综合练习。每周会有理科综合检测,渐渐地增加全科模拟检测。本轮学习的主要考查方式是二模。

最后20天:知识梳理、"保温"考试。

以上六个阶段按重要程度依次可以打一星、三星、二星、二星、一星、一星。

为什么"闭关修炼"是三星呢?因为这个阶段差不多有两个月的时间,在这一年时间里所占比例巨大;这个阶段是高三作战的重要初始阶段,如同打地基一般,地基不稳则大厦易倾;这个阶段要求孩子们自制自律、自查自纠,这些也是高三优秀学子的最基本素质。

给孩子们的建议:每一个阶段都力求沉着、清醒地开始,充实、踏实地结束,而不是迷茫、混乱地开始,慌乱、空虚地结束。力求做到环环相扣,每一个环节都力求不掉链子。做到:保持清醒的认知,知道自己要什么、该怎样做;有梦想,有激情;规范,缜密。

明年这个时候,希望大家都能够触摸到梦想的大门。

9月1日班会:"我的"高三

一、解题:为什么要强调"我的",而不是强调"高三"?

因为你高三的姿态是由你自己来决定的,最后的滋味也是你自己来品尝的,人生的道路也是你自己来选择的。因此,高三是属于你自己的,不是别人的。

提问:高三已经进入第几阶段?

第三阶段。

二、请不同学习状态的五个孩子简介这段时间自己的真实学习情况。其他同学对照、思考。

五个孩子非常真诚地分享了自己的学习情况。其中三个孩子详细描述了自己假期的安排:每日 7:00 前已经制定好一天的计划并投入学习,每晚也有科学的规划并努力完成。他们的感受是:尽管有些累,但心里非常充实、满足。另外两个孩子就有些惭愧,说这个假期很多时间是乱糟糟地度过的,作业都没有好好做,感觉特别迷茫无措。

我提出一个问题:"当别人在认真学习,你却在玩耍的时候,你真的觉得自己快乐吗?"很多人摇头。

我说:"我们要分清浅层的快乐和深层的快乐。有时候虚度光阴表面看起来快乐,但实际上却是茫然和不安;认真度过虽然看起来有些辛苦,最终却收获了内心的踏实、坦然和喜悦。那么,接下来的日子,你将如何度过呢?你希望一个月后的自己,回想起这过去的一个月,是空虚、悔恨,还是充实、坦然呢?"孩子们陷入思考。

人,有时候欺骗别人很容易,但欺骗自己,很难。

三、播放关于招聘会现场的课件。

我事先找了很多招聘启事(都是真实的),像银行招聘、水利局招聘、各省对大学选调生的招聘政策、部队直招士官条件等,在班会上通过课件一屏屏展示出来。孩子们看得非常认真,最终得出一个结论:要实现自己的梦想,首先要拿到梦想大门的敲门砖。梦想是奋斗出来的,不是想想就能实现的。

这一部分的效果非常好,原因在于把孩子们虚无的未来与严峻的现实联系起来,给他们以强烈的心理冲击。他们明白了一个道理:在"想到"和"得到"之间,还有一个很重要的"做到"。考得越好,选择的空间越大,实现梦想的机会越多。

四、我们该如何做才能离梦想越来越近呢?

我列举了自己了解的外校学生和已毕业优秀学长的点滴:有的早晨天未亮就已经开始学习,有的把自己的吃饭时间精确到了分钟,有的已经通过这两年的不懈努力将期初考试分数刷到了670、680。你,如何才能胜出?你能不能像胶州复读的学长一样一道题做了八遍却依然认真对待?你能不能像海阳的学生一样上课不用课本,因为已经背过了?你能不能像李学长一样说"做过的题我肯定不会出问题"?你能不能像孙学长一样对于邻居小朋友无意提到的一个单词都去深入思考它的含义?你能不能像辛学长一样在参观的间隙一直争分夺秒地学习?你能不能像吕学长一样做到所有的听写、背诵、默写不出任何问题,最后实现各科知识的融会贯通?你的优势是什么?如何创造属于你自己的优势?

接下来播放课件剩余部分,也就是过来人的寄语和励志文字,激发孩子们勇气——我的高三,我做主。

我说的"值得"不是因为超水平发挥考到了多高的分数,也不是进了数一数二的大学让别人羡慕,而是是否做到了问心无愧,是否不留遗憾地结束了你的高三。

如果你对未来规划得清晰明了,那么一定要努力,为了实现你的梦想;如果你对未来迷茫无措,那么更要努力,因为只有更好的你才有更多选择的余地,选择一个你喜欢的未来。记住,一切的主动权都在你手中,只有你自己才能决定你会成为一个什么样的人！

　　我不怕千万人阻挡，只怕自己投降。

　　时光匆匆，愿你们不负青春。

　　班会反思：这次班会的效果很好，孩子们迅速收拢开学时的浮躁，呈现严谨、认真的学习状态。

　　我认为这次班会的亮点有三：

　　（1）不同情况的孩子总结暑假感受：让孩子们通过听取他人分享的感受，体验付出和懈怠带来的不同心境，明确浅层快乐和深层快乐的内涵。

　　（2）招聘会现场图片及招聘启事展示：现实直击内心，让学生从往日虚无的空想中抽离，深入体味奋斗的现实意义。

　　（3）明确以后该怎么做：通过分享他人的做法来引导孩子们奋斗的诸多方向，将抽象的决心具体化。

高三寒假，我的"三板斧"

——1月11日高三寒假前班会

我将这次班会和整个寒假的其他安排综合在一起，形成了下面这篇文字：

高中三年的最后一个假期来临了。对于离高考只有 100 多天的高三学子来说，这个假期自然有着不同寻常的意义。

此处与高三初有一个遥远的呼应：当时为高三划分阶段时，没有出现"寒假"的字样。是的，我明明白白地和孩子们说："这个寒假，属于二轮复习的一部分。"因此他们其实是有心理准备的。

一板斧：我经过精心准备，给孩子们开了一次班会。

这次班会我开得很郑重，不但细致准备了内容，还特意把课调到了最后一节。这时有人提出疑问：放假之后依然为高三开放自习教室，孩子们是在学校而非在家中学习，这时强调一下假期学习的时间和纪律就行，为什么要正式开班会呢？

我说：不是这么简单。这次班会的意义是让孩子们明白这个假期的意义和价值，并从心底愿意为之付出。

上学很容易，写作业很容易，发自内心地付出努力却不那么容易。而这就是本次班会最核心的部分。

二板斧：确定自主学习阶梯出勤表。

什么是阶梯出勤呢？就是大家到校的时间不一样。

班会后我做了一个统计。因为有些同学住得比较近，而且想早晨多学一会儿，有的同学住得比较远，所以假期早晨的到校时间分成三个阶梯：7:00、7:30、7:50。我说："申请 7:50 到的举手。"没人举手。我问了几个住得远的孩子,他们都摇头。问到7:30的时候,有几个孩子举起了手,我做了记录,特意问了另外几个孩子:"你们家那么远,也7:30来吧,要不早晨太辛苦了(他们平时住校)。"这几个孩子有的接受了建议,有的不接受。于是我把调整的名字记下来,然后抬头问:"还有谁需要调整?"孩子们没有举手的了。

为什么他们不举手呢?其实也比较正常,一是他们确实住得近,二是我刚刚开了班会,他们刚准备卷起袖子大干一场,心里都憋着不服气呢。而且,别人能早到,自己也不想落后呀。

我说:"如果有改变想法的抓紧时间说,要不我就照这个安排给大家排出勤表了。"他们嘴巴闭得紧紧的。我特意又问了三个平时动不动就迟到的孩子要不要改时间,他们都说不要。

"好吧,"我又认真地说,"如果以后觉得有难度一定及时和我说,随时可以调整。"

我按照报名情况打印了出勤表,然后开了一个小型的值日班长会,安排了每人的值日时间,要求他们值勤那天提前十分钟到。

为什么要提前十分钟呢?为的是孩子们来的时候班里是静悄悄的学习氛围,而不是闹哄哄的"赶集"氛围。一般来说,早来的孩子都是想学的,肯定很安静,如果值日班长早点到位,就有利于这种安静学习氛围的维持。值日班长负责考勤,只要在自己时间段来了就画一个对勾,如果来晚了就写上到达的时间。

这次班会后是一个周末。周一早晨我起得很早,可是我故意没去得很早,为什么?我如果一大早在那里,他们一定会乖乖的,可是这个"乖乖的"不完全是他们自己想乖乖的,而是因为我在。要是哪天我不在,他们可能就想放任一下了。

所以我是7:15去的,特意给他们留出来一段自发自律的时间。什么是自发自律呢?就是我想做好这个事情;我做得好,只是因为我想做好,和其他无关。到校时间是孩子们主动要求的,所以他们来了之后就会有一种自豪感和使命感,有了这个情感在,就会形成一定的自我约束机制。

果然,我到教室的时候,他们安安静静的。我没有进去,在门口待了会儿,教室里自始至终就只有他们自己。

7:40多，我去教室看了看出勤表。全班只有三个人比约定时间晚了三四分钟，还有几个本定7:30的7:00前就到了，值日班长标注了"早到"字样。

我特别惊讶而感动："我看了这张表很惊讶，因为早晨很冷，而且前面是个周末，很容易放松，所以我已经做好了早晨有一部分人晚到的心理准备，可是没想到你们会做得这么好。"

他们得意地看着我，脸上的表情仿佛在说："看，没想到吧？"

我说真没想到大家的决心这么坚定，我对大家的这个假期充满信心。

他们特别骄傲。后面连续几天，每天只有几个孩子晚几分钟到，其他人都比约定的时间早到了，而且非常安静、自觉地学习。

补充一个细节——第一天早晨，数学老师在电梯里碰到我们班的几个女生，很惊讶地问她们："怎么来这么早？张老师要求你们几点到呀？"孩子们特别自豪地说是她们自己报名要早到的，到校有好几个时间段可选呢。

尽管看起来早早到校有点儿辛苦，但孩子们很有成就感和自豪感。这就是"借力"，借他们自己的力量来管理他们自己。这种神圣的感觉使得他们不愿迟到，不愿闲聊，不愿也不好意思偷懒。

三板斧：打卡制度。

我给孩子们每人发了一张寒假自主学习表。表的最上面是想对自己说的话、高考目标和一模目标。下面是按照日期排列的表格，每一天的记录项目包括高考倒计时（留空让孩子们自己写，起到强化作用）、计划完成情况、打分（这个很重要）、小结（做得好的地方、不足、第二天要注意什么问题）。我还建了个打卡组，让孩子们每天打卡。打卡内容包括两部分：每天的学习计划（要求精细、有序，每完成一项都做标记）、每天的打分和小结。

做计划的目的很好理解，主要是为了让孩子们形成有序、高效的学习习惯。而且他们是会攀比的（表现特别好的、有代表性的，我会转发到群里）。为何要求他们每日小结呢？是想让孩子们体会充实学习的愉悦感和偷懒之后的不自在。在小结里写"完成""超额完成"和"未完成"的感觉肯定是不一样的，给自己打90分、95分和60分的感觉肯定也是不一样的。从而也让他们意识到：

要提升学习效果，首先要改变自己的学习态度。别人帮不了（这也是我一再强调的"我的高三我做主，我的人生我做主"的理念，让孩子们实现用自我情感引领学习）。

这项打卡制度除了可以给他们一点外力，更重要的是实现这种自发情感引领。如果用一个比较正规的词来表达，就是我们常说的"内驱力"。

这个假期孩子们学得特别好，每天的小结都很让人感动。我记起"内驱力"的定义：在需要的基础上产生的一种内部唤醒状态或紧张状态，表现为推动有机体活动以达到满足需要的内部动力。

作为高中班主任，扮演好"唤醒"的角色非常重要。

2月26日百日誓师班会

主持人1：同学们，时光匆匆，转瞬间，十年寒窗，只余百天。

主持人2：百天的时间，在人生中或许只是小小浪花，但此刻，它便是成功的前奏，是将士出征的战鼓，是决战吹响的号角。

主持人1：这个不寻常的冬天不会轻易结束，高考却不会拖延它的到来，百日的界限此刻正横亘在我们眼前。

主持人2：只有肩负使命最后一搏，心无旁骛，唯学是先，方能摆渡到成功的彼岸。

主持人1：作为一路上我们身边的陪跑人，校长也有给我们的嘱托与祝福，下面我们来观看校长的百日誓师寄语。

（播放校长寄语。）

主持人1：校长的寄语给我们指明了前进的方向。而那些曾经和我们一样走过这条道路的学长，也有一些发自肺腑的叮嘱送给我们。下面，让我们来听一下学长们的心声。

经过两年的理论学习，终于九月中旬就要下团飞行了。下团前，面临着一个岔路口：留在空军飞战斗机、运输机，还是转去陆军航空兵学院开直升机。但是不好意思，只有学分绩点排名前30%的才有选择的权利，否则就只能服从分配。只有努力才有选择的权利，高考更是如此。越到后期越要咬住牙！千万别因为一时的放松懈怠与梦想失之交臂。

真诚祝福学弟、学妹能考出理想的成绩，选择梦想的大学、专业，以及你想要的人生。

王辰（空军航空大学航空飞行与指挥专业）

遇到挫折时不轻言放弃。高三后期总会有起起落落，这很正常。只要放平心态，不忘初心，一步一个脚印，时间一定会给你们满意的答案。

祝愿你们在高考考场上扣合笔盖的那一刻，有战士收刀入鞘的骄傲和坦然。

卞婷（山东大学生物工程专业）

高三，是一场自己与自己的战争。我们拼的不仅仅是一场高考，拼的更是一个能让自己获得更多机会的平台，一个让自己并不会后悔的未来。希望你们在这最后的100天不要计较某一场考试的得失，放眼高考，摆正心态，信任每一位陪伴你们的老师，在高考中取得好成绩！

郭嘉（中南大学电气自动化专业）

我希望你不要后悔自己做过的任何决定。现在的你更应该关注手头上的东西，无论你有多少不会的，你都还有时间，你要做的是拿这些时间去弥补自己落下的东西，不要在后悔上浪费时间。尽自己的最大努力，放下一切能让你分心的东西，全身心地投入备考，不要在最后100天留下任何遗憾，不要在高考后留下无尽的悔恨。最美的大学在高三的眼中，最美的高三在大一的眼中。

董瑞（山东大学临床医学八年制专业）

高中三年的学习生活犹如一场长跑，而现在的你们，已经到了最难熬，也最容易拉开差距的中后期。有人说，选择远比努力重要，然而，常常是努力的结果决定了可以选择的范围。正如尼采所说：谁终将声震人间，必将长久深自缄默。即使之前不出色的人，若能够沉住气、收住心，往往也能到达梦想的远方。

郭浩宇（哈尔滨工业大学）

关于吃苦，我可以告诉你们，我一开始是一个很懒的学生，每天六点半跟着宿舍铃起床。直到高三上学期期末我考得一塌糊涂之时，我才发现我每天比人家早上少半个小时、晚上少半个小时的学习时间，半年下来少了大把的学习时间。从那之后，我每天六点准时到教室，成为教学楼内到得最早的一批学生之一。

胡泽阳（西南交通大学）

2017年，我考了625分，以西北工业大学在鲁提档的倒数第二名的身份进入了大学，几乎没有专业选择权，没有进入理想的专业。我特别后悔当初没有再努力一把，多考几分。如果我再努力一点，多考两分，或许就不会耽误一年的学业，不用再经历转专业大量补课的痛苦。但是，人生没有如果。加油吧，不要给自己留下遗憾。

多考一分，你的大学生活可能就是不一样的。

宋凯（西北工业大学）

我最想对你们说的就是"坚定"二字。高三的这一年不长也不短，需要坚定自己想去的地方、想做的事。在对未来的计划里，"自己"的看法才最为重要。可能会有各方面的压力或者困难让你失落、难过，但请坚信，咬紧牙关总会实现目标。

臧伟（山东大学）

高三后期成绩排名变数比较大。这一阶段要调整好心态，坦然面对每次考试的得与失。这段时期，谁坚持到最后，谁就是胜利者，就能前往更好的城市，学习更好的专业，认识更厉害的大学同学，有更美好的前途。

傅钰智（上海外国语大学）

高一、高二只是要努力，那时时间充裕。而高三是要高效地努力。早上六点十分，班里便有不少人；课间很少有人嬉闹，许多人在背单词；晚上十点放学后，班里仍有人在讨论问题……因为我们知道，不仅仅是青岛一中2014级9班那么拼，整个青岛市乃至整个山东省所有有梦想的人都那么拼。而相对于郊区一些学校的学生，我们还不算拼。不进则退的道理大家都懂，所以我们就只能更拼。

其实，不怕别人比你聪明，也不怕别人比你努力，就怕比你聪明的人还比你努力。而我知道，山东省内，我不算聪明，比我努力的也大有人在。所以我能做的就是更加努力，才有可能在这几十万人的拼搏之中崭露头角，进入想要的大学。

张倬睿（浙江大学，国家奖学金获得者）

我本不是个意志多么坚定的人，然而度过高三最难熬的阶段，我清醒地知道了只要努力，一切皆有可能，深刻地明白了要为自己的选择竭尽全力。每当迷茫、懈怠、彷徨时，走一步，再走一步，困难就会在你的咬牙坚持中被解决。

冯圣凯（中国人民公安大学）

请珍惜每一个早起的清晨，让它唤醒你一整天昂扬的斗志。

请珍惜每一个灯光下的夜晚，做好一天计划的收尾，然后带着满足感平静地睡去。

请珍惜、用心过好每一天的生活吧。因为，这真的会是人生中一段相当美好而难忘的经历。因为只有这样，才不会在未来的某个日子里承担着不珍惜现在而带来的后果，而为如今的选择和松懈感到懊丧。

因为高三只有一次。因为你的人生只有一次。

刘凌岳（对外经济贸易大学数据科学与大数据技术专业）

高考之路遍布荆棘，路的尽头却是无尽的希望。等到你高考之后，你才知道100天能做太多的事情。奋斗是辛苦的，也是充实的，必须咬紧牙关一步步往前走。希望你们放平心态，踏实行走，最终走向心仪的学校。加油！

赵阳（南开大学应用数学专业）

或许你现在生活很美好，又或者一团乱麻，但只要拒绝放弃，就会有超乎想象的美好前方在等你。把你的焦点放在梦想上，然后尽你所能去追逐它。上天赋予每一个人超凡的力量，我们在一次次忍痛咬牙中变得无懈可击。所有我们需要做的仅仅是不放弃，告诉自己再坚持一天，再坚持一个礼拜，再坚持一个月，你会发现拒绝退场的结果让人惊讶。今天很残酷，明天更残酷，可后天很美好。这一路，并非没有失败、痛苦、绝望。胜者爬起身，咬牙前进；败者就此躺下，将失败视为终点。你可以被巨浪吞噬，但你更可以驾浪抵岸。你最想放弃之时，恰恰是距离成功最近之时。人生从不设限。If you can't get a miracle, become one.（如果你不能邂逅奇迹，那就创造一个奇迹。）

忆往昔，你一定记得自己的豪情壮志，一定记得摸爬滚打时的痛苦难忍，但你一定更记得收获花开时的欣喜与感动。这场持续12年的马拉松即将跑完，马上就要看到胜利的曙光。张弓以待,箭在弦上,你只差这最后100天的挥汗如雨。

100天,即使你每一天每一门课只搞懂一道题,高考时你也会有600道扎扎实实掌握的题;100天,即使你每一天每一门课只纠正一个错误,高考时你也能减少600个错误。何况我们能做到的远比此多。不积跬步,无以至千里;不积小流,无以成江海。相信上天会看到并且记住我们每日的努力,相信它不会辜负每一个努力奔跑的我们。

孙莉宝(中国海洋大学金融实验班)

主持人2:他们走过的路,是我们在走的路。他们说,这个时候起伏很正常;他们说,越往后越要镇定;他们说,梦想一定不会辜负我们的努力;他们说,我们一定会创造更大的辉煌!卧薪尝胆搏百日,傲视群英我称雄。下面让我们聆听张老师的叮嘱。

100天,终于来了。它在我们脑海中曾经是那么遥远的存在,似乎远在天边,然而仿佛才过了一瞬,它已在眼前。

从273天到100天,似乎只是一眨眼的工夫,173天便已飞逝而去,剩下的100天,会更快,也更珍贵。

Are you ready？你准备好迎接你的100天了吗？

你正在以怎样的姿态迎接你的100天?是分秒必争、全力以赴,还是浑浑噩噩、混沌度日?

Are you doing what you can?你尽自己全力了吗?

如果还没有,你还要等到什么时候?

这个时候,我们一定要拼尽全力,无论经历多少艰辛,必须咬住牙,坚持到底!

因为,这是我们最后的100天!再不拼,真的就没有机会了!

同样是100天,有人浑浑噩噩,把它活成了50天,甚至30天;有人珍惜点滴,把它活成了150天。

有的同学还说:老师,我觉得我做不到。

事实是:每个人都有着意想不到的潜力,关键在于你能发挥多少。很多事情是不设限的,要坚信"我可以做得更好"。

人力有时而穷,但不会穷于现在。所谓的尽力了,不过是将失败推脱于外界的借口。有时间推脱,不如规划好一切。

(播放《永不放弃》视频。)

师总结:每个人都有着自己意想不到的潜力。你能做到的,比你想象的更多。我从来不信什么"做不到""不可能"。我只知道,杨凯在最后的 100 天提高了 100 多分,高三上学期排在班里后五名的马同学高考考了 614 分,刘同学由曾经班里的最后一名走到了 211 大学……太多人通过不懈的努力创造了属于自己的高考传奇。

(分发家长写给孩子的信。全场很安静,孩子们专注阅读,有的开始小声抽泣。)

师:有那么多的人,一直在为我们加油打气;有那么多的人,一直对我们全力扶持。有那么多的时候,我们想象自己在那所美丽的大学里学习、嬉戏;有那么多的时候,我们擦干泪水和汗滴,摔倒后爬起来,继续拼尽全力。这一刻,坚定地告诉自己——一切都来得及!这一刻,坚定地告诉自己——永不放弃!我永不放弃!!我们,永不放弃!!!永远不要说"不可能",因为,你真的可以。

(孩子们写下百日宣言,贴在展板上,组成一个大大的"V"。)

结束语:

Nothing is impossible.

前方的路上会有挫败,有风雨,有荆棘,

我希望,你能够摔倒后迅速爬起,擦干泪继续奔驰;

前方的路上有赞美,有诱惑,

我希望,你可以保持清醒,永不迷失。

我们都不是神的孩子,

然而我们有顽强的毅力,有坚定的意志,有无比的耐心,有百倍的勇气!

我们将用它们去创造属于我们每一个人的传奇!

2020 级 1 班,2023 高考必胜!

4月11日高考倒计时50天"胜利"主题班会

一模过后,时间仿佛消逝得越来越快。不知不觉间,高考百日誓师已成为遥远的回忆,此时的教室已成题山题海。面对逐渐逼近的高考,面对每日检测后起伏的分数,很多孩子开始焦虑、无措,陷入了"出现问题—开始焦虑—无法静心解决问题—时间过去后更加自责、焦虑"的怪圈。有的孩子动辄就掉眼泪。

我觉得自己必须做些什么,于是借高考倒计时50天的契机,我开了这次以提振士气为要义的班会。此次班会起到了非常好的效果。孩子们开始放下包袱,以心无旁骛的姿态全力冲刺,在最后的高考中考出了极为优异的成绩,无论是高分段还是重点高校录取率都可圈可点。在此将班会的详细流程整理出来,希望能给高三班主任们些许启发。

50天,拥抱胜利
——高考倒计时50天冲刺班会全记录

师:倒数第7周了,离高考正好还有50天。百日已经过去了一半,一切似乎在转瞬之间;后面的这一半,更快。时间的流逝是必然的,然而这个快慢又是相对的。快与慢,取决于你奔跑的速度,你跑赢它,还是它跑赢你。(播放两段视频。一段是一年前我们班取得运动会冠军时宣布结果的视频,一段是我们班在"校长杯"足球赛中取得高二年级冠军的视频。)

师:这两段视频有一个共同的内容,就是——胜利。看的时候大家都很开心。确实,胜利的滋味无比美妙。胜利,就是我们这次班会的主题。(板书两个大字:胜利。)

胜利之前还有一段历程,这段历程的名字叫作——冲刺。什么是冲刺?我们来看几张图片,看看大家冲刺的姿态。(播放刘翔等田径运动员以及班里孩子们在运动会冲刺的照片。放至由伦纲时,特意放大了画面,好让大家看清他的表情。大家都在笑。)

师:(问由伦纲)你当时在意过自己的表情吗?

由伦纲:(大叫)哪顾得上啊!拼了老命跑啊!

(下一张是卞婷冲刺的照片,她表情也很"狰狞"。)

卞婷:(不好意思地笑)当时光想着要坚持住了。

师:卞婷跑的是非常难跑的 400 米,最后冲刺的时段,坚持比什么都重要。当时我们看到有的同学就因为坚持不住,倒在了终点旁边,离胜利只有一步之遥。

冲刺的时刻,不要姿态,只要速度;没有其他,只有终点。因为我们心中只有对胜利的渴望。

什么是胜利的表情? (播放班里孩子参加运动会及"校长杯"足球赛的照片,并及时点评。)胜利,就是眉目舒展,嘴角上扬;胜利,就是即使累得瘫倒在地也依然满面笑容;胜利,就是我们忍不住笑,忍不住跳跃;胜利,就是摆出最"销魂"的 pose;胜利,就是从内心溢出的最纯粹的快乐,无法掩饰,也不需掩饰;胜利,就是我们走上一个更高的舞台,接受最高的奖赏;胜利,就是我们想让全世界都知道我们的快乐;胜利,就是大家都在欢呼;胜利,就是伤痕累累却依然笑靥如花……

什么是胜利的滋味?

胜利,是我们历尽艰辛穿越荆棘丛后看到开放的鲜花,即使腿脚有伤已全然不复在意;胜利,是我们拼尽最后一丝力气登之后"一览众山小",尽管气喘吁吁却已忽略路途上的劳累,满心都是登顶的欢乐,是放眼远望的开阔,是战胜自己的心满意足;胜利,是当你到达终点时胜过一切的喜悦。

我们每一个人都渴望胜利。你有多渴望,就有多努力。

下面我们来看一组幻灯片。这些都是我们这三年来的瞬间。我给它们配了一首歌,这首歌是去年我们取得全校足球赛总冠军时学校新闻报道的背景音乐,我非常喜欢。今天用它来作为幻灯片的背景音乐。这首歌的名字是 *We Are the Champions*。

（播放音乐和幻灯片。幻灯片内容分四部分：三年来的点滴，尤其是孩子们取得成绩后的开心；班级两年来取得的成绩和五张胜利时的合影；各大学的录取通知书以及一些孩子拿着通知书时开心的照片；四张励志图片，分别是《你最想去的地方，怎么能在半路返航》《你能抵达的，比想象更远》《决战高考，为梦想而战》《高考必胜》。播放全程伴随着皇后乐队 *We Are the Champions* 的激昂旋律。看完幻灯片，孩子们有些激动。）

师：这是我们三年来走过的路。我们通过团结和拼搏，取得了一个又一个的胜利，创造了一个又一个的奇迹。从来没有一个特色班取得过校运会第一名，但我们取得了，而且蝉联；从来没有一个重点班在篮球赛、乒乓球赛这样的比赛中获得年级冠军，更不要说全校总冠军了，但我们做到了。事在人为，只要全力去做，没有不可能。

现在，我们要面对一场更大的挑战，我们将全力冲刺，取得我们高中时期最大的一场胜利。我们从没有输过，这次，更不会。那么，如何去取得属于我们的胜利？

（板书：全力冲刺。）为什么要全力冲刺？（在黑板上画一圈大大的跑道。）这是一圈 400 米的跑道，两边的直道长度都是 87 米，弯道长度都是 113 米。我们这三年，差不多相当于 1 000 米吧。那么，假如这是 1 000 米的跑道，直道的长度就是 87 米 × 2.5 ＝ 217.5 米。（将一段直道的 1/4 长度描成红色。）我们现在面对的只有最后 50 米，就在这里，只有最后短短的一小段。1 000 米的奋力拼搏到了最后 50 米，你将用怎样的姿态去全力冲刺？不要姿态，只要速度；没有其他，只有终点。最后 50 天，我们的状态应该是时刻在冲刺，真正跑起来，和时间赛跑。

（板书：心无旁骛。）这 50 米的冲刺是最纯粹的冲刺，就是更快、向前，没有时间考虑其他，没有时间迷惘，没有时间焦虑，没有时间迟疑！一迟疑，你就会被超越！没有心思管别人怎么说、怎么想，只是奋力向前。你的耳际没有掌声，没有哭声，没有喊声，只有风声。没有时间为一次检测的失利而痛苦，摔倒了爬起来，继续拼命往前冲！强者不是没有眼泪，而是含着眼泪继续奔跑！忘记名次,忘记分数,你眼中只有试题上反映出的问题。这个问题一旦不及时解决,就会长大、腐烂,变成威胁你生命的毒瘤;如果用心将它切实解决,它将成为你后期最大的提升点。名次在变,分数在变,永远不变的是你的努力。最后 50 天,专注,坚定,宠辱不惊,坚定前行!

（板书:分秒必争。）50 天,去掉睡眠时间,满打满算也只有几百个小时,你玩不起。假设现在离高考只有 10 天、5 天或者 3 天,你是满心惶恐、满腹悔恨,还是踏实而坦然?这最后的 50 天决定你决战的姿态!全力度过这 50 天,给自己一个踏实、坦然的高考。你现在抓住的每一分钟,都是往成功之路上垒的一块砖石;相反,你虚度的每一分钟,都会成为千里之堤的蚁穴,成为你最后悔恨的根源。玩命的时候,分秒必争,为现在,为将来,为自己,为家人,为梦想,为人生。

（板书:颗粒归仓。）每一个细小的知识点,无论值一分还是两分,都留心把它捡起来放入你的行囊。不要说分值太小,须知积土成山,风雨兴焉;每一个存在的小问题,无论值一分还是两分,都及时解决,须知千里之堤,溃于蚁穴。我们要的是厚积薄发,不要积重难返、积羽沉舟。用这 50 天至少提高 50 分,或者每科提 10 分、20 分甚至更多,这都是一点一滴累积起来的。有无数人已经为我们做出了表率。有的同学说:"老师,我觉得自己提高不了那么多,怎么办?"你凭什么说自己做不到?无数人用自己的坚韧和顽强做到了,为什么你做不到?退一步说,你可能提高不了这么多,但是在高考当中即使多考一分也是 1 000 个名次的超越,你要前进 1 000 个名次,只需要多考一分。一分一分累积起来,便能实现你的梦想。

最后,我们用另一段视频来结束今天的班会。（播放班里孩子获得全校足球赛总冠军时的片段,有尖叫、拥抱、笑容。孩子们看了很动容。）

师:我们渴望胜利,我们必将胜利!最后 50 天,全力冲刺,心无旁骛,分秒必争,颗粒归仓,去拥抱我们的胜利! 9 班勇士,所向披靡,无坚不摧,所向无敌!我期待看到你们 7 月拿着录取通知书拍照时的微笑。

采摘培训

——6月5日高考前最后一次班会

盼望着,盼望着,高考来了,高考的脚步近了。

6月5日中午,孩子们打扫考场,离校。在此之前,我开了最后一次班会。

此时,走廊展板上的海报显示我们走到了最后的"收获"阶段,那张硕果累累的照片极为喜庆。展板上我天天粘苹果的那棵树,也被红红的苹果压弯了枝头。

是啊,收获的季节到了。因此,我们班会的主题就是"采摘培训"。

记得开这次班会时,信息组的大飞老师到各个教室转悠着拍照片,拍到我班的时候直接呆住,诧异地问我:"张老师,是不是搞错了?"我笑着说:"没有啊,这就是我的备考班会。"

当时他看到的文字是这样的:

(1)人工采摘。采摘前要准备好采摘用的工具:果篮、果筐、梯子、运输车辆等。穿戴合适的衣服、帽子。

可是他没发现完整的内容其实是这样的:

(1)人工采摘。采摘前要准备好采摘用的工具:果篮、果筐、梯子、运输车辆等。穿戴合适的衣服、帽子。

准备好考试用品:准考证、身份证、文具(铅笔、橡皮、尺子、中性笔)、纸巾、水(水杯勿放在桌上,手机、手表不得带入考场)。穿自己觉得舒服自在的衣服,可带一件薄外套。

经过十二年的辛勤耕耘,我们终于到了收获的时候啦!因此这次班会,我们开得喜气洋洋的。

下面是班会全过程:

首先是阶段展示。那张六阶段海报已经在门外的展板上陪伴了我们整整一年。我当初把它的文字设计成绿—黄—橙—红逐渐成熟的颜色,孩子们便在这由青到黄再到红的变化中日渐成熟,迎来了属于自己的收获。

接着我连续展示了十张表现收获场景的图片。图片上的人们收获劳动成果时,脸上洋溢着开心的笑容。

我说:"我们也到了收获的时候,这是一件特别开心的事情。但是怎样才能把这满树成熟的果实好好地摘下来呢?所以我们要开一个采摘前的培训会。"

引出班会标题——采摘培训。

接下来是具体的采摘注意事项。每次我都是先展示摘果子的注意事项,再相应地展示高考的注意事项。

(1)人工采摘。采摘前要准备好采摘用的工具:果篮、果筐、梯子、运输车辆等。穿戴合适的衣服、帽子。

准备好考试用品:准考证、身份证、文具(铅笔、橡皮、尺子、中性笔)、纸巾、水(水杯勿放在桌上,手机、手表不得带入考场)。穿自己觉得舒服自在的衣服,可带一件薄外套。

(2)在使用梯子前,要仔细检查梯子是否安全可靠。梯子摆放的角度要合适,确保牢靠。确保身体的重心落在梯子上。

要检查自己的证件是否带好,文具是否带齐。考前继续进行知识回顾,保证自己处于竞技状态。

(3)采摘后,把果实轻轻放入果袋。

一卷答完,先把答案准确地涂到答题卡上。

(4)采收的顺序是由下至上、先外后内。部分果实的梗较硬,不可生拉硬拽,否则会导致其他果实落下摔伤。

做题的顺序是从前至后、从易至难。个别题目较难,不可生咬硬啃,把牙啃坏了,其他的题怎么办?

（5）把果袋中的果实放入果箱时，注意轻拿轻放。果箱要有足够的机械强度，具有一定的通透性，要清洁、无污染、无异味。果实装箱时，果梗朝下，排平放实。最大装箱深度为60厘米。

把脑海中的答案写到答题卡上时，注意规范、清晰、准确。注意题号对应，在规定位置答题。要清晰，少涂改，无错位。如果要改动，先把正确的写上，再划掉错的。

（6）用于长期贮藏或长途运输的果实应根据成熟度分批采收。成熟期不一致的品种也应分批采收。采收宜分2～3批完成。第一批先采外围着色好的果实，第一批采收后再采收第二批。分批采收有利于保证果实品质均匀度，提高果实质量和产量。

根据题目的难度，可以先把会做的做完，再做不好做的。这有利于提高时间利用率，并且使心态从容、平和。注意不要漏题。

（7）摘果的要领：握果好像拿鸡蛋，手拿叶柄往上翻，左手采果右手接，轻轻放入采果篮。

答题要领：稳做会，求全对；慎做中档题，一分不浪费；步步去争取，舍弃全不会。人易我易，人难我难；易时更小心，难时更平和。

是不是很有意思？整场班会，孩子们可乐呵了！

之后，我加了几句"张老师的叮嘱"：

（1）高考只是人生的一次机遇，绝不是人生的全部。

给孩子们减压，让他们能用平和的心态面对高考。

（2）做好战胜困难的心理准备。

高考没有结束，就一切皆有可能。要保持稳定发挥。80%的题会是我们熟悉的，但一定会有创新。我们只求发挥出自己的正常水平，不求超常发挥。会的做对，无怨无悔！无论遇到什么困难，我们都坦然面对，决不能因为一道题或一科所谓的不如意而影响全局。

然后，我展示了一张中国女排取得胜利的图片。是的，我要给孩子们说一场中国女排的比赛,也就是 2004 年雅典奥运会上中国女排和俄罗斯女排的那场经典赛事。

我先出示两个比分:28∶30、25∶27。中国姑娘开局就被俄罗斯队当头打了两闷棍,观众席上的近千名中国球迷也蒙了。然而,此时的中国姑娘在场上又是绕着跑,又是相互击掌,笑意写满面颊。主教练陈忠和说:"丢掉头两局后,我告诉队员:你们就按输的打!结果大家心态好,反而越打越勇,越打气势越盛。"中国女排在先失两局的险境下绝地重生,连扳三局,战胜俄罗斯队,时隔20 年再圆奥运金牌梦。

在规定的时间内把自己会做的题做完、做好,就是考试成功!做好面对各种困难的心理准备,向最坏处想,向最好处做。只求发挥出自己的正常水平,不求超常发挥。

举这个例子主要是怕一开始的题目难,影响孩子们之后的心态。事实证明,这个例子在实际中起到了非常重要的作用。

其他需要留意的情况:拉肚子、失眠、感冒、上厕所、忘记带笔、想喝水……都是正常叮嘱。

后来的班会,我还做了一些具体工作安排,展示了很多笑脸图片。

最后,我拿出两个盒子,说:"我要给大家发一点'兴奋剂',每人两粒。"孩子们又紧张又兴奋地伸出"小爪子"接着,有人一拿到就塞到了嘴里。教室里响起了断断续续的口哨声。孩子们惊讶地发现,这是口哨糖!他们都开心地吹起了口哨。

我笑嘻嘻地说:"哎呀,被你们发现了呀……好吧,那就让我们吹着胜利的口哨上考场吧!"

整场班会,孩子们特别开心。

以下是后续。当时班里的魏齐家同学上大学后给我下一届的学生写了一封信,信里提到了这次班会——

说起整个高三,女孩其实有蛮多的回忆,其中令她印象最深刻的就是张老师在临近高考时开的那次班会。在那次班会上,张老师给全班讲了女排的例子。当时女排在前两场连败,观众都认为她们这次必败无疑的困境下,调整好心态,背水一战,最终以 3:2 拿下了比赛。在那次班会上,女孩还没有意识到这次班会对她高考乃至未来学习生活的影响。

高考到来了。第一天上午考的是语文,女孩还算是稳定发挥。下午是数学——这门本应该算是女孩擅长的一科(平时几乎都是 130 分以上),结果却惨遭滑铁卢。

浑浑噩噩地回到家后,女孩无心复习。那天晚上,女孩跟妈妈提起了"复读"这个词。

"我彻底搞砸了,我的高考完蛋了,我本该用数学弥补我不擅长的地理、生物的……我要不直接复读吧……"

无论妈妈怎么安慰女孩,她的大脑好似不听使唤般,不停地计算着自己的数学会扣多少分、自己之后需要拿多少分来弥补数学的"大窟窿"……

过了一会儿,妈妈给女孩看了一段聊天记录,是张老师发给妈妈的,其中的一句话女孩至今记忆犹新:"让她想想我在班会上讲过的女排的例子,想想她们是怎么赢的!"

毫不夸张地说,当时女孩被张老师的这句话点醒了。女孩把心一横,想着自己也才考完了两科,后面自己还有可以翻盘的机会,迅速调整好心态,逼着自己不去回想已成定局的数学,沉下心来复习之后的考试。

哈哈哈,刚才写了很多琐碎的细节,下面直接说一下这个故事的结局。

女孩最终顺利地考入她梦想的大学——中国海洋大学,而且是自己从高一起一直向往的专业(会计学国际注册会计师方向)。至于她的高考呢,也真的像女排背水一战——虽然数学确实如她所料考砸了(才 119 分),但是在她高考前一直被当作"拖后腿"的生物和地理超常发挥,最终女孩的高考以 627 分的总成绩画上了圆满的句号。

想必大家也已经猜到了,这个女孩就是我。

现在仔细回忆一下,数学失利有很大一部分原因是我的心态。

由于我在考试前就对数学抱有太大的期望,期待着数学能给我往上拉分,这潜在地对自己施加了心理压力。承担着这种心理压力,我在潜意识里告诉自己:一定要考好,一定要考高分……从那一两道选择题开始(按照之前的做题经验，那一两道选择题应该是"送分题"），我在数学考试的过程中就开始慌了，大脑开始胡思乱想，没有把100%的注意力集中在怎么解决题目上。等到后面出现又一道让我发蒙的填空题时，我的心态彻底崩了，无法冷静地思考。

数学这一学科平时的知识积累固然重要，但其实对于知识水平已经比较稳定的高三学生来说，决定考试最终结果的很重要的一个因素就是考试的心态。心态好与坏能使最终成绩相差15分左右。

同样，我在高考中能将自己所不擅长的两门学科考出超常的成绩，其中很重要的一部分原因就是我调整好了心态——冷静分析题目，集中注意力于如何解决问题，而非让类似于"这道题不会，怎么办"的杂念扰乱自己做题的节奏。这其实也就是学校经常举行模考的意义吧——看似让我们对考试麻木，实则是帮我们锻炼临危不乱的心态。

所以说，好好开这次班会，还是很重要的！

"梦想是座桥"系列展板

我们学校每个教室外的走廊里都有一块长约两米、宽约一米的展板。高一、高二的时候,我们用它展示过班级各项活动的精彩瞬间,举办过孩子们的个人展览,举办过"少年当自强"系列展板、"春天,遂想起"诗会和庆祝党的二十大主题征文活动……这块约两平方米的空间,留下了孩子们高中生活的诸多精彩印迹。

进入高三,这块展板有了新的使命:为孩子们吹响冲锋的号角,时时给他们前行的力量。

于是,我设计了"梦想是座桥"主题系列展板(图4)。

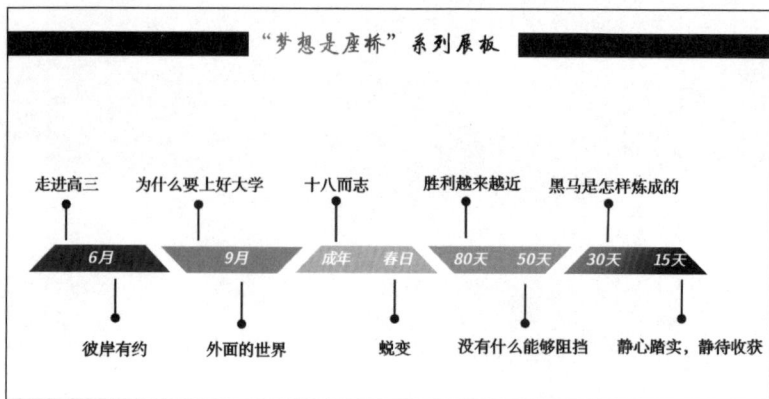

图4 "梦想是座桥"系列展板

6月底,"走进高三"展板

这是我们搬进高三教室后的第一期展板(图5),内容非常简单:"走进高三,直面梦想"八个大字、我给孩子们写的两段鼓励的文字、俞敏洪关于青年与梦想的访谈录、两篇关于高三学习方法的指导文字、《高三生应解决的 18 个问题》以及一位学长的谆谆教诲。

这期展板要起到的作用:让刚刚进入高三教室的孩子们感受到高三的氛围;给他们以正向的精神引导——"走进高三"

图 5 "走进高三"展板

正是"直面梦想"的前提;给他们一些方法指导;引导他们站在更高的位置思考个人成长与国家民族的联系。

此处附上我写的两篇文字。

第一篇非常简单,主要起到引子的作用:

今天,是一个美丽的日子。

今天,我们走进盼望已久的高三。

今天,梦想大门开启。

今天,是 2019 年 6 月 19 日。

逐梦高三,今日开始。

第二篇是短文:

高三,倔强并美丽着
——写给新高三 4 班的孩子们

孩子,祝贺你,你已站在高三的门口。

进入高三,梦想大门正式开启。梦想,在那里等你。

希望你,做好准备迎接这一年的挑战。

高三了,你要记住,无论遇到怎样的困难都要坚守自己的信念,不要轻易改变你心底的目标,要在心中为自己点燃一盏明灯。记得新东方学校校长俞敏洪曾说,每一条河流都有自己不同的生命曲线,但是每一条河流都有自己的梦

想,那就是奔向大海。长江、黄河都奔向了大海,方式不一样:长江劈山开路,黄河迂回曲折。它们都有一种水的拼搏精神。水在奔流过程中,如果一路下沉,或许就永远见不到阳光了;若下沉的位置就在入海口,则会留下永远的遗憾。因此,高三,一定要坚韧、坚持。

今天,我们欢笑着进入高三。

明年这个时候,你想以怎样的姿态离开?

跟着自己的心走,一辈子没有拼搏过一次,会留下终身遗憾的。

高三,我们脚步铿锵,风雨直闯;我们昂首阔步,笑迎梦想。

高三,让我们用心储备每一点知识、每一点能量。因为,明年,我们要以最美的姿态飞翔。

高三,我们并肩作战。

梦想,就在前方!

2019 年 6 月 27 日

9 月开学后,"彼岸有约"展板

我向来觉得,同龄人之间的沟通比两代人之间的沟通更顺畅,而刚进入高三的孩子们迫切需要一些思想和学习等方面的指导。因此,我设置了"彼岸有约"展板(图 6),展示的是"过来人"——学长、学姐写给高三孩子们的文字。

办这期展板,我主要做了两项准备工作:

图 6 "彼岸有约"展板

(1)找相关毕业生写文章,提前说明要求:主要写自己高三的感受和经验教训等(给新高三孩子们以激励和引导),写大学的精彩生活(引起新高三孩子们的向往之情),附上近期照片(增强吸引力和说服力)。

(2)进行挑选和修改。有的孩子文字过于随意,有的有明显语病,都需要老师进行把关。其实,不仅仅是这些文字,任何要粘贴在走廊展板或教室墙面上的文字都要先经过老师的审阅。

事实证明，这期展板受到了孩子们的喜爱，吸引了几乎整个年级的孩子们。课间经常有人在展板前驻足，边读边思考。

很多年后的交谈中，还有孩子提到这些学长、学姐的文字对自己的触动。

此处附两篇毕业学生写的文字：

怕什么真理无穷，进一寸有一寸的欢喜

国潆心

（青岛一中 2017 级 4 班毕业生，现就读于上海交通大学信息工程专业）

新高三的同学们：

大家好！

我记得我在刚上高三的一个中午，花了近一个午休的时间，同样流连于展板上学长、学姐的文章，希望从中窥见他人的高三生活，又或者说希望能够借此机会提前想想我的高三会是什么样子的。故事也就从这里说起。

印象中几乎全部的文章都提到自己在某一段时期遇到了某某问题，但能够保持一种比较冷静、理性的状态，积极地面对自己的问题，从而获得了比较大的提升。说起来比较简单甚至有些寻常，但是经过高三一年，我认为这是一种十分有效的解决问题的方式。

第一，发现问题是解决问题的基础。

先说一下我的经历。很遗憾，我现在不记得高三具体的成绩，只能根据记忆给出一个比较模糊的概述。① 高三开始的期初考试其实结果是很糟糕的；② 之后的 12 月全省模考，我在全省 2 000 名开外；③ 高考，我在全省 540 名。看起来是一个单增的函数，那如果再放大看一下细节，在①和②之间填充上期中、期末考，在②和③之间填充上线上的几次考试和一模、二模，其实得到的曲线波动是相当大的。我认为这很正常，不同的试卷覆盖的知识点同自己掌握的内容的重合度都是不一样的，能够通过高考之前任何一次考试发现问题都是有利的，波浪式前进的过程也是值得相信的。

虽然前面已经提到一种通用而有效的解决问题的方法，在这里我还是举一

个实际的例子。你有没有在同一类题甚至同一道题上跌倒很多次？我是有的。现在我还记得发现那个问题的时刻：那是一道不是很复杂的数学大题，应该是概率相关的。大概在三四月份的时候，我在改正一份普通的数学试卷时发现这道题我做错了。有题目做错很正常，但是我改着改着，看着它眼熟，想起来我在高三上的某次月考中错过一次，后来好像在作业卷子里也错过一次，现在还是没做对。我突然开始心慌，去翻记录，果然如此。

那么，现在可以分解出许多待解决的问题。这道题我真的明白了吗？为什么我会注意不到这里的问题而一次次出错？是只有这道题如此，还是还有其他同样的问题？我应该怎么做来尽量避免这种情况的再次出现？

按照答案的思路重新走一遍，结果一样，那么我现在知道怎么做这道题了。仔细分析以前出问题的地方，可以发现是我对某个概念有误解，所以都按照错误的方式走下去了，结果自然不对。如果做不到对每一个概念都认识清楚，就容易一错再错。如果我之前能够在纠正步骤错误的同时纠正对概念的理解，那么或许可以减少这种情况的发生。所以，以后题目出错纠正时，我还需要认真一点。

很简单，对不对？那么，如果我在心慌的时候开始因我一次又一次倒在同一个地方而难过，开始想象日后的再次摔倒，开始害怕如果在高考的时候这样怎么办，如果再加上那段时间成绩一直不理想，做题的"手感"不好，因为疫情线上学习的效果也不一定能得到保证，这个问题是不是已经可以成为一次情绪崩溃的导火索？但如果问题能够解决，就可以有效避免情绪的崩溃。

第二，怕什么真理无穷，进一寸有一寸的欢喜。

高三，我有时候会想：一年，说长不长，说短不短，我能够在一年里解决掉所有发现的问题，掌握所有知识点，注意到所有细节、易错点，实现所谓事无巨细、颗粒归仓吗？很显然，这是一个让人有点望而生畏的目标。后来，我的想法是"进一寸有一寸的欢喜"，能够做好一点，高考中的遗憾也就少一点；如果拼尽全力，以后也就不会为自己的懒惰后悔。当然，你也可以选择相信"种一棵树最好的时间是十年前，其次是现在"或者"滑到碗底，往哪走都是向上"。总之，不要停下来，更不要放弃。

我无意说高三的所谓辛苦。事实上，和高中就读于衡水的室友相比，我的高三已经很轻松了：见识过题海，却也不一定写完；努力做得标准、规范，却也没有严苛的统一要求；有过失意，却也没有太激烈的竞争。但我想，你也可以选择看看我在交大的学习生活，大学的生活是另一种不同的丰富多彩。

所谓"学在交大"，大学里需要学习的内容其实会更多，每学期都会学习到很多非常重要的数理基础或者专业知识。既可以自由去深入了解或探讨你感兴趣的任何内容，又能够随着学习对一门课程的脉络有所掌握。深度和广度都不会受到限制，任课老师和课程助教也都能够提供帮助。不再有统一的自习，时间地点和学习的节奏都任你选择。

交大能够提供一个宽广的平台。如果你对各类社团、竞赛等活动感兴趣，那么大概率也找得到志同道合的小伙伴或者相关的组织。如果你对某个方向的研究感兴趣，也有机会获得一段体验不错的研究经历。当然，事物总有两面性，自由也意味着未来你可能更需要对自己的选择负责，规划好自己的时间和精力，决定好要做什么、不要做什么。

我始终认为每一个人都有自己的特点，以上种种也会因时而变。我所述不过是囿于我本人在当时和此时的所见所闻、所思所想，希望同学们能够对这些有自己的看法。最后，有一句话想送给大家，是我高三那年张老师给我们播放的清华宣传片里的一句：为梦想奋斗是一件很好的事。

祝大家高三愉快！

We are here, working for tomorrow, and driving for the future.

我们为明天奋斗，我们驱动未来！

对抗焦虑最好的办法就是去铺开身子学起来

张郁文

（2017 级 4 班，现就读于浙江大学应用生物学专业）

不知不觉，我已经毕业两年多了。犹记得 2019 年的夏天，那时我进入高三。

每天挤在会议室上自习的暑假两个月过得飞快。开学便是那个曾在无数人的口中、遗憾中、梦中的"高三"。

这一年,对我来说是什么?是焦虑吗?

每日每日地倒数,眼看着黑板上的数字一天天地变小,我好像并没有那么焦虑。因为我深知我是充实的:我利用跑操前的站队时间拿着单词小本一个又一个地背着英语单词,我重复地刷着一道又一道数、理、化、生错题,我在临睡前一遍又一遍地背着古诗文,我在吃饭时大口大口地吃饭,睡觉时放空自己沉沉地睡着。

"对抗焦虑最好的办法就是去铺开身子学起来。"张老师说过的这句话,我深深赞同。

全力学习,看起来辛苦,其实是很快乐的事情:在你费尽心思终于得到最优解,云开雾明的时候;在你看到题时发现自己因为背得滚瓜烂熟抑或是错题被你整理过,原本5分钟的解题时间变成30秒的时候;在你临睡前仔细回忆一遍,发现古诗文背得滚瓜烂熟的时候……我想,这对于所有人来说都是一件很快乐的事情吧。

我其实一直很自信,因为我从小到大学习一直都不错,成绩稳定在年级前40名、班级前10名左右。但是离高考还有120天的时候,我连着几次省模拟,市一模、二模的成绩都在班级30名左右(无年级排名)。我也曾灰心过,不甘过,觉得自己高中三年没有一天不在努力,为什么成绩反而倒退?我安慰自己:没事的,问题暴露在高考前总比暴露在高考后好,这就是上天给我的机会,让我赶紧发现漏洞,查缺补漏。于是我咬住了牙,我坚持住了。我继续每天背着单词,整理着错题,复习着古诗文,摘抄作文。最后,我也上交了满意的答卷。

对任何事情都要有最认真的、最恭敬的态度,心无旁骛地去做,时间一定会给你满意的回音。江山代有才人出,我真心地祝愿你们,希望你们能够在这最后的200天,再坚持一点,再使一把劲。不逼自己一把,怎么知道你有多牛!

10月,"为什么要上好大学"展板

"为什么要上好大学?"我想每个学子在心里都有过这样的疑问。

找份好工作?有个好环境?有个好导师?

为什么不能"全都要"呢?

我经过精心准备,办了这期以图片为主的展板(图7)。我翻阅了大量的资料,分六个主题准备了相关图片:最丰厚的文化积淀,主要展示一些大学校门的图片;最优秀的师资;最完备的硬件配置;最优秀的同学群体;更多名家交流机会(我找了一些优秀大学的高层次讲座海报及文化交流活动海报);更多、更好的就业机

图7 "为什么要上好大学"展板

会。展板90%以上的内容是彩色图片,简单而"粗暴",另附两篇关于就业发展的新闻报道。

此期展板的目的是将孩子们脑海中很多以前抽象的概念变得具象化,给他们直观而强烈的视觉冲击。

在"最优秀的同学群体"栏目,我写了这样一段文字:

这样的场景,你不想拥有?

这样的学校,你不想拥有?

所以,拼吧!

没有什么不可能!

只有想不到,没有做不到。

记住,越好的大学,你的收获越多,你的梦想越近。

Nothing is impossible.

11 月,"外面的世界"展板

这期展板的内容是外校高三学子的备考花絮,有图片,有文字(图8)。图片下方,我特意标注了拍摄者,以增强真实感和说服力。

有人说这期展板是为了给孩子们加压,实则不然,我更多的是为了展示一个事实:不只是我们,所有优秀的学子都在为了自己的梦想竭尽全力。

图 8 "外面的世界"展板

展板上附了一篇泰安英雄山中学校长的发言稿：

其实，世上本没有神话

——泰安英雄山中学校长张义东在开学仪式上的讲话（节选）

同学们，上学期 4 月份，我和学校李金山副校长、王彬书记、刘海鹏副书记一行四人赴河北衡水，再次零距离地感受了河北衡水的教育。虽然 4 个多月过去了，但当时带给我的震撼今天依然激荡在心头。同学们知道衡水中学今年的高考成绩吗？今年高考，衡水中学共有 139 名同学被清华大学、北京大学录取，30 名同学被香港大学等港校录取，106 名学生被加拿大多伦多大学、新加坡国立大学等国外知名高校录取；河北省文科前 4 名和理科前 4 名均被衡水中学包揽，河北省文科前 10 名、理科前 10 名，衡水中学各占 9 人；18 人进入河北省文科前 20 名，17 人进入河北省理科前 20 名。即使是衡水市第二中学，今年高考也有 37 人被清华、北大录取。也许同学们会对河北衡水中学的高考神话惊讶不已，但我却一点也不感到意外。说句实在话，衡水中学的学生创造出怎样的高考神话我都觉得是在情理之中。在衡水期间，我听到众多参观者说得最多的一句话就是"如果我们的学生能像衡水中学的学生一样……"其实，我也反复在说："如果我们的学生能像衡水的学生那样去做，我们也一定能创造高考神话。"确实，衡水中学的学生并不是什么神，他们是和大家一样普通的学生，而他们成功的秘诀是什么呢？他们成功的因素当然很多，但至少有三点，我觉得值得和大家分享。

衡水中学的学生成功的第一点原因,我觉得就是他们身上洋溢出来的那种激情,那种对成功的执着和渴望。"超越永无止境"是衡水中学的校训,也是衡水学生不断前进的重要精神动力。超越、超越、超越,是他们使用频率最高的词语;超越对手,超越权威,超越前人,超越自己,是他们的精神实质。衡水中学的每个学生都坚信,一切都有可能,要让自己化平凡为神奇。衡水中学的课间操,学生是从四面八方冲向操场的,无声,但用时之短令人咋舌。短短五分钟,近万名学生就集合完毕。从第一个到达操场的学生将书举过头顶,大声朗读开始,直到万人诵读,那场面极其震撼。跑操时,尽管是一排十几个人,但学生和学生之间基本没有空隙,整齐划一。几千人的队伍在操场上跑,气势如排山倒海,口号如滚滚春雷。学生高涨的精神、整齐的步伐、嘹亮的口号,惊天动地,震撼着整个校园,更震撼着每一个参观者的心。衡水中学认为,跑操是小事情,但却能跑出大精神,它能让学生跑出规范,跑出专注,跑出激情,跑出协调,跑出标准,跑出吃苦耐劳,跑出好身体,跑出班级荣誉感,跑出集体主义精神。有形的跑操,跑出的是无形的优秀品质。衡水中学学生的激情还体现在与时间赛跑上。在衡水中学校园,你几乎看不到走着的学生。学生从教室到操场,跑步;从操场回教室,跑步;从教室到餐厅,跑步;从餐厅回宿舍,跑步;从宿舍到教室,跑步⋯⋯全是神色匆匆,你几乎找不到一个同学是走着的,他们成了真正与时间赛跑的人。他们不是时间不够,而是想把更多的时间留给学习。中午12点放学,很多同学都会自觉在教室再学习10～20分钟再去食堂吃饭。因为衡水中学的学生在宿舍是不允许学习的,所以他们选择在教室多学一会儿。我问了一位学生,他说从教室到餐厅,到吃完饭回到宿舍,他给自己规定的时间就是10分钟,每天他都能按时完成。他们惜时惜到了极致。同学们,紧张、压力才会真正挖掘出你的潜能。高考成绩的辉煌,源自每一天的超越。每天胜出,每堂课胜出,每分钟胜出,你的高考必然胜出。超越每一刻,你必将卓越一生。不要总是羡慕别人的成功,你更要看到别人超出我们几倍的努力。

衡水中学学生高考成功的第二点原因,我认为就是他们学习上的专注,或者叫忘我。衡水中学的学生一旦投入学习,就完全进入了自己的天地,忘记了身边的一切。我们晚上去参观他们的晚自习。在震耳欲聋的自习前宣誓之后,教室瞬间静寂下来。一同去参观的有几百人。不管外面有多少双眼睛在盯着看，不管外面有多少闪光灯在闪，不管外面有多少人在说话，学生们都心无旁骛，不为所动，都一头扎在书本中，专注地学习，就好像外面的人群根本不存在。正如一间教室的墙上悬挂的标语一样：忘时忘物忘我，不鸣则已，一鸣惊人。这种学习的专注让人惊叹，更让人感到可怕。这样的学风，又有谁能战胜呢？当时我们也有疑惑：他们学生之间不相互问问题吗？而这个疑惑很快就有了答案。晚自习下课的铃声响了，整个课间，你看不到跑动的人群，听不到学生的吵闹，整个楼上静得让你感觉不到是课间。我们发现，有些同学依然在教室内做着学案，也有些学生聚在走廊里小声地说着什么。走近他们你会发现，原来这些同学是在商量问题，有的同学在问，有的同学在讲解。在衡水中学学生身上，你找不到被浪费的时间。衡水中学学生操前读书时，几百人的参观队伍涌到学生身边，看他们在读什么，很多人在用相机、手机进行拍照，学生们对这些参观者熟视无睹，只顾自己大声朗读，那么投入，仿佛这个世界只有他们自己，专注到让你不好意思去打搅他们。今年的河北省理科状元孟祥熙在接受记者采访时，谈到了自己成功的心得。他说："学习就是需要潜心专注，一心不能二用。课堂太重要了，一定要跟着老师的思路走，在课下再适当地根据自己的情况进行补充。不能说上课我什么都会了，不听了，这才是最可怕的。"今年的河北省文科状元袁嘉玮在接受记者采访时说："学习不是敷衍的过程，必须专注下来做这件事，要始终保持一种踏实向学、忘我的心。"

衡水中学学生高考成功的第三点原因，我觉得就是习惯，就是行为养成习惯。衡水中学的领导在介绍经验的时候讲：衡水中学除了学习之外，在其他方面也养成了良好的习惯，学习成绩只是习惯的"副产品"。这一点从他们张贴在楼道内的量化表上可以看出来。量化表共三项内容：班级、违纪情况、扣分。衡水中学认为，养成良好的行为习惯，就是最大限度排除了影响学生学习的内外干扰因素。成绩的提升都是源于好习惯的形成。一个学生，只要养成了良好的习惯，就会收起杂念，一心向学。事实也证明，平日纪律好、卫生好、跑操好的班级，成绩往往也是最好的。因为养成这些习惯，培养的其实是学生做事的高标准、严格的自我要求，形成的是严谨、专注、细致、一丝不苟的精神。这些习惯一旦养成,学生的学习也就自然水到渠成。衡水中学的一位班主任讲:当学生打扫卫生不放过一片落叶时,考试时他就不会放过任何一处错误。他们坚信一点:习惯养成性格,性格决定命运。

同学们,当我们惊叹于衡水中学骄人的高考成绩时,我们有没有反思:我们的每一天是否都充满了激情?我们的每一天是否都是在与时间赛跑?学习上我们是否真正达到了忘我的境界?我们的自习怎样,我们的课下怎样,我们的卫生怎样,我们的习惯怎样?我们的时间都去哪了?散步、打闹、闲聊、发型、穿着、明星、交友是否还在左右着我们的思想?我们是否还在抱怨,跑操贴得那么紧干什么,宿舍内务扣分干什么,我们是来学习的,又不是来打扫卫生的?其实,当你在斤斤计较这些的时候,你的内心是混乱的,你做事、学习的标准是低的。

衡水中学毕业的一位学生写过这样的一段话:"我们习惯了早上在天黑的时候顾不得洗脸刷牙迅速冲出宿舍;习惯了一路狂奔到跑操地点只用5分钟的神速;习惯了跑操的整齐划一;习惯了口号的震耳欲聋;习惯了早读声音太小被老师一次又一次地呵斥提醒;习惯了早读下课最后几个跑进餐厅;习惯了买饭等候时不忘用功读书;习惯了吃饭时的狼吞虎咽;习惯了每天看着表分秒必争的状态;习惯了课间不再聊天侃地,只是弄懂自己不会的知识;习惯了课间追着老师问问题的画面;习惯了中午离午休铃声8分钟冲出教室、向餐厅奔跑,狼吞虎咽后再次狂奔到宿舍,时间是那么的正好,每次到宿舍都是正好打铃(不知道那是一种怎样的生活状态,想想自己像是一只急于求生的狼,而我们那时渴望的是知识,是高分);习惯了晚饭时不饿不去餐厅的坏毛病;习惯了晚自习10点放学没有离开,却被楼管向外撵的情景;习惯了晚上自己一人躲在被窝想想一天的收获,默默地叨念着高考目标,掉下的泪水一次一次浸湿无辜的被角;习惯了虽然害怕考试,却时刻期待,用心准备着每一次考试的到来;习惯了表面上对成绩单漠不关心,但还是把成绩单看了一遍又一遍,与自己心中的目标对照着;习惯了每周都有的周测成绩排名,不管进步、退步,努力的汗水却从来没有停止流过;习惯了每次考完试,确定自己的对手与目标,掀起新一轮的拼搏与战斗;习惯了三周放一次假却总共在家待不到12小时,黑着天回到温暖的家,天不太亮就得准备好没晾干的衣服再次启程,回到追寻梦想的地方……"

同学们,当有一天,大家能像衡水中学的学生一样,习惯了这一切,我想我们实现自己高考的梦想又有什么困难呢？人生最可怕的事情不是我们不够努力,而是比我们牛的人却比我们更努力！如果你真正逼自己一次,全力拼一次,很有可能最后创造奇迹的就是你！只要你拥有了坚定的理想,全世界都会为你让路！

展板上还有我写的一段文字：

他们走进教室的时候,你仍在酣眠。

他们早自习结束、早操结束的时候,你依然睡眼惺忪。

他们早读已放声朗读了几十分钟的时候,你晃进教室,打个呵欠,说："高三好辛苦。"

他们在校园里奔跑的时候,你,在做什么？

他们恨不得把每一分钟都掰成两半用的时候,你,在做什么？

我们彼此间的身份,叫作——对手。

我们彼此的联系,叫作——竞争。

我们拥有同一个名字——高三生。

几个月后,我们将在同一个时间,面对同一份考题。

如同我们进入同一个运动场,走上同一个跑道,只等一声枪响,进行同一轮角逐。

你,如何才能胜出？

那张六阶段海报,一直都在。每一个阶段结束,我都会标记"已结束"和"进行中",让孩子们清醒地明白我们已经走到了哪个阶段,后面需要做些什么。我们走的每一步,都是在通往"收获"的路上。我将颜色设计成了绿、黄、橙、红,正是果实由青涩到成熟的过程。

12月，"十八而志"展板

新年来临的时候，很多孩子都满十八岁了。这是一个特别重要的时间点。因此我为他们办了这期展板，既庆祝新年，也庆祝成长。

这是我写给他们的一段文字：

写在前面——关于2020

这是一组奇妙的数字。

从高一入校的第一天起，它就不时在我们的脑海中闪现，如同一座不停闪烁的灯塔，遥远，却真切。

现在，它终于那样真切地出现在我们面前。

我们欣喜，却又不免紧张。

欣喜，是因为我们离胜利的彼岸如此之近，十二年的劈波斩浪，终于看到终点的模样。那彼岸，阳光灿烂，鸟语花香。更重要的是，那里有一条道路，通往梦想。

紧张，是因为我们清楚地知道，最后的路程依然要经历诸多的考验。这是全速冲刺的时节，需要的是耐力，是速度，是技术，是恒心。略有不慎，梦想，便只能是梦想。

然而，我们已经长大。

不再是父母膝下撒娇的孩童，不再是大人的附属，我们已经变成了完全独立的个体。

你真的独立了吗？你真的明白十八岁意味着什么吗？

我们有了自己庄严的权利和义务。我们要承担诸多的责任。我们有自己独立的思维。我们有顽强的意志，有勇往直前的最坚韧的决心。

我们，用肩膀扛起那神圣而又艰巨的使命奋力前行。它关乎自己，关乎家庭，关乎他人。

你准备好了吗？

这是属于我们的——2020。

3月,"春日·蜕变"展板

办这期展板(图9)的时候,一模刚刚结束,孩子们有些失落,有些迷惘。很多孩子无措地问:"我觉得自己很努力了,为什么成绩还是不尽如人意?"我用这期展板回答他们:我们,正走在由量变到质变的路上,这是一个蜕变、新生的过程。

展板颜色多用翠绿、明黄和橙,充满生机。

图9 "春日·蜕变"展板

春日·蜕变

春雨惊春清谷天。

立春、雨水、惊蛰、春分、清明、谷雨,这些美好的节气一再提醒我们:这是个满蕴生机的季节。

种子准备萌发,小麦忙着返青,再枯皴的树都在绽新的芽,酝酿新一轮的盛放。

春日,是清醒的季节;春日,更是蜕变的季节。

经历了一模考试的你,理应清醒。那些分数背后隐藏着的问题——自己是否真正听话,基础掌握是否过硬,时间安排是否合理,答题步骤能否真正规范,平日知识能否扎实掌握,关乎态度、方法、规范、细节、基础。对于所有这些,你是否已经做了深入透彻的分析?

分析之后,你是把所有的问题束之高阁,还是认真反思、纠正?落实到行动上,有哪些具体、真切的改变?

分数若只是摆设,则毫无意义。

痛苦若只是痛苦,则毫无价值。

有的同学发现自己理综答题时间很紧张,于是开始对平日的每一道题都进行严格限时训练,要求自己务必一次做对、做好。

有的同学发现在答题步骤上丢了不少分,于是每一道题精研细磨,请老师、同学帮自己纠正，以求会答的题一分不丢。

有的同学发现自己知识不够扎实，于是不再满足于把一道题做对，而是把不理解的选项全部圈出来，下课弄明白。

…………

新的纠错本、限时训练、到校更早、碎片时间利用得更充分……每一点，都是蜕变的姿态。

蜕变，是为了成就更好的自己。

尽管要经历些许的痛楚，尽管要遭遇一段时日的黑暗，尽管有时候会觉得自己很脆弱，然而痛楚的背后是新我的诞生，黑暗的后面是持久的光明，短暂的脆弱后面是更坚硬的羽翼和最顽强的意志。

蜕变，收获全新的自己。

鸡蛋，从外打破是压力，从内打破是成长。

拼争，改变，等待，挣扎，量变，质变，坚持。

蜕却的是旧壳，收获的却是新翼。

蜕变，是为了夏日更好地飞翔。

夏日的天空下，阳光如蜜糖般涂满整个世界，空气里是叶的清新和花的芬芳。阳光里，那翩然的舞者，是你。

5月,50天、30天倒计时展板

另有"胜利"主题的50天倒计时展板，下方是八个醒目的大字：没有什么能够阻挡(图10)。左上角的四个四字词语正是当天"胜利"班会提出的关键词。

图10　50天倒计时展板

这期展板，我用学长学姐们的事迹强有力地向孩子们证明：这50天，依然有很大的提升空间。

还有以"全力冲刺""黑马是怎样炼成的"为主题的30天倒计时展板，为孩子们树立信心、稳定心态。

最后是我个人最得意的一个设计，也是高考前的最后一期展板——"收获"主题展板（前文已有介绍，此处不再赘述）。

另外，还有诸多细节：

离高考还有一个月的时候，我会取消教室黑板上的倒计时，开始正计时——每过一天，就在日期上划一个鲜红的对号，给孩子们的心理暗示不是又失去了一天，而是又收获了充实、圆满的一天，而这是令人喜悦的。

疫情防控期间，我每天早晨和晚上都会给孩子们一句激励人心的话，以共享屏幕的方式展示。

备考阶段后期，我还会在班里采用"园艺疗法"和"糖果疗法"，让孩子们紧张的备考经历多了轻松与甜蜜。

⋯⋯⋯⋯

高考考场外，媒体记者让我给孩子们写一句祝福的话，我写的是："收获季，采摘快乐！"

人在被动、压抑的状态下和在积极、昂扬的状态下做同一件事情，结果是大不一样的。既然不可避免地要走过这段旅程，那么，不要把高三妖魔化，更不要把苦和累整天挂在嘴上，无形中给高三绘上一种暗淡的底色。给他们铺就一条充实而明亮的追梦之路，努力让他们成为追逐奖励的孩子吧！

6月，采摘日，收获快乐
——高考前动态创意展板

这是高三"梦想有座桥"展板的最后一期，也是最特别的一期，因此，尽管本书其他篇也有所提及，但我决定把它拿出来，单独写一篇。

当教室前方的倒计时从三位数变成两位数时，我感受到了班里孩子们的紧张。是的，尽管我前期做了很多激励、减压工作，但在这样一件决定自己人生走向的大事面前，孩子们怎么可能不紧张？这是人之常情，是孩子们临近高考时的正常反应。

我们经常说，适度的紧张有助于大脑兴奋，有助于提升学习效率。但是如果紧张过度,那就很容易造成许多问题:失眠,厌食,专注力不能集中,甚至还有孩子出现幻听的现象。这些因压力过大而造成的身体异常必然会影响学习效率,使得孩子们更加紧张,进而形成一个恶性循环。

离高考越近,这种情况就越严重,最后导致孩子们在压抑、烦躁的状态中进考场。辛苦努力了那么多天,如果因为身心问题而留下遗憾未免太过可惜。在离高考越来越近的时候,我一直在思考这个问题。

我想到一篇文章,就是那个我们熟知的"荷花定律":

荷花池中,荷花第 1 天开放的只是一小部分;到了第 30 天,就开满了整个池塘。

很多人认为,到第 15 天时,荷花开了一半。

然而,并非如此。到第 29 天时荷花仅仅开了一半,最后一天才全部盛开。

最后一天的速度最快,等于前 29 天的总和。

这个定律学生和家长都是熟知的,但是,我希望把这个定律用一种直观、形象的方式呈现出来,让高考前"压力山大"的学生能够从另外一个角度去看待即将到来的高考,从压力中体会到走向成功的喜悦。麦子即将成熟时,尽管收麦是一件很重要也很辛苦的事情,但是农民却合不拢嘴,为什么?因为他们的眼前就是那一片日渐金黄马上就要成熟的田野呀。这种对收获的欣喜期待是可以抵消一大部分辛苦和焦虑的。

若要演示荷花从骨朵到开放未免太麻烦。我们高三的主题是"收获",而收获日的标志图则是满树红苹果。嘿,有了!我决定用粘苹果的形式来操作。

具体操作步骤是这样的:我先确定了大标题,也就是这段时间的主题——静心踏实,静待收获。然后我用两张绿色的卡纸剪出苹果树的枝干,再用大红色的彩纸剪出苹果的形状,便开启了每晚往上粘苹果的历程。

为何要晚上粘呢?因为这样孩子们每早一到校,就会发现苹果树的新变化,可以形成直观的视觉体验。

苹果树上的果实每天都在增加,一开始的增加速度比较慢,待到进入 6 月份,增加速度肉眼可见地变快。越来越多的红苹果挂上枝头,至离校日,树上已是硕果累累,红苹果几乎将所有枝条覆盖。

这一天,是孩子们离校的日子。很多孩子在这棵硕果累累的树下拍照留念,给自己讨个好彩头。

此时,已然到了最后喜气洋洋的"收获"环节。孩子们的离校日,"收获"主题展板、海报以及"采摘"主题班会形成了完美的配合。

最后15天,正是孩子们最焦虑、最紧张、最无措的时候。我用展板上越来越多的苹果向他们不断传递胜利的消息:收获即将进行,大家少安毋躁。这期展板给了高考前的他们以极大的精神支持。

被鞭子赶上战场的士兵是打不了胜仗的

教育是一个由他律逐渐走向自律的过程。在这个过程中，外部的管理固然必不可少，但最重要的是培养孩子们的自觉意识，最终实现其自我管理。

被鞭子赶上战场的士兵是打不了胜仗的

1560 年，瑞士钟表匠布克提出一个论断："金字塔的建造者，绝不会是奴隶，而只能是一批欢快的自由人。"

"一个钟表匠在不满和愤懑中，要想圆满地完成制作钟表的 1 200 道工序，是不可能的；在对抗和憎恨中，要精确地磨锉出一块钟表所需要的 254 个零件，更是比登天还难。"

正因为如此，布克才能大胆推断："金字塔这么浩大的工程，被建造得那么精细，各个环节被衔接得那么天衣无缝，建造者必定是一批怀有虔诚之心的自由人。一群有懈怠行为和对抗思想的奴隶，绝不可能让金字塔的巨石之间连一片小小的刀片都插不进去。"

也就是说，在过分指导和严格监管的地方，别指望有奇迹发生。因为人唯有在身心和谐的情况下，才能发挥出最佳水平。

一味以束缚、控制、压制、监管为特征的教育，只能产出流水线一样的产品，很难激发求知欲，亦很难产生奇迹。

因此，我一直坚持一个观点："被鞭子赶上战场的士兵是打不了胜仗的。"

教育是一个由他律逐渐走向自律的过程。在这个过程中，外部的管理固然必不可少，但最重要的是培养孩子们的自觉意识，最终实现其自我管理。

那个班主任问:EDG 是什么?

一天晚上,一位"90后"的同事发了这样一条朋友圈:

今晚如果 EDG 赢了,我就戒烟。

过了一天,一位"80后"的朋友分享了这样的信息:

十年前,爸爸说:"等你老了,你跟年轻人也会脱节的,就像我不会玩手机一样。"我说:"代沟应该不会那么大吧,好歹我也是从小接触电脑的。"

十年后的我:"EDG 是打什么游戏的?"

现在坐在电脑前敲下这些字的我,是"70后"。而我的学生们,是妥妥的"00后"。

那天夜里的朋友圈,有许多类似这样的信息:

所有人举起双手,把元气借给 EDG!

喜欢的第一支队伍! 恭喜 EDG!

EDG 不枉我熬夜看完!

上次这样的大场面,还是 IG 夺冠夜。那晚,我的朋友圈像中毒了一样,吓得我赶紧上网搜搜 IG 到底是何方神圣,和 IP、IC 有没有什么关联。

这次依旧。上午我得空赶紧爬上网络搜:"EDG 是什么?"

操作自然得如行云流水,如同先前搜"薛定谔的猫""YYDS""蓝瘦""二次元""水逆",以及诸多球队及明星的名字。嗯,几年前还搜过"2333"来着……

不觉间已经形成了一种本能,一发现什么很火、很流行的东西,我就赶紧想办法弄明白它是什么,因而学到了不少新奇的知识,经常微笑、慨叹,以为妙绝。这样做还有一个好处是和"00后"之间少了很多沟通障碍,有时还能显摆几下。比如,一次有个孩子用了"orz"的字样,很多人不明所以,还是我和他们解释为什么这几个字母是"叩拜"的意思,还捎带给他们讲了讲"orz"和"orn"的区别,略显得意。

有家长问:孩子们喜欢这些是不是"不务正业"?我并不这样认为。一个时代有一个时代的河流。我们像他们这么大的时候,生活中除了学习,休闲时间也有各种各样的贴画,有自己喜爱的明星。喜欢娱乐、放松本是人的天性,我们要做的,是在这些行为与学习形成尖锐冲突的时候,加以适当引导,帮助孩子们调整心态、抵御诱惑、做好规划、定好目标,而不是把所有娱乐形式都一棍子打死。

记得一个中午,校园天气晴好,食堂里时不时响起一阵又一阵的欢呼声,很多孩子看着电视忘了吃饭,还有的抱着早就吃光的盘子久久不舍得离开。

那是科比的退役之战。

在食堂用餐的一点时间里当然只能看个皮毛,而第二天就是期中考试。

我在班上说:"我知道你们很多人想晚上看比赛的回放(有人在偷笑),但是明天就要考试了,熬夜看球对眼睛、对学习都不好。晚上好好休息,我保证你们周末能够光明正大地看比赛。"孩子们将信将疑。我举起手说:"我保证。而且,反正是看回放,早两天看、晚两天看也没有什么区别啊。"

他们选择了相信我。考完试的周末,我布置了一个特殊的作业:回家看科比这场比赛的录像,然后写写自己的感悟,说说自己最欣赏科比哪一点,觉得应该向他学习些什么。

周一作业交上来,很多孩子写得情真意切、令人感动。我搜集了科比的故事和他的名言,稍做修正,再加上孩子们写的"感天动地"的文字,办了一期主题展板:洛杉矶,清晨四点钟。那几天,我们班走廊的展板前简直是人潮涌动。

写到这儿,我突然有点难过:我算不上一个球迷,可是这并不妨碍我喜欢并怀念一名坚守理想并为之倾力付出的勇士。这样的一个明星,这样的一种精神,孩子们追逐并喜欢,有错吗?有教育意义的素材很多,为什么就不能是孩子们喜欢的明星呢？

IG 夺冠的时候，作为对孩子们一段时间优秀表现的奖赏，我也辟出一块展板，里面有队员们艰苦备赛的故事，每一个故事里都写着心酸和倔强。那份失利的酸楚、彷徨，最后擦干眼泪在质疑中依然顽强奋战的坚韧，和我们三年的学习生活，又何其相似！

我有时会和年轻班主任说：我们的要求和孩子们的需求其实并不是冲突的关系，有很多方面是息息相通的。有时候我们需要用心去找到这个连接点，可能是一个明星，或许是一场比赛，或者是一场考试后心与心的交流。多试着站在他们的角度思考问题，那些所谓的叛逆其实都有注脚。而教育本身就像中医一样，往往需要疏通脉络，一点点解决问题，而不是吃几片止疼药了事。止疼药固然见效快，但药效过后或许是更猛烈的疼痛，而后是管理者无奈的牢骚："这届孩子真难带。"

孩子们喜欢的，绝不是板着脸的生硬的说教，就像当年我们一样。

跟着孩子们一起奔跑，努力追随他们的脚步，而不是拽住他们的胳膊，试图把他们硬生生塞进我们当年的河流。

实现班级管理的良性循环

在孩子习惯的养成时期,管理者以下两种不同的管理思路最为常见:

一种是在做一件事情之前,说清楚步骤、要求、注意事项,在完成的过程中适时提醒。这样,一般孩子不容易出大问题。及时大力肯定,起到固化作用,再稍稍提醒还需要注意的问题,后续继续肯定。我们会发现,孩子做得越来越好,趋近我们的要求。几乎没有批评和指责,更没有惩罚,更多的是肯定、鼓励和提醒。这个进步的过程是双方都愉悦的过程,而且老师和家长也可以始终保持相对平和的情绪,那么,这就是一个良性循环。

与此相对的是另外一种:在做事情之前,并未说清楚注意事项,于是乎,孩子出了问题。这个时候管理者不是反省自身,而是指责、恐吓,孩子后面尽管也会好一点,但不是自发想做好,而带有被强迫的因素,因此是不情愿、不开心的,这样便很有可能再出问题,再被批评、指责,管理者的情绪也不会好。这个过程,我们称之为恶性循环。

每个习惯形成的时期都需要老师特别关注。正如"霍桑效应":当人们在意识到自己正在被关注或者观察的时候,会去改变一些行为或者言语表达。而且一开始,孩子都是希望做得更好一点的。这个时候,特别需要管理者温和而坚定的态度。

一开始是不需要疾言厉色的。正如幼儿刚刚学走路的时候跌跌撞撞,我们会因为他走得不稳而去指责他吗?当然不会,我们只是以夸张的语气赞扬他的进步。孩子们一开始养成习惯的过程正如幼儿学步的过程,亦需要我们有更多的耐心。树苗刚栽下的时候,需要的不是狂风暴雨,而是阳光和雨露。当后来班级大部分孩子的正气树起来了,有时就可以批评,就像树根扎稳了,刮点风也不太要紧。

为了提醒自己，我在办公桌前贴了一张纸："80％的事情都可以用更温和的方式解决。"

我们的目的便是解决问题，只要能达到目的，为何一定要用激进的方式处理呢？

以两件小事为例。

第一例：二分铃纪律。

孩子们刚上高中，比初中多了大量的自习课。因为没有老师上课，所以有些孩子很容易管不住自己，尤其是课前两分钟容易混乱。二分铃响，本来应该安静下来做好课前准备的。

这是个非常普遍的现象。孩子们之前几乎没上过这么多自习课，又天性好动，脑海中没有这个意识，因此，想让他们一步到位确实比较困难。

那么，如果实现二分铃的良性循环呢？

我告诉孩子们学校对二分铃的要求。但事实表明，他们很快就忘掉了。

某一节自习课的二分铃时，我走到班里，看到他们闹腾得挺欢。

发现我之后，他们安静下来。我笑着说："这不挺好的嘛！"他们有点儿不大好意思。

我又温和地说："可能是我前面说得不够清楚，二分铃的时候需要安静下来。现在明白了吗？"他们点点头，说"明白了"。

这也是在我说明了要求，但孩子们做得不好时，我经常用的一个方法。有一个词语叫作"法不责众"，当出问题的人多了，反而不太适合批评、指责了。所以，我一般会先把问题揽到自己身上，再给孩子们一次机会，也给自己一个台阶。

我说："好，下一节课我再过来，看你们的表现。"

下一个二分铃我是一定要到位的，此时多数孩子会表现得比较自觉。我说："哎哟，不错啊，才提醒一次就记住了，优秀的孩子果然就是不一样。"他们面露喜色。我又说："有几个同学可能忘记了，下次要注意。下节课我还要过来看哦。"

如果不如意料的话，下节课孩子们的表现会相当不错，我再大大地夸他们一顿。

一般来说，有这样三次经历，孩子们就有遵守二分钟纪律的意识了。我再跟进一下，孩子们就会逐渐形成习惯了。

第二例：早自习迟到。

我问："怎么迟到啦？"答案无外乎"起晚了""车来晚了""路上堵车"。

果然，迟到的孩子答："起晚了。"

"为什么会起晚呢？早晨没有设闹钟吗？"

"没有。"

"哦，那以后记得把闹钟设好。"

或许迟到的孩子会答："车来晚了。"

"你家住在哪里？几点出的门？卡点出门就容易出现这样的被动局面，下一次要留出十分钟的机动时间，就不会这样匆忙了。"

孩子答"路上堵车"的话，对话同上。

这样可以让孩子们意识到一点：根本原因还是时间观念不够强，没有留出足够的机动时间。

可是，不需要批评啊，你说明白、提醒到不就好了嘛！

如果孩子是初犯，建议再加一句："早饭吃了没？"

"吃了。"

"下次早点吃，免得早饭都吃得急急忙忙的。"

若孩子答："没吃。"

"不吃早饭怎么行？以后要早一点起，好好吃完早饭再来。早饭很重要啊。"之后我一般会给孩子饼干什么的。

这样对话的出发点：关心孩子。

这样对话的目的：下次早些走，不迟到。

这样对话的氛围：平和、温暖。

尽管是一件很小的事情，然而处理的过程完全可以让孩子感受到你的温度。没有温度的教育不是真正的教育。

如果问题出了好几次,我会说:"下次早点出发。"

"好。"

"会不会再迟到了?"

"不会了,老师。"

此时一定记得及时加上一句:"如果再迟到怎么办?"然后商定一个解决方案,比如帮班里擦黑板。

这样,在提醒的基础上多了惩戒条款,对习惯不好的孩子来说还是很有约束力的。

有的时候,真的不需要费太多的口舌。

信息课，我们被其他班赶出来了……

我正在办公室备课，班长和信息课代表一脸焦灼地冲进来："张老师，我们去上信息课，被赶出来了！"我一愣，赶紧去查课表，确定这节是信息课无误，赶紧打印了一张课表让班长去交涉。

想了想，我决定查查另外一个班这节上什么。不查不要紧，一查发现人家的课表上也明明白白写着"信息"。原来是教务处把课表排重了。

这时班长也跑回来了："老师，他们说这节也是信息！"我说："是的，课表出了点问题，你先招呼大家回去吧。"

正好数学老师路过："嘿，我上午还有两道题没讲完，我去上课！"

嗯，一切看起来都没问题了。

过了十几分钟，数学老师气呼呼地跑过来："让他们气死了！我不上了！"问了问，原是孩子们用整齐划一的冷脸"迎接"了热情万丈的数学老师，数学老师瞬间没了兴致，勉强讲了两道题。孩子们回应寥寥，完全不是平日上课时积极踊跃的状态。

嗯，轮到我出马了。

他们看起来在学习，但班里笼罩着一股低气压。他们有的面无表情，有的一脸沮丧，像一群斗败的公鸡。

我一头扎进去问："听说你们信息课没上成。是不是特别委屈啊？"

他们拼命点头说"是啊，是啊"，然后抬头委屈巴巴地瞅着我。

我说："我特别理解你们，所以班长和课代表去找我的时候，我就马上打印出课表，想把你们这节课给要回来。可是我又看了一下6班的课表，发现他们这节居然也是信息课。（他们情绪缓和了些，有的开始掩嘴笑，有的还是耷拉着脸。)我就知道一定是课表出了问题。你们放心,我已经找主任了,这个周肯定调过来,保证你们下周能正常上信息课。"他们的表情终于有点舒展了。

这一部分解决他们的情绪问题。信息课是他们最喜欢的课。他们眼巴巴盼了一周,好不容易盼到了,却因突发状况没上成。我特别理解他们的沮丧心情。今天问题的根源并不在他们,而是教务处排错了课表,所以他们心里一定会有情绪。两个班的课表冲突的时候,他们无奈回班,当时心里一定是委屈、无奈的,所以谈话的一开始得给他们的情绪一个出口。我先共情,给他们表达的机会,然后解释,过程中让他们知道我是坚定地站在他们这边的,而且最后说了我的解决措施并做出承诺,他们的气就顺了。

然后我说:"李老师一听这节空着没法上了,正好有几道题想给大家讲讲。听说,你们还拉着个臭脸?"有的孩子错愕,有的孩子低头。我说:"我想知道,你们这个情绪是冲着信息课去的,还是冲着李老师去的?"他们说是冲着信息课去的。我说:"那就是你们把因为信息课产生的情绪投射到李老师身上去了,是吧?难怪李老师一脸的委屈。"他们有点不好意思。我接着说:"你们说,这和你们的爸爸妈妈在单位工作出了问题,回家找理由把你们批评一顿有什么区别啊?明明是由于单位工作产生的情绪,却平白无故投射到你们身上去,你们是不是也会觉得特别委屈?"他们点头。我说:"现在你们又在干着同样的事情,是不是不太对?"他们点头。我问:"那么怎么办呢?"他们说:"我们会和李老师道歉,说我们的不开心不是冲他去的。"我说:"行。"

这一部分解决了数学老师的情绪问题。我通过改换场景,让孩子们寻找情绪产生的根本原因,并明白自身存在的问题;又通过换位思考,让他们深入体会他们的做法给数学老师造成的影响,并且由他们自己提出解决方案。

这时,一个孩子委屈地说:"老师,6班有同学说让我们滚。"我说:"是吗?太过分了!当时你是不是觉得他们没素质啊?"孩子们都说"是"。我说:"其实从我的角度而言,这些同学未必是真的有恶意,但是选择了一种特别不合适的表达方式。为什么我平时总提醒你们要注意自己的口头禅,就是因为有些话你们平日说习惯了,就容易忽略其中存在的不良信息。你们只是把这些话作为一个情绪的出口,但是其他人却能受到这些不良信息的伤害,进而影响对你们个人的评价，破坏你们的个人形象。既然这次大家觉得不舒服，也希望你们以后能够注意，管理好自己的语言，不要在不经意间对别人造成伤害，也要维护好你们个人形象。"

第一步，表示对他们情绪的理解。第二步，引到口头禅和语言表达的问题。此处用意有二：一是让孩子们意识到另一个班的同学不一定有主观恶意，有可能是表达方式不妥，这样可以避免激化矛盾；二是正好借此让孩子们体会被人伤害的感觉，从而强调改掉不良口头禅的问题。

然后呢？然后我们就开开心心地上下一节课啦！

校园是个小社会，有各类人、各种事情，冲突是避免不了的。关键在于出现问题的时候如何解决。一般的步骤是先接纳孩子们的情绪，让他们有个宣泄口，避免不良情绪淤积；再让他们找到问题的根源，避免不良情绪对他们造成伤害；最后找到解决问题的措施。其中有很重要的两点：一定要和孩子们站在一个战线上，这样，你的话才能有效；引导他们换位思考，这样他们会感受得更真切、更深刻，对道理的理解也会更深入。

家长说：别人也犯了错，为什么只处罚我们？

有的学生违反规定的时候，往往会找各种理由来辩解，比如"别人也说话了""别人也玩手机了"云云。而且不仅仅是学生，有时候家长也会这么说。例如，听说孩子违规带手机入课堂，家长第一反应不是应该如何面对问题，而是本能地辩解"因为孩子见别人也带手机"等等。

其实，学生和家长的这种反应无可厚非，因为紧急情况下自保是人的本能。这种反应既是一种自保，也找了个似乎有道理的借口，而且映射出班主任的整体管理问题。

而事实是，班主任不可能所有时间都待在班里，也不可能每时每刻都能发现所有问题，必然有遗漏，而如果这些遗漏变成其他学生效仿的理由，这种情况对于班主任来说是很被动的。

碰到这种情况，很多班主任往往会无语，甚至登时气就短了一截，意识里感觉哪里不太对，但又说不出来。学生和家长的潜台词其实也很清楚："如果你要处罚我们，那就连带别人一起处罚。只处罚我们是不对的。"这也是令很多班主任尤其是年轻班主任特别头疼的问题。

其实这个问题也没有那么复杂。这个学生有没有违反纪律？有。那就按照违反纪律的规则来。其他人如何，和这个事实没有必然的关系。

问题是很多人虽然明白这个道理，但还是不服气，容易造成师生之间或者家校之间的对立。

因此，班主任需要给这些学生以及家长做思想工作。

我的处理方式是这样的：

在班会上或者家长会上开诚布公地谈这个问题。在还没有发生问题时先说明最好。因为这时候学生和家长还没有碰到这样的事情，没有激烈的情绪，会比较平和、理性地听讲，会减少很多麻烦。

我会先列举现象，说纪律要求和处理方式，再补充说有时会出现这样的情况，如有的学生怎样，有的家长怎样。

然后我说："请大家一定明白一个道理，那就是遵守规则永远是一种非常优秀的品质。要教导孩子养成遵守规则的意识，而不是把破坏规则当作个性。孩子如果习惯了破坏规则，以后是要吃亏的。而且不要让孩子养成在违反纪律方面和别人攀比的不良习惯。比如，碰到整天不交作业的，你的孩子是不是也学着不交作业了？听说别的学校还有不上学，逃课去网吧的，你的孩子也要跟着去吗？所以，人要往上比，不要往下比；往上比，才有可能往上走。"

此处我用了归谬法，按照家长的思路进一步延伸，得出一个荒谬的结论，从而让家长意识到自己逻辑的错误。

事实证明，把这个工作做在前面非常有效。家长往往都是比较懂道理的，之所以一时犯糊涂，也是出于保护孩子的本能，在事情发生时往往来不及理性思考。班主任在二者情绪激动时一旦处理不好，不但无益于问题的解决，而且有时候容易造成不必要的冲突。所以，要在事情未发生的时候，在大家都比较平和、理性的时候，和家长、学生讲明白遵守规则的重要性以及违反规则的处罚措施，和家长讲明白怎样做才是真正保护孩子。

还有很重要的一点：对于学生和家长所说的问题，班主任不能置之不理，一定要用心调查，该整体强调就整体强调，该个别提醒就个别提醒，因为我们工作的目的向来是解决问题，而不是处罚学生。

当幸福来敲门

教育是一个长期的过程。中学生教育尤为艰巨。高中生的心理已初步成熟，能够试着用成人的视角去看待一些问题，却又排斥生硬的说教和长篇大论的教导。因此，我认为，要做好一名班主任，应该随时捕捉身边最合适的教育契机，再辅以到位的教育方式，往往会取得较好的效果。

高二下学期，学校组织看了一场电影，是一部著名的励志影片：《当幸福来敲门》。

《当幸福来敲门》是由加布里尔·穆奇诺执导，威尔·史密斯等主演的美国电影。影片取材于真实故事，原型是美国黑人投资专家克里斯·加德纳。影片讲述了一位濒临破产、老婆离家的落魄业务员，如何不辞辛苦地尽单亲责任，奋发向上，成为股市交易员，最后还创办了自己公司的故事。

其实这种励志故事的思路大同小异，因此看的时候，孩子们比较平静，看完了也没有什么太大的反应，还有几个孩子说觉得没什么意思。

我决定借此开一个班会。不是为了谈电影，也不是为了灌鸡汤，我就决定从他们真实的感受——"没有意思"谈起。

我说："有些同学觉得电影没意思，因为看到开始几乎就知道了结尾，对吧？"

他们有点诧异于我这样的开头，有点不明所以地点点头。

然后我笑笑说："为什么这么说呢？"

他们说："因为一开始主人公就很不服输的样子，那不是在为结尾做铺垫嘛。"

我说："对。"

他们还是有些疑惑地望着我，不知道我葫芦里面卖的是什么药。

我问："大家一看到电影的开头就猜到了结尾，那么我们高考这部'电影'已经放了一半还多，大家能猜到自己的结局吗？"

他们愣住了。

我继续追问："能不能？"

他们茫然地摇头。

"那么，为什么不能？"

有的孩子低下了头。我继续问："明年的这个时候，你们准备给这部电影安排一个怎样的结局呢？是'听风者'吗？把自己锁在屋子里，每天听着别人的好消息，还是上演一出属于自己的'当幸福来敲门'？"

他们若有所思。

我继续引导："我们一起来探讨一下，我们该如何锁定自己的胜局？"

后来的讨论就进行得很顺畅了。我们一起探讨了目前存在的问题，并一起寻求解决的方法。

我觉得这次临时班会开得还是不错的，尤其是引入部分，并未生硬拔高，也没有批评孩子们不用心看电影，而是尊重了他们最真实的感受。从一开始，探讨就是很诚恳的，因此他们容易接受。

班主任,要学会"装糊涂"

有时候,"装糊涂"是班主任必备的一项技能。那么,什么时候需要"装糊涂"呢?

"装糊涂"是针对不同孩子的特点而言的。

面对非常敏感、脆弱的孩子,班主任不妨"糊涂"一点。这类孩子特别害怕老师的批评,你给他一片云彩,他能整出一冬天的雾霾,而且也容易出现心理问题。这类孩子的家长往往也比较敏感。若收到的负反馈过多,家长和孩子都易焦虑。因此,这类孩子若犯的错误比较小,班主任可以先装作看不见,待到他表现好的时候就赶紧表扬。表扬不一定是很正式的。比如他有时候会迟到,但有一回连续一个周都没有迟到,你就不适合在班上大张旗鼓地说"某某同学这周表现很好,一次都没有迟到",这很容易变成一个笑话。你完全可以在课间很随意地拍拍他的肩膀,诚恳、真挚、温和地对他说:"这周不错啊,一次也没有迟到。"他一般会表现得有些不好意思,但心里肯定是愉悦的。你可以诚恳地说:"事实证明你完全可以做到不迟到,下周能不能做到?用不用我再提醒了?"一般这时候,他会有些羞涩地摇摇头,你就可以继续诚恳地表示:"我知道你能做到。"当然你也可以适时加上像"早晨要好好吃饭"等温暖的嘱咐。对于这类孩子,这样做比单纯批评的效果要好得多。

对于非常叛逆的孩子,因为这类孩子从小就心理非常强大,一般的批评伤害不到他,所以他对于批评的"免疫力"比较强,且有时候会进行语言的激烈对抗。但这类孩子往往都很讲义气,吃软不吃硬,且因长期被否定而对表扬的敏感度更强。因此,亦可以采取以上"抓大放小"法,有时不太大的错误可以轻声提醒或者直接忽略,他在某个方面表现出色的时候就在班上对他隆重表扬。他会很珍惜这种表扬，一般来说都会"装"一段时间。如果你实在不知道该怎么办，也可以冷处理一段时间，等待合适的时机。

有的时候，"装糊涂"是根据事件的性质而言的。

对于无伤大雅的事情，不涉及原则问题，就不必大动干戈、大发雷霆，不然孩子们很容易"免疫"。因为批评就像抗生素一样，你用的次数多了，孩子们也就有抗药性了，你自己还气得要命。不妨放宽心，对于原则性问题绝不姑息，但有些问题则可以一笑而过，或者用更温和的方式解决，比如帮班级义务劳动等。

对于犯错误人数较多的事件亦可以试着"装糊涂"，因为有一个词叫作"法不责众"，一起犯错误的人多了，老师批评的效果会大受影响。这时可以试着尽量减少犯错的人数。因此，我一般会反思自己是不是说得不够清楚，很认真地再说一遍，及时提醒，并且要抓落实。

除了"装糊涂"，还要进行适时的正面强化，即利用表扬的力量。

表扬也要注意以下几个原则：

（1）少在面上批评，多在面上表扬。有些孩子自尊心很强，很容易因为面子说一些过头的话或做一些过头的事，让你下不来台，你也很容易因为面子而说狠话或做狠事，从而加剧矛盾。如果私下解决，双方都不涉及面子的问题，可以比较直接地就事论事。在大家面前表扬往往会令孩子的自豪感大大增强，而且他也会比较珍惜大家的正面评价，这样可以增强表扬的效果。

（2）表扬要及时，这样可以及时起到固化作用。尤其是有些孩子好不容易表现好一次，老师一定要及时捕捉到并及时给予正反馈。对于问题频发的孩子而言，一次真诚的表扬往往比批评要有用得多。

（3）事情开始阶段多表扬。一般来说，这个"开始"指一个新阶段的开始或者你刚刚实施一项新措施的时机。为什么开始阶段一定要重视表扬呢？因为孩子们这时往往都比较重视，如果你的表扬涉及的面比较广，也比较真诚，这时候的表扬既是对你前面提出原则的一次强化，也是对表现好的孩子的一次激励。先把这部分人稳住了，再慢慢把一些要好的孩子吸引过来，那么班级的正气就树起来了。

批评前，不妨多问几句

因为昨晚不住宿，我允许几个家远的孩子今天 7:30 到校。结果 7:40 了，还有三个孩子迟迟未到。

我有点不太高兴，问一个家长孩子几点出的门。家长的回答果然如我想的那样：出门时已近 7:00 了。我表示，既然想到校学习，就要遵守规则，这个时间出门显然是不合适的，我推迟到校时间是希望孩子早晨能吃好饭，而不是偷懒。然后我就考虑要不要在班里说说这个事情，本来已经照顾他们推迟了到校的时间，按理说这个时候他们更要有遵守规则的意识，不能把我的善意变成偷懒的理由，更不能想什么时候到就什么时候到。

但是我又想，再等等吧，万一有特殊情况呢。

后来这个家长解释说，孩子前几天都熬夜学习了，早晨她叫孩子也叫晚了。另外两个家长也分别回复了信息。

有一个家长 6:30 只把孩子送到了地铁口，没有直接送到学校，是因为还要赶去上班，若送到学校就无法按时上班了。之所以 6:30 才送到地铁口是因为早晨发现有安全平台的学习任务，父母二人都不会，让就孩子赶紧完成，耽搁了一会儿。家长再三道歉，而我一边赶紧说不要紧，一边提醒自己一个事实：不是每个家长都有双休日的，很多在工厂做工的家长又何尝不想把孩子送到学校再回家休息，但是迫于生计，不得不让孩子一大早去坐地铁，下地铁后还要走一大段路才能到校。

还有一个家长说孩子走得挺早，本来他想送孩子到校的，但车突然出了问题，只好让孩子自己坐车来了。我一边回复没关系，问孩子吃早饭了没有，一边庆幸自己没有不由分说地点名批评。

因而我再次提醒自己：碰到问题的时候不妨沉下心多问几句，多了解一下情况，而不是贸然下结论，更不能在未了解原因的情况下轻率批评。从某种角度而言，这几个孩子都是应该表扬的啊。

正如班里一个孩子，刚分班时我发现他经常上课犯困，有时候早自习直接趴下睡觉。我按捺住自己把他揪起来的冲动，找他以前的班主任了解情况，才知道这个孩子一直嗜睡，医生诊断是血液黏稠所致。我又找孩子、家长聊了聊，发现孩子近期其实已经在努力克制了，较高一有了很大的进步，但有的时候也难免会控制不了。于是我向学校申请这个孩子早晨不上早自习，这样早晨可以在家多睡会儿，既解决了孩子睡眠不足的难题，也化解了他早自习在教室趴下睡觉的尴尬。

正如那天董同学只是开了一个玩笑，我回击的语言却很犀利，他讪讪地止了声。我情绪平息之后，心中翻江倒海的，全是后悔。

不能任性，不能任性。凡事多问问，多想想，多了解一下，或许，就是不一样的结局。

班主任，把握谈话的方式与时机

与学生进行谈话是班主任工作的一项重要内容。如何使谈话达到更好的效果呢？我认为方式的选择和时机的把握非常重要。

第一，教育素材运用要适时。

每个班主任手头都会有许多教育素材，如何科学使用这些素材是一个值得探讨的命题。我们有了好的素材，往往想第一时间分享给学生，这个意识非常好。但我觉得看到一则素材之后，我们还可以想想：这则素材可以用在什么主题？什么时候用更合适，更有效果？和哪些素材一起使用效果最佳？

打一个可能不太恰当的比方：有时生病需要吃抗生素。抗生素的种类有很多，我们常见的有头孢菌素、阿奇霉素，可能还有更厉害的。那么，选择的依据是什么呢？一是症状，二是时机。比如说，上呼吸道感染，嗓子有点红，多数情况下吃头孢就可以。但是如果肺出问题了，就得吃阿奇。年龄较小的孩子刚开始吃抗生素，可能很多家庭选用的是"低级版"的希刻劳，味道好，比较温和。但是孩子大点儿之后，希刻劳一般就不大行了。所以说，时机也很重要。若一开始便服用了"高级版"的抗生素，除了浪费之外，还有可能会产生耐药性。

有一些故事，适合在孩子们刚上高三的时候讲；有一些图片，适合在高三中期给孩子们看；一些视频，则适合高考冲刺之前让孩子们体味。

因此，若时机还未到，班主任不妨沉住气。比如那段著名的《永不放弃》视频，高一不能用吗？高二不能用吗？当然能用，但并不是最好的时机。最好的时机是高三中期或百日誓师时，当孩子们感受到了学习的压力，有些痛苦和迷茫时，把它作为强心剂来使用。

第二，把握好沟通的契机。

有一个说法是"黄金 72 小时",这是国际救援之中经常提到的一个概念。我一般用它来称呼检测后几天的珍贵时光。

为什么说检测后的几天是"黄金 72 小时"呢？

首先，这几天是孩子们查缺补漏的黄金时段。考试刚结束，他们发现了很多潜在的问题，印象鲜明深刻，正是解决问题的好时机。而且此时各科老师一般在阅卷和讲评试卷，新知识点讲解比较少，孩子们就有比较充分的时间来进行各科知识的查缺补漏。这个时候孩子们能做的事情很多，如让老师帮忙分析卷子找问题，和老师谈困惑，让老师或者同学帮忙解决发现的问题，或是自己通过翻阅课本、学案等及时进行知识的回顾和探究，或是整理典型错题，找出错误原因，明确改进方向。若是这个时间点未抓住，考试后心里的难受很快就淡化了，对问题的印象就模糊了，新的知识密度亦渐渐加大。那么，本来在考试中发现的珍贵问题就搁置了，实在可惜。

其次，对于和孩子们的沟通而言，这几天也是特别好的契机。因为刚考完试，孩子们往往都是比较不安、焦虑、惶惑的，有解决问题和交流的愿望。这个时候，老师及时和他们进行沟通，他们就很容易把自己的思想表达出来，那么老师就比较好做工作，把一些具体的要求以建议或解答疑惑的方式传达给孩子们，会起到比较好的引导效果。

当然，除了这段时间，老师和孩子们平时也随时可以交流，而且方式可以有很多种。我最常用的有以下几种：

（1）笔谈。我认为，要真正做到清醒、有序地学习，及时反思是非常重要的。因此除了学期阶段反思外，每周我还要求孩子们写一个小的总结反思，内容包括：给本周自己的表现打一个分数，本周做得好的方面，本周的不足，下周的改进措施。这样做的目的是：让孩子们养成定期反省、总结的学习习惯，且便于我在批阅中及时发现他们思想或者学习上的问题。比较普遍的，便会成为班会的素材；比较典型的，我会和他们进行针对性谈话；问题比较小的，则用文字与他们进行有效交流。这样会大大增强沟通的针对性。

（2）深谈。找一段比较完整的时间，叫孩子到办公室，坐下来，细细谈。这种谈话一般需要老师提前想好思路，在谈的时候随时注意孩子的反应，根据他的反应适时调整问题方向,或步步深入、乘胜追击,或诱导其打开心扉诉说心底的想法,往往效果都非常好。除了提前准备外,老师一定要沉住气,耐心倾听,适时引导,往往可以达到安抚心理、发现问题、找到方向、鼓舞干劲等多方面的效果。

（3）路谈。不是所有的孩子都需要深谈,而且有时候时间也不允许,所以有时看似随意但有针对性的交流就很重要。比如,路上碰到孩子们,说一句:"最近不错啊,继续加油!"他们往往都会很开心。比如,在教室里轻轻拍拍他们的肩膀说:"嗯,这几天学习都很专注,表扬!"或者表示一下关心和提醒,时间可以很短,但胜在真诚,这样可以不着痕迹地对孩子进行春风化雨般的教育。

（4）背后谈。很多人有一个特点,就是特别在意别人背后的评价。所以我们可以有意识地制造这样的机会。和家长表扬孩子,在班级群里肯定孩子,对孩子的好朋友说,等等,这些话往往都会传到孩子的耳朵里。因为这些话是经过第三者传播的,往往孩子对此的接受度都非常高,会有非常好的效果。

给说教加点料

对班里的孩子们进行指导和教育是班主任工作中必不可少的一项,然而高中的孩子已经有着自己独立的思想,他们并不太喜欢老师的喋喋不休。因此,我们经常看到有些班主任很委屈:"我明明是为了他们好,他们为什么不领情呢?"

个人认为,说教固然重要,但我们不妨给说教加点料,让孩子们更容易接受,效果也更好。

我觉得班主任的语言要遵循以下几个原则:

(1)精准凝练。精简你的话语,斟酌你的措辞。10句话能解决的问题,绝对不说成30句,更不能说成50句。原因主要是说得太多,会耽误孩子们的时间,亦会稀释你要表达的意思,孩子们也会觉得烦,而万一哪句没说好,前面的力气还有可能全白费了。

比如,你要熬一锅桂圆银耳汤,本来放半锅水可以做到香浓味美,可是你一时没控制住,哗,倒上了一锅水,结果就是虽然汤也能喝,但是味道就会淡许多,不那么好喝。而如果一不小心放错一把调料,如同桂圆银耳汤里面放了几粒胡椒,全完戏了。

(2)换位思考。"共情"是班主任非常重要的一种能力,只有理解了孩子们的悲欢,站在他们的情绪点上去交流,才能产生比较深刻的触动。因此,有的时候我们要试着放低姿态,正如和小孩子说话要蹲下身来,尝试站到他们的角度去考虑问题,交流思想。

在工作中你会发现,当你给予孩子们足够的尊重时,或者试着从他们的角度出发去思考问题时,他们往往很坦诚,沟通会变得顺畅很多。

（3）生动通俗。在讲一些道理时，不妨巧用比喻和故事，效果往往会更好（详见《张老师的"比喻们"》）。

（4）巧用情境。把语言和情境相结合，更容易触动学生。

比如，2020年因疫情居家学习期间，突然得知高考延期，震惊过后，我中午立即着手准备下午的班会。我能想象到孩子们此刻的震惊和慌乱，我需要在第一时间稳定军心。

下午的班会上，我把要说的每一个字都提前准备好了。我一字一句地告诉他们："这是上天给予我们的绝佳的机会。"

当日共享屏幕的内容是"见证历史没啥，创造历史才酷；别让后悔再来一次"。一个月后的文字是"再也没有如果，你只拥有现在"。

孩子们后来回忆说，我的这些文字对他们起到了极大的激励和警醒作用。比如，离高考100天的文字：

100天，即使你每一天每一门课只搞懂一道题，高考时你也会有600道扎扎实实掌握的题；100天，即使你每一天每一门课只纠正一个错误，高考时你也能减少600个错误。何况我们能做到的远比此多。不积跬步，无以至千里；不积小流，无以成江海。相信上天会看到并且记住我们每日的努力，相信它不会辜负努力奔跑的我们。

还有一些非常好的句子，如：

你一定要在自己喜欢的世界里闪闪发光。

祝愿你们在高考考场扣上笔盖的那一刻，都有战士收刀入鞘的骄傲和坦然。

你生而有翼，是否愿一生匍匐前进，形如虫蚁？

没有谁的幸运，可以凭空而来。最怕你后悔，当初不曾拼尽全力。

从来不是让你把一次考试当成人生成败的赌注，只是想让你在年轻的时候，体会一次全力以赴。

我平时有一个习惯，看到好的文字就会及时记录下来，久而久之积攒了不少。而且我发现了一个事实：能打动自己的文字才有可能打动孩子们。因此，如果碰到一些令你心动的句子，一定要第一时间做好记录。有时一旦错过，就很难找回了。

有时候我觉得，当班主任不知道该说什么、做什么时，可以考虑以下的思考模式——对学生，可以试着思考：如果你是学生，你目前最需要的是什么？对任课老师亦如此：如果你是这个班的任课老师，你目前最需要的是什么？

当我们学会站在对方的角度思考问题的时候，很多问题的解决往往就容易多了。

每年班主任节，孩子们都会给我多种多样的评价，其中最令我感慨的是——"最懂学生的班主任"。

我认为，这是我几十年教育历程中得到的最高褒奖。

班级是一块会生长的土地

班级是一块会生长的土地。我希望三年以后从我这里走出去的孩子，不仅有优异的学习成绩，更有出色的综合素质，有健全的人格，有胸怀天下的抱负和责任。

因势而行,向阳而生

我把学生高中三年的成长分为三个阶段:向下扎根,努力拔节,向阳收获。我也因势而行,努力为学生提供适合他们的教育,促进每个学生的全面成长和可持续发展。

一、向下扎根——"深"处着笔,理想育人

追求崇高、坚定信仰,是一个国家和民族的精神脊梁,也是一个人立身处世的主心骨。在当今世界各种观念交相迸发、相互影响的情况下,强化理想主义教育、充实精神世界、注重理想育人显得尤为重要。植物扎根需要三个重要的外部条件——土壤、雨水和阳光。我认为学生思想的扎根亦如此。

(一)家国之沃土——厚植家国情怀,于方寸怀抱天下

国势之强由于人,人才之成出于学。根植家国之沃土,方能成济世之才。从学生一入校,我便以课堂、社会实践、展板等为平台,结合班级德育规划开展丰富多彩的爱国教育系列活动,培养学生的爱国情怀。

1.课前时事演讲,感受世界万千

"家事国事天下事,事事关心。"每节语文课前,我们都会有五分钟的时事演讲,由学生按照学号轮流进行。学生讲的内容很丰富,从华为崛起讲到抗癌厨房,从"北斗"导航讲到航母入海。学生从近期的时事中找寻素材,再用自己的语言讲述出来,既帮助同学们打开了认识世界的窗户,也在无形中传递了自己对国家和人民的热爱、对时事的深入思考。

2.每周主题班会,深化思想认识

如果说课前演讲更着眼于世界的广阔,那么每周一节的主题班会意在引导

学生深入思考。中美关系、俄乌冲突、防疫政策、东北限电……学生在不同的主题中思考世界格局，把握政策源起，各抒己见，深入探讨。主题班会选题、组织等均由学生自主完成。学生在深度研讨中，既培养了深入思考、清晰表达的习惯，又在思维碰撞中形成了从更立体、更深刻的角度解读问题的思维方式。

3. 系列主题展板，展示思想火花

一块展板就是一方阵地。"少年当自强"系列与"指点江山"系列是学生参与度最高的两个栏目，是班级一方重要的思想集聚地。

"少年当自强"系列包括华为被美国"封杀"时对任正非的采访、奥运健儿成长的经历、中国共产党成立百年的光辉历史、我国亟须解决的35个"卡脖子"难题等。学生在这里既感悟荣光，又感受危机，从而激发自己努力学习、艰苦奋斗，为祖国未来增砖添瓦的意识。"指点江山"系列收录学生在主题班会深度讨论和思考后所写的时事评论，时有精彩之笔。旁边备有纸笔，其他学生可以在文后继续讨论、补充。

身处宇内，心怀天下，身处现在，思接未来。学生的发言、文字越来越有思想深度，在自己的人生目标中也多了对社会、国家的关注。很多学生写道："我的一生不一定挣很多钱，但我希望自己能够从事一份有价值的工作，更好地为国家、为人民谋幸福，那才是有意义的人生。"

（二）文化之甘霖——坚持文化立班，以文化浸润心灵

一个班的文化建设既是一种文化氛围的创建，又是对被教育者心灵的塑造。好的文化建设可以如细雨般使学生在潜移默化中受到熏陶与感染，并形成积极的道德情感，从而将道德认识内化、升华为道德信念和道德理想。

1. 班级符号，树立班级形象

班级符号是一个班级形象的外在展现和内在引领。自班级成立第一天起，我们便着手设计班级符号。军训班号正好是七连，于是，我们便命名班级为"钢七连"，并由此设计了班旗和会操口号。无论内务、学习、训练还是日常活动，均高标准、严要求。军训结束后，学生一扫入校时懒散萎靡的作风，变得昂扬积极起来，组织纪律性也大大增强。接着，我们分小组进行了班级文化标识建设。班徽主体是蜿蜒而有力的长城图像，班歌为《倔强》："逆风的方向，更适合飞翔。我不怕千万人阻挡,只怕自己投降!"学生眼神坚定,语调铿锵,并将这些精神、理念贯穿于日常学习、活动中,奠定了乐观、坚韧的班级基调。

2. 班级日志,传递班级正能量

班级报到第一天,全班学生便以学号为序开始写班级日志,文字或幽默诙谐,或深刻厚重,或平实直白,记录下班级的日常点滴和诸多趣事。我们开通了班级公众号和视频号,由学生、家长、老师三方面协同,展示学生的诸多精彩瞬间及班级日志精彩篇目。军训、运动会、艺术节、跑操比赛、假期社会实践……这些美好的时光都被公众号和视频号记录下来,时时向学生传递班级正能量,让学生们在耳濡目染中形成积极乐观的心态。

3. 主题展台,展现班级风采

我们在班级门口的宣传栏设置了"每周一读"专题,由我和学生每周推荐一篇好文章,以增强对学生的思想教育。班级门口的两平方米展板则变成了学生的个性展台和思想教育阵地,我们组织举办了书画展、摄影展等学生个人作品展,组织了"春天,遂想起……"班级诗会、中国共产党成立百年主题征文活动、庆祝党的二十大主题摄影展等。小小的两平方米空间,意趣横生,观者云集,既满足了学生举办人生第一次个人作品展的美好心愿,又成为班级文化重要的教育平台。

(三)榜样之暖阳——坚持榜样引领,为理想注入方向

学生成长过程中,榜样的引领作用极为重要。帮助学生选择有高尚情操、有卓越学识的榜样,对塑造学生的价值观和人生观都会有积极影响。

1. "这也是偶像"——引导学生正确追星

针对目前社会上很多未成年人仰慕"网红"、盲目追星的现状,我们开展了"这也是偶像"主题探讨和交流,引导学生探讨什么是真正的偶像,应该追寻的偶像是什么样子的。交流后,学生结合自己的思考写成文字。我欣喜地看到,学生的人生偶像有文学巨擘,有科技名家,有体育健儿,有公益先锋。学生用真诚的文字表达对这些偶像的欣赏及仰慕之情,希望自己也能和他们一样为社会奉献力量。

2."感动班级人物"评选,实现榜样正向引领

每学期,我们都会在班内进行"感动班级人物"评选,由学生提名人选并书写推荐理由,由评选小组进行评议,全班进行投票,人选确定后由班级宣传部负责写颁奖词。而后,我们会在班内举行隆重的颁奖仪式,同步在班级展板设置专栏进行"感动班级人物"事迹宣传。很多学生在学习及文化方面优势本不突出,但因为热心班级事务、真诚帮助他人而入选"感动班级人物"名单,成为大家学习的榜样。这一活动无论对入选的学生还是对全班同学来说,都是一种非常好的正向引领。

3. 主旋律影视欣赏,汲取"大家"人格力量

每月的第一次班会是我们的影视欣赏课,在这里我们欣赏了诸多优秀的主旋律影视作品,如《无问西东》《九零后》《西南联大》《大国工匠》……学生从一个个鲜活的人物、动人的故事中汲取人格力量,从一套套神奇的机械、一个个创造发明中感受知识的魅力,在潜移默化中塑造心灵,在"大家"的指引下确立人生奋斗的方向。

二、努力拔节——"广"处着手,全面育人

在老师、家长、学生三方的共同努力下,我们班学生逐渐成长为有着较高精神追求和坚定信仰的集体。在此基础上,我们又着力于学生综合素养的提升,坚持五育并举,使他们成长为国家、社会所需要的多面人才。

(一)知行——多层次进行实践历练

学生的全面发展需要多方面、多层次的知识和实践,而这些仅仅依靠书本是远远不够的。因此,我努力盘活多方资源,将班级、家庭、社会变成学生提升自我的重要阵地。

1. 班级层面:以"三省六部制"为载体,锻炼学生组织能力

我们在班内实行了"三省六部制"自主管理制度。"三省"模仿古代的中书、门下、尚书三省,负责各项政令、文件的拟定、审核及颁布执行。"六部"则为文艺部、体育部、宣传部、学习部、卫生部及志愿服务部,由学生自主报名、自主管理。值周、学农、艺术节、运动会等校内活动全部由学生负责策划和组织,成为学生提升自身素质、培养组织能力的重要契机。

2. 家庭层面：以"假期公约制"为载体，培养学生动手能力

现在的高中生虽然看着长大了，但很多还只是身形拉长的娃娃，内心并没有得到同步成长，在家庭、在社会，往往心安理得地享受别人的付出，没有充分意识到自己应担负的责任。因此，我以假期为契机，努力培养他们在家中体恤父母、为父母分忧的意识，与亲友交往的礼仪，在社会上应该具备的良好公德。寒假前夕我召开了班会，以漫画的形式强化他们已经长大的现实，并结合具体事例教给他们如何帮父母分担家务、如何与父母和谐相处，与他们一起制订假期任务清单（表1）。"劳动"部分列出假期每人要学会的基本饭菜种类和其他劳动技能，并要求把劳动的照片、视频发到班级群，找专人编成合集。"道德修养"部分从父母、亲友、社会三个层面进行自我评价。放假回来，家长感慨孩子突然长大了，学会了换位思考，学着做家务、与他人友好相处、讲究社会公德。除了提升学生的个人技能外，这也是亲子关系的良好催化剂，更是学生自我成长的重要组成部分。

表1　假期任务清单

项目	完成情况			
学习（在相应项打钩）	作业完成	A. 很好：除完成作业外，还对上学期内容查缺补漏，并对下学期内容进行了预习	B. 较好：认真、及时地完成了各科作业	C. 一般：作业虽然完成，但有些敷衍、潦草
	时间安排	A. 很规律，劳逸结合	B. 比较规律，但玩的时间有点儿长	C. 玩得太多了，学习变得次要
	你是否兑现了自己"假期努力"的诺言？			
劳动	你的房间是否一直由自己打扫？（注：打扫成"猪窝"不算）　　是　　否			
	你学会的基础级烹饪内容有： 你学会的提升级烹饪内容有：			
	你熟练掌握的技能是（可多选）： A. 洗衣服　　B. 钉扣子　　C. 换大桶水　　D. 包饺子 E. 擦玻璃　　F. 买菜 其他：			
道德修养	寒假期间，在亲友眼中你是： A. 有礼貌的好孩子　　B. 沉默寡言的乖孩子 C. 冷酷而有个性的"潮宝"　　D. 蛮不讲理的皮孩子			

续表

项目	完成情况	
道德修养	你对待自己的父母是: A. 尊敬、爱护,尽可能分担辛苦 B. 比较尊敬、爱护 C. 不太和父母交流,偶尔有小矛盾 D. 做得不好,经常惹他们生气	
	外出时,你的表现是: A. 遵守社会公德,形象模范 B. 遵守社会公德,形象良好 C. 不太遵守公德,形象一般	
总体评价	假期最大的收获	
	觉得可以更好的方面	

3. 社会层面:以"公益清单制"为载体,培养学生责任担当能力

除学校和家庭活动外,我还鼓励学生积极参与各种社会实践和公益劳动,培养学生的社会责任感和使命感。每学期伊始,我会和学生从"公益劳动""参观活动""职业体验""自主实践"等方面一起列出本学期志愿服务和社会实践活动清单。我们班还与蒲公英公益平台、天使宝贝义工团、洁之队公益组织等多个公益平台保持长久联系,为学生提供公益服务机会,如为偏远山区的孩子们进行义卖、担任环境卫士清除绿化带垃圾、向路人宣传环境保护知识……"各美其美,美人之美",这些丰富多彩的活动不仅开阔了学生的视野,亦培养了他们关注社会、关注弱势群体的情怀和能力。

(二)知美——多层面陶冶美好情操

针对班里理科生理科素养较好、人文素养稍不足的特点,我努力引领他们感受生活的多样和美好,培养他们发现美、表达美,发现爱、表达爱的能力。

1. 互写颁奖词,发现身边的美好

一个人能看到别人的美好是一种很重要的能力,受到别人的肯定也会生出特别幸福的感觉。为了让每个学生都能拥有这种能力、感受这种幸福,新年来临,我组织学生互写颁奖词。写作采取小组循环制,即每 8 人一小组,每人给其他 7 人写,这样每个同学都可以拥有等量的惊喜和幸福。我把它们装在特制的

小袋子里,再加入一些糖果,封面写上新年祝词,分发给他们。学生看到这些美好的颁奖词,开心极了,纷纷感言这是收到的最好的新年礼物。

2. 百分百的快乐时光,感受生活的快乐

每学期放假前的最后一课是我们的班级休业式,歌舞、相声、脱口秀……教室变成个人展示的舞台。其中,学生最喜欢的一个环节是抽奖,抽奖内容有与数学老师共进晚餐、看演出坐前三排一次、张老师帮忙买饭等。学生惊喜连连,抛却了学业的压力,整个教室变成了欢乐的海洋。

(三)知心——多视角进行心灵沟通

良好的亲子关系就如春日温暖而不刺眼的阳光,让孩子的心灵舒展而明亮。亲子关系不好,家庭幸福感大打折扣,久而久之,孩子也极易出现心理问题。因此,我努力做学生和家长之间最坚实的桥梁。

1. 把研学、节日变成学生表达情感的契机

学生高一的军训、研学等是极佳的亲子沟通契机。学生离家几天后,我设计了"一封家信"活动,让每个学生给家长写一封家信。他们离家数日,多有些想家,此时写的往往更真挚、更有感情;而家长在空虚和担心的复杂心境中看到孩子的温暖文字,感触也格外深刻。这对初三中考造成的亲子关系割裂往往会起到很好的修补作用。一封薄薄的家信却是真挚心意的传递。很多家长感觉孩子回家以后比以前更懂事了,其实不是孩子有多大的改变,而是彼此的心境有了较大的改变。

父亲节、母亲节、劳动节、父母生日……多个重要的节点,我都会引领学生向父母表达最真诚的心意,如手把手教给他们给父母制造惊喜,还有的学生画了寻宝地图。其实,学生心里并非没有爱,而是在习惯的索取和获得中失掉了感受和表达的能力。而我要做的就是引导他们学会去感受爱、表达爱,为良好的亲子关系奠定基础。

2. 引导家长将平等、尊重作为对待孩子的前提

很多高中学生的家长依然习惯于把孩子作为被支配的个体,习惯于命令而非商讨,这便很容易与青春期的孩子形成对立。因此,我努力从各方面引导家长尊重孩子,把孩子当作平等独立的个体看待。

我在公众号开设了"心理课堂""家长学校""家长信箱"等栏目,向家长传授学生青春期心理特点、亲子沟通策略等知识,并通过"家长信箱"回复家长在教育过程中的困惑。每次家长会,我都会设"点播频道",给予家庭教育精准指导。家长会、家长群、成人仪式、百日誓师、小便条、小礼物、书信……每个可能的机会,我都会让家长学着给孩子传达最真诚的鼓励。很多家长说,以前都怕开家长会,现在两个人都抢着来,感觉开完后就充满了阳光与力量。家长有了力量,才会传递给孩子力量。

3.把对话、交流变成打开学生心门的钥匙

在学生成长的过程中,家长和老师的引领非常重要。每个星期,我都会与学生进行一次书面的心灵对话,学生在对话本上总结本周的得失,提出自己存在的困惑,然后我用文字和他们沟通。这样既能让学生养成及时总结的习惯,又能及时发现他们的问题并给予指点。

同时,我为班里的每个学生都配备了学习和思想导师,并和心理组老师一起为需要帮助的学生编制心理档案,以让每个学生在成长的路上都能得到最及时、最温暖的帮助及呵护。

三、向阳收获——"远"处着眼,科学育人

教育工作者要做青年学生的"引路人"。要做好"引路人",教育视野至关重要。因此,我努力打开自己的教育视野,"远"处着眼,科学教育引导学生,让他们能在高考压力之下向阳绽放、收获。

(一)精准施策,建立成长档案制度

世上没有完全相同的两片树叶,更没有完全相同的两个孩子。学生一入校,我们就力求把握每个学生的个性特点,并据此在三年里对学生进行科学规划和引导。

1.进行精准调研,把握培养方向

把握学生特点是进行精准培养的重要前提。除了平时的观察和交流外,学生一入校,我们便编制了详细的调查问卷,就学生性格特点、亲子关系、特长爱好、心理特点等方面进行详细调研,为把握每个学生的个性特征、进行精准施策奠定了良好的基础。

2.建立导师制,建立成长档案

学生的学习能力、个性特点各不相同,在三年的成长过程中会遇到形形色色的问题。为了在三年中更好地引领学生成长,我们建立了导师制度,根据每个学生的特点配备了相应的导师,从学习习惯及性格养成等多方面给予全面指导。为了更好地把握学生成长进程,我们建立了多个成长档案:① 成绩跟踪档案。对学生每次测试的成绩进行动态追踪,用线性图标记其成绩发展趋势及呈现的优势与不足。② 个人成长手册。青春是人生极珍贵的成长期,学习成绩固然重要,但青春本应是个多面体,从不同角度折射出成长的美丽。因此,我用文字、图片和视频的形式用心记录学生的每一点成长踪迹,然后把它们变成每个学生独一无二的青春成长册。③ 心理健康档案。与心理组老师紧密联系,就部分心理需关注的学生建立一生一策心理档案,对学生的心理发展情况进行动态追踪。

(二)校内外"职业课堂",进行深度职业体验

很多学生高一一入校便在人生规划书中写下了自己喜欢的职业和大学专业,但是大多只停留于粗浅的认识,并未有深入了解,因此在高考学科和大学专业选择上往往有诸多困惑,不乏选择失当的懊悔。

为此,我们开展了"家长进课堂"活动,邀请不同职业的家长进入教室与学生进行交流。我们还开辟了校外"职业课堂",组织学生到相关单位进行切身的职业体验,近距离观察并感受职业特点。学生先后体验过图书馆管理员、快递分拣员、展览馆讲解员、校园网络维护员、助理班主任等多种职业,且近距离观摩过建筑工地现场、污水处理中心、大数据中心等职业现场,对多种职业的内涵有了更加直观的认识,从而能够更清醒、科学地选择真正适合自己的人生方向。

(三)做好备考规划,铺就逐梦前程

高三是学生极重要也是压力极大的一年。高考对于很多学生来说是可怕的,而我则希望打破这个樊笼,让学生在积极、昂扬的状态中走向自己的梦想大学。我努力创新高三管理模式,把"收获"作为这一年的核心主题,把高考变成一个收获的节日,把高三变成一段昂扬向上的时光。

我针对学生心理特点和教育规律,对高三进行精心设计:把高三设计成六个不同的成熟阶段,把一年辛苦的高三变成收获的进程,将高考变成采摘的节日。"走进高三"班会将这一年划分为六个阶段,确立"收获"这一昂扬基调;"我的高三"班会,通过每位学生的梦想展示、各大企业招聘要求及高校招生需求、国家需求引导学生进一步思考自己的高三目标,激发奋进原动力;一模结束后的"春日·蜕变"班会,通过体会科学大家及奥运健儿的心路历程学习如何对待失败、如何在失败中奋进;百日誓师班会,通过往届毕业生的励志视频点燃学生奋斗热情;离高考 50 天的"胜利"主题班会,回顾学生进入高中以后奋斗的历程以及胜利场景,正面引导激发他们对成功的渴望;考前的"采摘培训",吹响冲锋号角……

除了班会的鼓励引导,我还遵循教育规律,设置了"梦想是座桥"系列主题展板。"走向高三"奠定高三基调;"彼岸有约"借优秀毕业生的文字给予学生鼓励和指引;"十八而志"引领他们思考成熟的意义;"静心踏实,静待收获"则是一期动态展板,在高考前的最后 15 天向他们直观展示"收获"的进程……

系列主题班会和展板如同学生备考之路上的"加油站",将紧张的高考变成充满希望的收获日,对舒缓学生考前心理压力、培养他们积极昂扬的备考心态起到了至关重要的作用,让他们的高三之路充满欢乐和奋进的力量。

在学生的成长之路上,科学设计、合理规划是一件特别重要的事情。在基础年级做好人生规划指导,在毕业年级做好高考备考设计,可以使得学生在人生的关键时期走得从容而有序,有效保障学生的身心健康成长。我一向认为,被鞭子赶上战场的士兵是打不了胜仗的。既然不可避免地要走过这段旅程,那就不要把高三妖魔化,而是用心为它绘就昂扬、积极的底色,让学生成为追逐梦想的孩子。

"在你的手中是许许多多正在成长的生命,每一个都如此不同,每一个都如此重要,全部对未来充满着憧憬和梦想。他们都依赖你的指引、塑造及培育,才能成为最好的个人和有用的公民。"三年时间很短又很长,看着学生在这方土地上由一棵小树逐渐长大成材,是一位教育工作者最幸福的事情。

(本文发表于《班主任》杂志 2023 年第 2 期"全国优秀班主任讲坛")

心灵淬火，从"草七连"到"钢七连"

军训，是孩子们入学的第一课。

这是军训的第二天，阳光肆无忌惮地扑在我的身上，我站在训练场上，比身体更灼热的，是心。

全班 50 名同学，35 名男生。他们似乎已发现这个教官性情平和，开始慢慢懈怠：站的时候是弯的，坐的时候是瘫的，走的时候是软的，教官强调纪律的时候，他们是嬉皮笑脸的。

操场旁边便是我们的班旗，上面是三个大字：钢七连。

是的，钢七连。起这个名字，一方面因为我们正好是七班，另一方面，我希望他们有军人一般顽强的意志和坚硬的风骨。

然而仅仅两天，我就被打了脸。

这天下午，大喇叭突然宣布，全场紧急集合拉练。

我能看出他们很想做好，然而他们根本没有认真练过，怎么可能做好？踏步是乱的，齐步更乱。终于，我们成了那天唯一被点名批评的班级。

一阵风吹过，我们的班旗在风中展开，"钢七连"三个大字赫然在目。我原想用这个称号振奋士气，没想到它现在变成了一个笑话。别的班有学生小声议论："什么'钢七连'，明明是'草七连'。"我回头看我的孩子们，他们低着头，像斗败的公鸡。

教官说："振作点儿！我们还没有输呢！"我们都明白这只是安慰。总共14 个连队，只有我们一个受到了全场严厉的批评，还要怎么输？

我在想，我该做些什么。

我思考了问题出现的原因：这个班的孩子多数家境不错，成绩也不错，几乎没吃过什么苦。所以对他们来说,学习好就够了。他们貌似已经长大,但其实只是身形拉长的娃娃。可是一个人的一生除了身体的成长,更应该有心灵的成长。正如习近平总书记所说:"青春因磨砺而出彩。"没有磨砺,哪有成长?

如何打造一块真正的好钢呢?经过思考,我做了以下几项工作:

第一步,引导他们领会"钢七连"的内涵。我从网上找了两个视频:一个是车间里炼钢的过程,一个是国庆70周年阅兵。我问他们:"我们是'钢七连',你们知道钢铁是怎样炼成的吗?"他们摇头,于是我播放了炼钢的视频,他们看得非常认真。

我说:"你们发现了吗,钢铁炼成之前最重要的一道工艺是什么?"他们说:"淬火。"我说:"对呀。淬火有两个最重要的条件,是什么?"他们答:"高温和冷水。"我说:"对,一个是高温,一个是冷水。我们现在炎炎的烈日是高温,今天遭遇的批评是冷水,所以,我们已经具备了锻造一块好钢的先决条件,就看你们有没有顽强的意志,能不能经受住这最后的历练。如果承受住考验,就是一块好钢,否则,就只是一块废铁。"

真正的"钢七连"应该是怎样的呢?我播放了国庆70周年阅兵的视频。他们大受震撼,这时,我看到了他们眼中的光芒。原来,一支队形整齐、精神昂扬、口号嘹亮的队伍才称得上是真正的"钢七连"呀。

第二步,我们一起找出训练过程中出现的问题。他们纷纷举手回答:口号不响,排面不齐,摆臂不够,走得太快。我说:"好,明天的训练就是我们要着重解决的问题。我们一定会让大家看看,什么才是真正的'钢七连'。"

第三步,现场激励。第二天一早的晨会,操场上满满的全是人。我问他们:"要做'草七连'还是'钢七连'?"他们喊:"钢七连!"我说:"声音还不够大,'草七连'还是'钢七连'?"他们大声喊:"钢七连!"

我说:"好,全场的同学都听到了我们响亮的誓言。我们现在要做的,就是努力去实现。炼钢的外在条件我们已经具备,现在就看我们是否足够坚韧。今天,我们的训练议题就是:钢铁是怎样炼成的。"后面的训练中,孩子们的面貌发生了彻底的改变,身板挺直,精神百倍,口号嘹亮,整个队伍呈现出一种无比振奋的状态。

第四步，正面激励，明确要求。午饭时我与教官进行了交流，恳求教官下午训练之前及时表扬他们，并提高训练的标准。在教官的肯定下，他们更是士气大振，在高标准的要求下也更加认真，成为全场训练最认真、走得最多的队伍。他们还主动要求晚上加练。于是，漆黑的夜晚，操场上多了一支刻苦训练的队伍。夜很黑，但是我眼中的他们却闪闪发光。

次日阅兵，当他们喊着响亮的口号"钢铁七连，勇往直前"，以整齐有力的步伐走过主席台时，我知道，钢出炉了。

最后我们获得了"优秀连队"和"军训优秀班集体"称号。这原本是我没有想到的。孩子们兴奋极了。我问他们："知道为什么会取得这样的成绩吗？"他们说"因为我们知错就改""因为我们努力坚持"。我说："是的。以后的很多年我们还会遭遇各种各样的问题。遇到问题不能自怨自艾，更不能一蹶不振。只要及时发现，用心纠正，这些问题就会像河蚌里的沙子一样，最后变成美丽的珍珠。"

教育家陶行知提出一个著名的教育理论："生活即教育。"就是在生活中进行学生的成长教育，而这种教育往往是在不断发现错误、纠正错误的过程中实现的。高中的班集体除了教授知识之外，更承担了立德树人的重任。孩子们在成长的过程中出现问题是正常的。作为班主任，不要怕出问题，只要处理得当，这些珍贵的问题便可以成为孩子们成长的契机。教育，本身就是一片会成长的土地，不仅培育知识，更塑造意志。

（本文在 2021 年教育部班主任基本功展示交流活动中入选全国典型经验）

"全能班级"养成记

我向来认为,优秀的学生绝不仅仅是成绩上优秀。因此,我努力给孩子们创造多种成长的空间,促进每个孩子的全面成长,同时也为他们未来的持续成长奠定良好的基础。我带的每个班级几乎都被称为"全能班级"。以下是2014级9班、2017级4班学生进行的"全能班级"素描。

雄鹰展翅,九天翱翔

他们,是学习成绩名列前茅的海尔班"学神""学霸",是在学校科技竞赛中包揽冠亚季军的创新达人,也是运动会团体总分第一名的体育健将。大摇绳比赛的冠军彰显了他们雄厚的班级凝聚力,义卖付出的辛勤汗水闪耀着他们乐于奉献的善良的心。他们中有模联精英、辩论才子,更有爱心联盟、模拟经济峰会、地理小博士、生物实验社、阿卡贝拉音乐社等若干社团的负责人。他们之中有的才思敏捷,有的钝学累功,有的悉音善舞……他们是不朽的传奇、不灭的神话!他们就是2014级级部赫赫有名的"全能9班"!

特20团,与众不同

走在高二级部的走廊中,人们可以明显感觉到一种紧张的气氛,浓厚的学习氛围似乎掩盖了一切。下午大课间刚刚结束跑操,各班里就坐满了埋头学习的人。走到9班门口,却发现近一半同学都不在。这是传说中的"学霸"海尔班吗?记者有些疑惑。一位同学小声告诉记者,不在的同学有的是模联的,有的是模经的,有的是辩论社的,他们都去参加社团活动了。记者接着问他:上了高二还继续参加社团活动不会影响学习吗?这位同学却笑了,他说,9班的同学不仅学习好,更是协调各种活动、合理利用时间、统筹兼顾的大师。他们可以是模联精英,可以是辩论才子,可以是音乐小王子,但他们更是"学霸"的代言人。

百团大战,群英荟萃

了解到 9 班的社团特色,记者便打算第二天一早深入走进这个神奇的班级。没有想到,寒冬六点天还未亮的清晨,一个高高胖胖戴眼镜的大男孩就已经在座位上开始了学习。随着同学们陆陆续续地到来,记者了解到,这个看起来憨憨厚厚的刻苦男孩不仅在期中检测中斩获年级第一名佳绩,竟然也是学校科技社的一位精英,就在不久前的科技节无碳小车比赛中还获得了第二名。不仅如此,9 班卧虎藏龙:孙莉宝作为校学生会主席,不仅学习成绩优异、工作能力出众,还悉音善舞,更是模联精英、中国红十字会优秀义工;班长王辰既是多门学科竞赛的一等奖获得者,又是两次代表学校参加市级辩论赛的主力队员,以及模拟经济峰会上叱咤风云的"最佳 CEO";刘凌岳除了拥有"学霸"身份,还爱好各种球类运动,同时是校级晚会的英语主持;杜泽嘉既是象棋大师,也是辩论才子;郭嘉既是年级前十的"学霸",也是校足球队的重要成员;刘徵青不仅在各种英语竞赛中屡获佳绩,还获得了市模联大会的杰出领导力奖……校模经社、模联、爱心联盟、地理小博士、阿卡贝拉音乐社团、生物实验室等多个社团的负责人均聚集在 9 班,群英荟萃,高手云集,也难怪 9 班的社团发展如此出色了。

全面发展,青春飞扬

一天的接触让记者被这群优秀的孩子深深地吸引。课上的他们思维敏捷、认真专注,而课下的他们则充满了阳光与正能量。首届"校长杯"总冠军、运动会团体总分第一名、大摇绳第一名、校辩论赛季军、科技节无碳小车包揽前三名……这么多的荣誉着实令人惊叹。然而除了在丰富多彩的校内活动中屡创佳绩,9 班的同学还组织过义卖这样的公益活动。据悉,为了在"六一"儿童节到来之际帮助沂南高湖小学更换新课桌,2015 年 5 月 17 日,9 班同学在前海利群广场开展了爱心义卖活动,56 名同学共计募得了 3 810.8 元的善款。同学们都表示,在 9 班这个大家庭中能够参与各种各样的活动感到特别幸福,每个人都得到了德智体美劳全面的发展,更让整个高中生活都变得有滋有味起来。

辉煌背后，老师支持

一个如此优秀的班集体，背后必然有一个伟大的班主任。当和 9 班的同学们谈起他们的班主任张磊老师时，大家顿时都活跃了起来。"张老师平常爱卖萌，特别可爱！""对对对，而且她支持我们参加各种活动，只要不影响学习。所以我们班很多同学都身兼数职。""每次我们取得成绩的时候她都告诉我们要淡定，因为我们付出了努力，这是我们应得的，应该静下心来想想前面的路怎么走。我们大家都觉得她特别霸气。"看着一张张自豪的笑脸，恐怕不论是谁，都会被这样一个充满正能量的班级而打动，都会为带出这个班级的班主任竖起大拇指。

奋进卓越，大气 9 班！雄鹰展翅，九天翔翔！九，自古以来就是王者之数。青岛一中 2014 级 9 班仍在不断书写着崭新的辉煌……

（撰文：王辰、孙莉宝）

草木蔓发，春山可望
——2017 级 4 班的青春印迹

这是一个奇妙的班级。它由 42 名男生和 15 名女生组成。

他们酷，酷中又透着温暖；他们睿智，睿智里又不乏天真；他们严谨，严谨里又藏着锐气。

它包揽了年级多位赫赫有名的"学霸""学神"，有各项学科奥赛精英，有学校各大社团负责人，同时有多项文体赛事的翘楚。

他们严谨认真，勤奋专注；他们乐观积极，昂扬向上；他们多才多艺，全面发展。

这，就是 2017 级 4 班。

"五音六律十三徽，龙吟鹤响思庖羲。蹴鞠屡过飞鸟上，秋千竞出垂杨里。"

每到课外活动时间，4 班的男生便鱼贯而出，足球、篮球，活动一番，然后在打铃前飞快跑回来。极短的时间内，那些在操场上肆意奔跑的身影竟已开始专注学习了。

自入校第一天起，班主任张老师便对他们说："学习很重要，然而真正优秀的集体绝不仅仅是学习上的优秀。""活动和学习绝不冲突，而是相辅相成的关系。在操场上的时候就投入活动，在教室里的时候就投入学习。做什么都要全神贯注。"各种比赛、运动会，张老师的叮嘱向来都是："玩得开心一点，开心很重要，全力以赴很重要。"

因此自入学时，班里总有球鞋、有球拍。体育课瞬间空了教室。

他们也果然没有让张老师失望。高一时运动会一次第二，一次第三；高二时一个足球特长生都没有的"学霸球队"居然进入前三；跑操比赛口号洪亮，精神昂扬，屡获一等奖。

而足球赛遭遇专业选手时，他们亦绝无忧色，赛前的加油口号是："快乐！"场上全力拼杀，即使最终负于对方，依然笑容灿烂。

高一艺术节，他们合唱《保卫黄河》荡气回肠，惊艳全场；高二艺术节，他们自编自演的集体节目《名画动起来》集科学、哲学、说唱、幽默于一体，再次赢得全场赞叹，获校集体节目一等奖；其他个人项目如朗诵、书法、绘画、器乐、声乐均积极参与，获奖无数。

学生在班级日志中写道："即使是身处追梦的征途，华美舞台上也总能看到他们夺目的身影——他们在合唱台上演唱《保卫黄河》，在聚光灯下挺起胸脯，用独属于稚嫩与成熟之间的声线歌颂祖国江河，歌唱着心中的激情与信仰；他们在运动会前班级表演中大展风采，穿上戏服后的滑稽、在场上的纵情撒欢，将长征精神之中的坚韧与拼搏刻在青涩身躯上；他们在舞台上用表演再现名画《雅典学院》，把毛巾穿在身上当作长袍，嬉笑怒骂，扮演各位名家，却全无平日做学问时的半点庄重……站在青春枝头的他们，纵情狂歌，团结一心，不为技惊四座，只为那一刻的酣畅淋漓，为此后漫长人生征途点缀星辰。

"印在灵魂上的冲动与热情，总能在同学们身上展现得淋漓尽致。他们喜欢在操场上撒欢，在自习课前带着一身汗冲进教室。除了运动的欢脱，赛场上也都会认认真真地拼一把——足球比赛前无论风吹雨打的训练，场上队员们的拼尽全力，胖子们不屈不挠地飞速移动的身影，一次次颠覆着观众的认知；热爱篮球的他们，在上半场大比分落后的情况下，绝不放弃，以拼搏展现着独属于我们的韧劲。每个人脸上的恣意昂扬,比所谓的胜利更有几分深意,而其中燃烧着的是团结的火焰,定格住的是他们拼搏的身影,印证着他们成长的足迹。"

"莫喜醅茶烟暗淡,却喜晒谷天放晴。提笔常思家国事,放笔便念亲旧情。"

高中第一个寒假前夕,4班的同学收到一份特殊的作业表。上面列着的各种作业内容让他们颇感新奇:假期必须掌握的基本生活技能,你掌握的提升级技能;必须学会的基本饭菜类型,你掌握的提升级饭菜类型;每天房间是否自己打扫;在家是否体谅父母;外出时是否展示出良好的社会公德。有个人评价,有父母评价,要有过程性照片或者录像。"开学要上交,"班主任的笑容里藏着严肃,"一份也不许少。"

张老师还特意为此开了班会。黑板上画一个大人、一个小人,张老师指指那个小人:"你们以前这么点儿。"大家哈哈乐。再画一个大人、一个更大的人,张老师指指那个更大的人:"现在你们这么大了,而他们,开始老了。曾经他们牵着你们的手,帮你们承担了生活的一切。现在,你们该怎么做?"他们陷入沉思。

自这个假期开始,他们不但开始独立自主地处理自己的诸项事务,更开始学着承担起家中种种。他们开始意识到自己肩头的责任,学着收起年少的任性,平和、友好、有担当,学着体恤父母,努力为父母分担生活的辛苦,并把爱心洒播给身边需要帮助的人们,洒播给孤儿院、老年公寓……很多家长惊呼:"孩子突然长大了!"

"做有温度的人。不要成为理科动物。"——张老师的话。

研学的最后一个晚上,他们提笔给父母写一封家书,这也是很多孩子人生中写给父母的第一封信。因数日离家在外,他们对父母之恩体味得格外为分明,文字真诚而动人。曾经只是一个符号的母亲节,现在突然变得很重要。每一个母亲节,他们给妈妈写信诉说内心的感激,绞尽脑汁为母亲制造一份惊喜……学会感恩,学会表达,让父母感受到自己的爱。这是他们在人生之路上的重要一课。

学生手记:"'千门万户曈曈日,总把新桃换旧符。'在春节合家欢睦之时,同学们放下身边的琐事,主动担起了劳动之大任——贴窗花、贴对联、打扫房间、包饺子……作为有责任、有担当的青年，他们在假期时不只是埋头苦学，更投身于家务劳动，在忙碌中感受到家的温暖，体验着承担责任的意义，感知着劳动的苦与乐。

"他们年轻，在人生朝阳时刻，珍惜被爱，也懂得怀一份感恩之心，学会如何爱人。"

"五云两两望三台，已觉精神早附会。不着铅华元自好，未妨世事略相同。"

"群英荟萃，高手云集"可谓是他们的代名词。他们在全国、全省 NOIP 信息竞赛、生物奥赛、数学奥赛、英语创新大赛、英语演讲比赛、程序设计大赛、生物实验竞赛、化学竞赛、象棋大师赛、头脑奥赛、辩论赛、青少年科技创新大赛及各级征文阅读比赛中获奖，更有校学生会骨干，社团联盟负责人，模联、模经精英。每一个看似天真的面孔后面，都有可能有着一大串金光闪闪的奖项。他们齐聚 4 班，统筹兼顾，协调各种活动，合理安排时间，将自己的高中生活打造得充实而饱满。

他们拥有无穷的创造力，亦拥有无穷的"快乐制造力"。从高一到高二，短短两年时光中的每一天都充满欢乐与惊喜。高一时"精心制作"的班主任画像，令"磊姐"大笑不已；每年儿童节时来自班主任的棒棒糖惊喜，让每一名 4 班学子童心永驻，儿时糗事分享让大家乐不可支；每学期休业式上独具特色的抽号表演，给学期画一个快乐的休止符；数学课、物理课上"胖子讲师团"高智商的争论，语文课上各色"套中人"画像、奇葩的《听颖师弹琴》琴声曲线图……他们正不断学会感受生活，以积极向上的态度对待每一天、每一分、每一秒，以严肃而又欢脱的方式走向更远的未来。

"愈行，世界愈广阔，未知愈多。"十七岁，风华正茂，正是向往广阔世界的年纪。他们在班会上认识了南仁东、叙利亚外交部长，他们在展板中接触到华为有关新闻报道以及任正非接受采访全记录，他们用时事时间对诸多家国大事进行分享和辩论；他们走出校园，感受外面的世界，不再拘泥于眼前书桌上的狭小空间，而是怀着兼并包容的心将目光移向远方。他们来到"两弹一星"纪念馆，来到清华大学物理实验室，感受尖端科技的博大精深；来到青岛科技大学的高分子学院，领略世界前沿高分子科技的魅力；探索中国海洋大学的无境深蓝项目,体会海洋保护的刻不容缓……他们在五四广场发传单,为图书馆整理图书,走进大千世界的绝佳的讲堂,体验着人生百态。种种的实践,让懵懂的少年们逐渐成熟,也为人生添一笔亘古不变的底色。

奋进卓越三年载,是大气4班的真实写照;扶摇直上九万里,是少年继续书写的恢宏篇章。他们的热血骄傲闪耀着青春的锋芒。耀眼从不止一霎,滚烫的血液从不怕燃烧,来日可期,且看他们继续自己的王朝。

(撰文:于浩然、朱子鸣)

离高考 106 天，我却开了这样一次班会……

今天周一，离高考 106 天，本周日就是百日誓师。

然而我觉得，这次班会，必须开，尽管看起来和学习没有紧密联系。

这次班会的主题是：为中华之崛起而读书。

我先给孩子们看了两段视频。一段视频是某作家在香港进行演讲，结果全场大合唱《我的祖国》。孩子们看得很认真，有点动容。另一段视频是外省一中学生抢过正在演讲的教授手中的话筒，大声呵斥教授的崇洋媚外、功利主义，大声呼喊"努力学习是为了中华民族伟大复兴"。孩子们看得很认真，深受震动。

我问他们有什么感受。

他们说，很感动。

感谢周伟平校长，以那样一个平和而坚定的语气说出"我的启蒙歌曲是《我的祖国》"，然后一个并不擅长唱歌的男生高声唱了第一句，接着越来越多的人融入进来，汇成了爱国的洪流。

感谢那位中学生，当大多数人在下面如坐针毡之时，勇敢地跳上台去，勇敢地驳斥，勇敢地亮出自己的观点。在座诸位心中郁积的块垒，想必亦随之消散，心情亦大为舒畅了吧。

孩子们说："我们本来就是祖国的一分子。是的，我们的国家还有一些不完美的方面需要我们不断完善，但是，我们决不允许别人说她不好。"

然后，我给他们看了几篇文字。

第一篇，是于坤老师写的杂文《"读书是为了中华民族崛起"让我感佩》：

"读书是为了中华民族崛起"让我感佩

（经原作者许可引用，有改动）

　　我是有多久没有听到一位热血青年从心底发出如此真诚的声音。让我相信这样真诚声音的还是伟人"为中华民族之崛起而读书"的豪迈和"埋骨何须桑梓地，人生无处不青山"的慷慨。那一代伟人最终打破了旧时代，造就了新中国。

　　人有不同的价值观，会体现出不同的眼界、格局，以及随之的人生动力、追求。这个世界不乏蝇营狗苟，不乏庸庸碌碌，不乏精致的利己主义者，当然，也不乏胸怀国家和天下的有志之士。

　　人生观、价值观有多重要，不言自喻。

　　对一头驴来说，眼里的那捆料草最有价值；对有的人来说，自己的名利最有价值；还有些人，他人的幸福和国家的富强最值得追求。

　　价值观不同，格局自然不同。古今有志之士，极少有仅为自己私利而留名青史的。

　　在这个庸碌的时代，很多人嘲笑为了国家的价值观，但他们不知道的是，正是因为他人的负重前行，才有了他们的和平安宁。你可以做不到为他人，但一定要对这样的为他人的价值观奉上足够的敬意！

　　当台上教授自以为苦口婆心地教导孩子们向上，但他庸俗的价值观决定了，这样的教导只会败坏孩子们的价值观。

　　当他教导着孩子们要走出国门，"杂交"出优良基因的时候，当我看到网上那么多国人嘲讽着华为被打压、卡脖子的时候，当我看到很多国人在嘲讽着"战狼""红粉"的时候，我觉得这样的人已然站不起来了。

　　人不可以不爱国。难道这是一个需要普及的道理吗？古语说"子不嫌家贫"，一个对自己的家和家人横挑鼻子竖挑眼，只知道羡慕邻家，想做邻家干儿子，对自己的家只知讽刺和袖手旁观，只知道破坏，不想建设的孩子，是一个三观正的孩子吗？是一个懂得感恩和爱的孩子吗？

　　所以，当我看到这位庐江学子夺过话筒慷慨说出"我们读书，是为了中华民族伟大复兴"时，我很感动。

现在中国的青年是平视的一代。从这位学子身上，我真切感受到了这一点。

国家强大自信，才有人民的强大自信。尽管我们有很多的问题，尽管有人也会切身地感受到"时代的一粒沙，落到一个人身上就是一座山"，但宏观上看，国家越强大、越文明，人的素质越高，法制越健全，不公和黑暗就会越少。在动荡的年代，诗人食指说要"相信未来"，在今天这样的时代，我们更要相信未来。

平视一代的青年、胸有格局的青年是国家的未来，他们有怎样的价值观很重要。他们的眼界与格局就是中国未来的眼界与格局，藐视功利，心怀国家，这样的青年需要更多。

那些在功利的红尘里迷失的人，那些嘴上"高大上"的势利者，那些精神的侏儒，那些沾沾自喜于既得利益者，在这样的青年面前，足以羞愧。

对这样有勇气的青年，请那些讽刺者、教训者揽镜自照。

第二篇，是电影导演郭帆在《人民日报》上写的那篇文章，文章的结尾说道："我相信，一茬接着一茬干，未来电影人一定会青出于蓝而胜于蓝，中国电影也一定会越来越好。"

第三篇，是前几天王毅外长在慕尼黑会议上对美国义正词严的驳斥与揭露。

我说："现在我们的科技发展受了各方力量的联合绞杀，有些方面似乎一时陷入了困境。但有的人乐观地认为这将是我国自主科技发展的高峰期，以国人的勤奋、智慧和韧性，一定会在自主研发的山峰上越攀越高，直至达到顶峰。当然，这其中一定会经历很多困难，但我们向来是不怕困难、不服输的。

"为什么现在高考对知识考查的灵活性越来越高？就是因为时代需要的不是应试机器，而是能够解决真问题、应对新变化的新人才。因此，不但要掌握做题思路，还必须把每个知识点真正研磨透彻，而不只是花架子，这样才能真正适应时代的发展，从而有所作为。

"这么重大的使命，靠浮躁行吗？靠懈怠行吗？靠一知半解、似是而非行吗？要真正有一番作为，必须认认真真、扎扎实实学好真本领，还要有钢铁般的坚韧意志，兼有独立的精神。这样，才可能在时代的洪流中去搏击风浪，大显身手。

"我们每个人都是带着使命来的。每个人无论以后地位高低，都在历史的长河中有着自己存在的分量。希望我们能够好好积累，认真钻研，努力提升自我、充实自我，使自己成为一个创造者而不只是消耗者，这才是沸腾的、饱满的、有价值、有意义的人生。"

我给他们看了最后一段文字——梁启超的《少年中国说》节选，让全班齐诵：

天地苍苍，乾坤茫茫，中华少年顶天立地当自强，少年中国者，则中国少年之责任也，故今日之责任，不在他人，而全在我少年。少年智则国智，少年富则国富，少年强则国强；少年独立则国独立，少年自由则国自由，少年进步则国进步；少年胜于欧洲，则国胜于欧洲；少年雄于地球，则国雄于地球。红日初升，其道大光。河出伏流，一泻汪洋。潜龙腾渊，鳞爪飞扬。乳虎啸谷，百兽震惶。鹰隼试翼，风尘翕张。奇花初胎，矞矞皇皇。干将发硎，有作其芒。天戴其苍，地履其黄。纵有千古，横有八荒。前途似海，来日方长。美哉我少年中国，与天不老！壮哉我中国少年，与国无疆！

我看到他们眼睛里的光亮。这一代年轻人是有抱负、有担当的一代，而他们，将成为我们伟大祖国建设的栋梁。

主题班会：幸福在劳动中歌唱

一、背景分析

（1）国务院发布了《关于全面加强新时代大中小学劳动教育的意见》，其中指出："充分认识新时代培养社会主义建设者和接班人对加强劳动教育的新要求""广泛开展劳动教育实践活动"。热爱劳动向来是中华民族的传统美德，然而我们近几年发现学生开始忽视、轻视劳动，逃避劳动，部分学生不再把参加劳动当作一件光荣的事情。

（2）学生前段时间做了一份关于做家务的调查表。

调查表的内容：① 你会做家务吗？会做哪些家务？② 你经常在家里做家务（即便是最简单的）吗？

调查结果：

问题①：只会扫地、洗碗之类最简单家务的占 50％，会包饺子、炒菜的只占 20％，而其他 30％几乎一直在家过着"衣来伸手，饭来张口"的生活。

问题②：经常在家做家务（即便是最简单的）的只占 10％，偶尔做的占 50％，几乎从来不做的占 40％，理由有不会做、没有时间、父母不让做等等。对于一群已经进入高中的青年学生而言，这实在是令人触目惊心。

通过调查我们发现，热爱劳动这个中华民族的传统美德已经渐渐被学生忘在了脑后。

因此，我与学生经过认真的思考和交流，设计并组织召开了本次班会。

二、班会目标

（1）认知目标：使学生明确劳动（家庭劳动、学校劳动、社会公益劳动、体力劳动、脑力劳动等)的概念,领悟到热爱劳动是一种优秀的品质。

(2)情感目标:引导学生通过家长和学长分享,体会到劳动与家庭、祖国的密切关系,形成热爱劳动、实践劳动的意识。

(3)行为目标:引导学生领悟到自身的社会责任感,培养热爱劳动的中华民族传统美德。

三、班会准备

1. 学生准备

(1)用微信小程序编制调查表,在班级群内发布调查并统计调查结果。

(2)分组排练情景剧《今天,你劳动了吗?》。

(3)设计假期劳动计划书。

2. 教师准备

(1)指导学生进行情景剧编排。

(2)联系毕业生和家长与学生进行现场交流,共同进行"劳动"主题探讨。

(3)写作下水文《幸福在劳动中歌唱》。

四、班会过程

1. 导入

播放视频《劳动者的24小时》,引出班会主题——劳动。

2. 现状调查("知")

学生公布"学生在家参与劳动情况"调查结果。

3. 情景展示("情")

学生分组表演情景剧《今天,你劳动了吗?》。第一组对应家庭劳动、班级劳动,第二组对应社会实践劳动。

4. 问题研讨("意")

现代社会,我们还需要劳动吗?

(1)学生自由回答。

(2)家长现场访谈(教师总结:于家,劳动是感恩与成长)。

(3)学长视频访谈(教师总结:于国,劳动是责任与担当)。

（4）学生谈感受,教师分享下水文《幸福在劳动中歌唱》,总结劳动在新时代的深刻含义。

5. 身体力行("行")

（1）学生分组讨论情景剧结尾并表演。

（2）学生填写假期劳动计划书并交流。

（3）教师布置假期劳动作业。

五、班会流程

1. 环节一:现状调查——学生在家参与劳动情况

学生对大家在家的劳动情况做了调查,介绍调查结果(见"背景分析")。

结论:学生在家参与劳动的比例极低,人生的关键词已无"劳动"。

设计意图:① 用问卷调查的形式了解学生的真实劳动现状,了解劳动在青年学生生活中占据的极低比重。② 了解学生不参与劳动的深层原因(社会原因、个人原因、家庭原因)。

2. 环节二:情景展示——《今天,你劳动了吗？》

（1）情景剧一:班级劳动、家庭劳动(第一小组)。

两个孩子在班里打扫卫生。A 拖地、扫地,做得乱七八糟,黑板擦得如同印象画作。B 忍不住说他,要求他认真劳动。

A 毫不在乎:"我现在的主要任务是学习,不是劳动。再说,都什么年代了,很多以前的人工劳动都可以由智能产品代劳,有洗碗机,有扫地机器人,有洗衣机,如果再谈人工劳动,莫不是时代的倒退？而且我妈那么疼我,肯定也不舍得我干活！"

B 不答话,默默干活。

A 忍不住问 B:"哎,你在家劳动吗？"

B 说:"当然,收拾房间、洗菜做饭、洗衣收纳,我什么都会干。因为父母平时工作忙,也非常辛苦,我能帮他们一点是一点。"

A 嗤之以鼻,觉得 B 很傻,在家里劳动是因为没本事,这年头没本事的人才亲自劳动。

B说:"你都这么大了还啥都不会干,没本事的是你!"他迅速收拾工具离开。A在原地挠挠头发呆。

(2)情景剧二:社会实践劳动(第二小组)。

学校提倡各班进行社会实践活动,同学们谈论得热火朝天,有的说去参观博物馆,有的说去参加漫展,有的说去当志愿者……这时候有个孩子说:"我看到栈桥边的绿化带里有很多垃圾,我们去清理垃圾吧?"这个建议引来一片嘘声。一个孩子不屑地说:"什么年代了还捡垃圾,又土又累,我才不去!"

设计意图:劳动的含义很丰富,但很多学生容易狭义地将其理解为"家务劳动"。由几个小组编排的系列情景剧非常直观地表现了人们对于劳动的不同理解,且借众人之口阐释了学生不爱参加劳动的原因——觉得现代社会已经不需要劳动了。情景剧编排合理且贴近学生实际,极易引起学生的兴趣和共鸣。

3. 环节三:现场探讨——现代社会,我们还需要劳动吗?

(1)学生自由回答。

生1:我不太同意刚才情景剧里的观点。我觉得现代社会我们依然需要劳动,因为这本身是中华民族几千年来的优秀传统。"日出而作,日落而息""昼出耘田夜绩麻,村庄儿女各当家",中华民族的发展也是靠一代代人的勤劳付出来推动的。所以我觉得,无论时代怎么发展,热爱劳动都是我们应该始终保留的优秀品质。

生2:我觉得不太需要了吧。现在有那么多的智能科技产品问世,不就是为了把我们从繁重的劳动中解放出来吗?

生3:我经常在家里帮倒忙,我觉得挺不好意思的。

生4:一开始帮倒忙不要紧,后面慢慢就好了,人总是要成长的。

生5:我也觉得我们还是需要劳动的。"德智体美劳"嘛,如果没有劳动不就成"五缺一"啦?热爱劳动本身是我们每一个人应该具备的基本品质。正是无数人的劳动,才有了我们现在的美好生活。

教师总结:热爱劳动是中华民族的传统美德,是我们应该具备的基本品质。

（2）家长现场访谈。

学生家长现身说法,回顾孩子在家劳动的细节与感受:孩子从不会干慢慢到会干,家长看到孩子能帮自己干活,觉得很幸福。

学生与家长交流感受:很惭愧,以后会继续加油。

教师总结:在家里,我们做的一点一滴,家长都看在眼里,记在心里。在家庭中,劳动既是我们成长的契机,也是我们表达情感的方式。

——于家,劳动是感恩与成长。

（3）学长视频访谈。

毕业生张泽辉及其团队(中建八局)、宋兆年(武警支队)与学生视频交流,分享自己和同事的工作现状,并表示:祖国需要我们去创造,只有好好磨砺自己、完善自我,才能更好地为祖国做贡献。

学生谈感受,有的提出要珍惜劳动者的劳动成果,有的提出浅层和深层的快乐,有的说要好好学习,将自己的未来与祖国的需要紧密联系,还有的结合自己军人家庭的所见所闻,通过军人父亲的无悔选择阐释个人付出和国家的关系。

教师总结:劳动与祖国的发展息息相关。要为祖国做些什么,不一定要等待什么特殊的时机,而是做好自己本职的点点滴滴。

——于国,劳动是责任与担当。

学生谈感受。

教师总结:劳动与祖国的发展息息相关。

热爱劳动是中华民族几千年来的传统美德。劳动是我们每个人应该具备的基本技能。于家,劳动是感恩和成长;于国,劳动是责任和担当。

（4）教师文章分享——《幸福在劳动中歌唱》。

幸福在劳动中歌唱

前不久在知乎看到一个提问:"我现在学习特别紧张,可是老师居然还给我们布置了劳动作业。现在有钟点工,将来还会有人工智能,有必要搞得我们这么辛苦吗?"

回答可谓众说纷纭。有不少人支持作者的观点，认为现在劳动越来越没有必要了。而我耳边，却不由响起东汉时薛勤对陈蕃那句掷地有声的喝问："不扫一屋，何以扫天下？"

劳动，与个人发展，向来是不矛盾的。

于家，劳动是感恩与成长。

年轻人，你生下来的时候，只有50厘米。你不是植物，不是就着阳光就能生长。你的新跑鞋、你的大房间、你的新手机、你的自助餐、你去的夏令营、你上的培训班，哪个不浸透着父母的血汗？你已有能力为他们分担生活的琐碎。"苦"和"累"从来不是懒惰的借口。人的成长，哪一次不伴随着劳动的光亮？

少年，对着太阳看你的双手，那里有青春的热血在流淌。这双手不该只是用来玩耍，劳动的打磨将使它更加坚韧，劳动的锻造将使它更有力量。它的正面写着"感恩"，反面写着"成长"。

于国，劳动是责任与担当。

中华民族历来以勤劳而著称。古人给我们留那么多描绘劳动场面的美好诗句："日出而作，日落而息""昼出耘田夜绩麻，村庄儿女各当家"……劳动，使我们的时光永恒而充满生机。

中华民族亦是一个如史诗般灿烂辉煌的民族，而这些辉煌中无不折射出劳动的光芒。多少杰出成就，在埋头苦干中铸就；多少豪迈跨越，在挥汗如雨中实现；又有多少伟大梦想，在胼手胝足中变为现实。劳动，使我们的民族坚韧而有尊严。

而你们，是祖国新一代的脊梁。

前人以他们的勤劳创造了那么多的辉煌，已经长大的你们不能坐在功劳簿上沾沾自喜，你们将接过前辈手里的接力棒，继续发愤图强。

我们要静下心来认真思考，我们要清醒而深刻地认识到前行的方向。祖国的未来，靠科技；科技的领先，靠钻研；钻研的主人，是我们。而所有这些绝非敲敲键盘、查查资料那么简单。需要抛弃尽情享受的思想，去劳动，去付出，去拼搏。"民生在勤，勤则不匮。"开拓是艰辛的，然而开拓又是美丽的。脚的前面是路；路的前面，是希望。

热爱劳动吧,年轻人。劳动创造未来,劳动成就梦想。生命在劳动中站立,幸福在劳动中歌唱!

设计意图:这个环节是一个思想碰撞的过程。由前一环节的形象展示到该环节的理性分析,通过家长交流和优秀毕业生示范,让学生深切领悟"劳动"的内涵。由劳动的外显一步步深入到劳动的内涵和意义,从家庭到祖国,从感恩、成长到责任担当,促进学生对"劳动"含义的深刻理解,传达了劳动的文化内涵与家国意义,对学生的情感态度价值观进行进一步提升。

4. 环节四:身体力行——我们如何劳动?

(1)学生讨论情景剧结尾。

师:同学们,刚才的情景剧还缺少一个结尾,如果我们要给它加上一个结尾,应该是怎样的呢?

学生分组讨论,表演情景剧三:

卫生委员宣布班级上周得到卫生流动红旗,对值日组提出表扬。不认真的同学表示很惭愧,提出再干一周来进行弥补,大家给予热烈的掌声。

几个人商量第二天的社会实践。B面有难色:明天送水车来水站送大桶水,爸爸最近身体不好,自己需要帮忙去搬水,实在走不开,社会实践不能参加了。

天蒙蒙亮,B到水站等着送水车来,准备卸车。突然从远方跑来了很多人。他定睛一看,竟是自己班的同学,极为惊讶。同学们用行动揭开了谜底:大家回去经过讨论,觉得社会实践不应该囿于所谓的"高大上",而是真正动手帮助别人做些什么。所以,大家把本次社会实践的内容设定为:帮 B 进行搬水的工作。等搬完了,大家一起去栈桥捡垃圾。

师:能否说一下你们为什么这样结尾?

生:我现在觉得劳动在我们生活中实在太重要了,以前轻视劳动是不对的。我以后一定要尽可能参与劳动。

另一学生用说唱的形式表达了自己内心的感悟。

教师总结:这就是对本次班会所提出问题的最好回答。

5.环节五:学生填写劳动计划书并交流

师:即将到来的这个小假期,你准备如何参与劳动呢?请填写一下你的劳动计划书。

学生交流假期劳动计划:帮父母分担家务、承担公益劳动等。

6.环节六:布置劳动任务

劳动任务:学会几项技能,回校以后召开劳动汇报交流会。

教师总结:我们每个人都是带着使命来的。祖国的发展与我们每个人都息息相关。习近平总书记在庆祝"五一"国际劳动节大会上的讲话中提出"让劳动光荣、创造伟大成为铿锵的时代强音"。让我们都参与劳动、热爱劳动吧。让青春在劳动中站立,幸福在劳动中歌唱!

设计意图:由学生讨论、设计情景剧的结尾,给了学生解决问题的空间,同时解决了本次班会的核心议题,即当今社会,我们究竟是否还需要劳动?而后制定假期劳动计划并交流,把本次班会的行为目标落到实处。

六、班会后延伸教育活动

布置假期劳动作业:

(1)每人学会几项基本的劳动技能,并用照片或视频的形式在班级群进行展示。

(2)填写老师发的假期自评表:假期结束后总结自己的劳动作业完成情况,并且由父母进行评价反馈后交回。开学后由活动设计小组在班内组织开展劳动汇报交流会。

(3)电脑信息小组的同学将每人的假期劳动照片和视频形成合集,作为成长的见证。

七、班会反思

(1)本次班会的引入非常自然。先由学生进行问卷调查、介绍调查结果,引出学生参与家庭劳动现状,并抛出问题引起学生思考,而后教师引导进行结果分析,很容易引起学生的深度思考。

(2)学生的系列情景剧展示得非常精彩。三个小组参与,班里学生参与的人数超过 1/2；情景剧从不同角度进行"要不要劳动""要如何劳动"的提问和探讨，吸引学生理解了劳动的不同层次，并一步步进行深层思考；三个情景剧各有重点又互相联系，而且极为贴近学生生活，极大地激发了学生的兴趣，且在表演中对学生起到了潜移默化的教育效果。

（3）后面的两个环节对劳动的内涵讨论采取了层层递进的方式。先由学生结合情景剧和自身经历谈劳动的情感传达和社会价值，而后由家长和毕业生分享劳动经历以及自己的认识，传达劳动的现实意义，丰富劳动内涵。教师阐释劳动的深层内涵（于家，是感恩与成长；于国，是责任与担当），并分享下水文，培养学生的历史责任感和家国情怀，将关于劳动的讨论一步步深入推进。

（4）最后的假期劳动实践与评价环节将班会的教育意义落到实处，不仅仅指导思想，而且付诸实践，让中华民族的这种传统美德真正在学生的思想和生活中扎根、发芽，成为每个学生良好的生活习惯。

最好的新年礼物

新年要来了，我在考虑给孩子们怎样的新年礼物。

这个礼物要有意义、有温度，而且易得、易送。

正好刚在班上讲了颁奖词的写法，我想干脆就组织他们给身边的好朋友们写一段颁奖词吧。

这样设计有三个目的：一是练习写作能力，借此练习颁奖词的写作技巧；二是让孩子们感受到彼此的心意；还有很重要的一点——培养他们发现美、欣赏美的能力。

为何要培养他们发现美、欣赏美的能力呢？因为这是一些粗枝大叶的理科孩子呀！他们平时粗粗拉拉的，很多生命的美好总是不小心就错过了。

安排如何写的时候，我纠结了。

因为我记起去年参加全国班主任培训时，宗春山老师讲的那个案例：一个老师要培养学生欣赏他人优点的能力，于是给每人发了一朵小红花，让他们贴到自己欣赏的同学身上。结果最后有的学生身上满满都是红花，有的却一朵也没有。有个平时比较内向、孤僻的男生一朵也没有收到，很是失落，犹豫了很久，最后把这朵花贴到了自己身上。

这个案例引起了我很多的思考。

明明是很好的初衷，最后却在无形中对有些孩子造成了伤害，我想这可能是活动的组织者一开始没有想到的。

然后我想到，平时我们的工作中是否也有这样的无意伤害。

很多活动的初衷是好的，但或许需要我们做得更细致一点，考虑得更周密一点。

因此想了很久,我决定采取小组合作的形式。六人为一个小组,小组里的每一个同学分别给其他的五个同学写。

这样的好处是:每个人写得不是太多,可以好好写;而且最重要的一点是每个人得到的颁奖词数量是相同的。

是的,这一点,很重要。

孩子们写完之后,我将颁奖词收集起来进行了整理,然后找了几个文笔不错又细心的孩子给几个获得颁奖词数量不够的孩子补写。这样保证了即使有的孩子写的时候有遗漏,最后每个孩子得到的颁奖词的数量也是一样的。

我把这些美好的心意装进自己提前准备的好看的信封里,每个信封里面装了一点好吃的糖果,然后把信封封好,且在信封上写下我的祝福和心意。我提前做了很用心的准备,力求写给每个人的文字都符合其特点,而且每个人的基本上不重样。

比如,我给粗中有细的魏优写的是"亦狂亦侠亦温文",给一个很酷的男孩写的是"肃如松下风"。

然后,我在信封上面贴了一些可爱的小贴纸,在孩子们参加完新年文艺演出后,到班里一一发给他们。

他们可太开心了。

那些温暖又细腻的文字,宛如这寒冷冬日里盛放的花朵,使得整个教室里都弥漫着温馨而明媚的气息。

让我们来看一下这些美好的颁奖词以及孩子们阅读时的万分惊喜吧。(图11)

他们说,这是自己收到的最好的新年礼物。

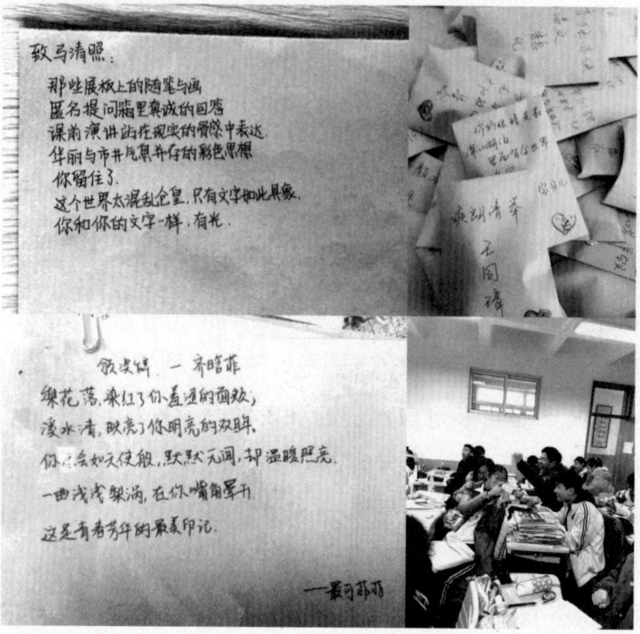

图 11　孩子们写下的颁奖词及阅读时的场景

这个母亲节，很朴素

嗯，母亲节要来了。

"理科动物"们表示很惊讶：这就到母亲节了？他们瞪着萌萌的大眼睛，让我明白他们不是装出来的，而是真的未曾在意过。

我问："你们以前都是怎样给妈妈过节的呢？"

几个孩子说："写贺卡！""买花！""给妈妈洗脚！"

更多的孩子低下头去，有些羞涩的样子。还有孩子问我："老师，我平日好好表现，还需要搞这些形式吗？"

我笑着问："平日妈妈也对你很好，你过生日的时候是不是也希望有礼物和惊喜呀？"他们点点头，有点明白了。

以前的孩子们也提出过这个问题。这么问的，有的是确实不理解，有的则是嫌麻烦，不想费心思。所以，一要给他们讲明白，二要正儿八经地把任务布置下去。如果仅仅是倡议，这些孩子真就不干了。

我说："我们今天来给妈妈写一封长一点的信。"

他们一愣：写信？

我点点头："是的，用这一节自习课的时间。"

为何选择用写信这种方式呢？

理由如下：

（1）他们都是理科生，而且绝大部分是男生。这些孩子往往不在意也不擅长表达情感。我想引导这些粗枝大叶的孩子提升感受爱、表达爱的能力。

（2）目前我们处于高二、高三"接壤"的时间节点，很多母亲有些焦虑，但她们对孩子们的呵护、关爱、用心，氤氲在每一天、每一分、每一秒的空气里。据我观察,因为心思比较细腻、敏感,加之从小放在孩子身上的心思较多,母亲往往是家庭焦虑的主体。母亲情绪的平和、稳定,往往影响整个家庭的氛围,也影响孩子的情绪。我希望能为母亲和孩子搭建一座桥梁,让母亲听到孩子心底的爱与感恩,给母亲以温暖和幸福,亦促进家庭亲子关系的和谐。

这些伟大的母亲最在意的是什么呢?是昂贵的礼物,是一个盛大的仪式,是一顿大餐吗?这些固然不能说不好,但孩子们目前给不了。而且母亲最在意的,其实是心意,是孩子发自内心真诚的情感表达。

从外部环境来说,防疫形势依然比较严峻,孩子们还是应该尽量避免与外部接触,而像给妈妈做饭、买礼物这种事情则很可能需要走出家门,不合适。目前高考一轮复习即将开始,又恰逢"五一"调休,周六正常上课,孩子们的时间、精力有限,要讲究时间运用的性价比,简单、用时少,效果还要好。

在视频与信之间,我曾经纠结过一会儿,最后还是决定用信的方式。与视频相比,信的好处有以下几点:

(1)信具有私密性,可以写很多心里话。他们是大孩子了,很多话用这种相对私密的方式写出来,比在公开场合用语言表达更深入、真切。

(2)信的内涵更丰富,可以于一两张纸间承载丰富的内容,给予表达对象的体验亦更丰富。

(3)信的传递方式更灵活:可以邮寄,可以当面递交,可以藏在某处、可以与礼物合并使用,也可单独传递。

(4)写信简便易行,一支笔、一张纸即可。且可以多人同时写作,时间运用的性价比更高。

有些孩子还是有点愣,不知如何下笔。我提醒道:"我们写信的目的是什么呢?是表达对妈妈的爱,让妈妈感到温暖和幸福呀。因此文字的内容很重要,可以不华丽,但一定要真切、有温度。可以回顾一下在你长大过程中妈妈给你留下深刻印象的一些细节、触动你内心的时刻,把你的感动写出来。"他们若有所思,沉吟一会儿,开始写起来。

我又提醒道:"这是写给妈妈的内心表白,千万不要有不好意思的想法,爱意要大大方方表达,赞美也不要吝惜。正因为有了那么好的妈妈,才有了这么好的你们呀。"

于是我看到有些本已写完的孩子又拿起笔来,加上几笔。

最后我教给他们试着给文字加一点点装饰,爱心、小花、星星、小娃娃,都可以。我问:"有没有想学习装饰信封的呀?"他们眼巴巴地瞅着我。我说:"会画画的、会做手工的,可以按照自己的方法来。如果这些都不会的话,有一个不花钱但又非常雅致的封面装饰方法:在简单的信封上粘上一片好看的叶子,或者是一朵小小的蒲公英或其他小花,或者一点点柏枝,都可以呀。"我在黑板上画图示,他们作恍然大悟状。

然后我们一起探讨:如何把这封饱含爱意的信交给母亲。

有直白式:放在餐桌上,妈妈一起床就可以看到;趁妈妈做饭的时候抱住妈妈,然后递给她;返校前给妈妈放在枕边,妈妈要睡觉的时候就可以看到了。

有锦上添花式:配合一个小礼物,比如自己做的手工,一起送给妈妈,或者和爸爸一起举行一个小仪式。

有古灵精怪式:把信藏在妈妈常看的地方,制造一个小惊喜,如厨房抽屉、衣柜门、手包、外套口袋;或者粘在大门上;或者画个藏宝图。

…………

于是,一封封满含爱意的信,拥有了许多种呈现方式。

我在家长群什么也没有说。

不久,我在朋友圈陆续看到母亲们分享自己的感受,有的说以前从来没奢望过孩子的节日礼物,有的说当在某处看到信的时候真的是一个大大的惊喜。几乎所有母亲都说自己把孩子的信读了一遍又一遍,潸然泪下。很多母亲感慨:随着孩子的长大,自己和孩子之间的交流越来越少,更是少不了争吵,感觉孩子越来越远,没想到在孩子心底,自己竟然是这么好的妈妈……

所有母亲都把信小心地收藏起来,如同当初把那个柔软的孩童紧紧地抱在怀里。

记起自己曾写给孩子们的一段文字:

做一个有情怀、有温度的人。只要你留心,就会发现身边的温暖永远都在。父母诚恳的叮咛,同学灿烂的笑容,老师善意的提醒,与他人思维的碰撞、心灵的沟通，通过一道错题弄懂一个知识点，通过努力达到一个小目标……这些小小的美好瞬间都值得铭记与感恩。心存美好，去发现这世界上更多的美好。生活就会变得更加温柔而饱满。

做一个懂得感受生活、有情感的人。出色的理科思维与精彩的生活感受并不冲突。为我们生命中的每一次惊喜而激情欢呼，为生命里每一个美丽的瞬间而激情感受，为我们未来美好的人生而激情拼搏。这才是真正充实、丰富的人生。

发现爱，感知爱，表达爱，正是这个朴素的母亲节最重要的议题。

从你的青春路过|

记起前几日在乡村，到处都是诗的影子。一些谷物呼啦啦地成熟，它们的种子，已被农人抱在怀里。

亲爱的孩子们，感谢命运，让我遇到你们。

孩子，我为什么让你靠自己

背景：中途接班，不久就迎来了运动会。家委会主任找到我，问需要做些什么，是不是还和上次一样。我很奇怪地问需要准备什么。她展示给我一张表格，上面的内容有矿泉水、巧克力、香蕉、众多品牌的运动饮料，甚至还有娃哈哈营养快线……我吓了一跳，问为什么要给孩子们买这么多。她说是当初征求孩子们的意愿，他们列出来的。

我震惊，无语。要知道，这是一批平均身高接近一米八、平均年龄超过十六岁的高中学生啊。

然后我说这次什么都不需要准备，我们用班费给运动员买点瓶装水就可以了。

后来我和孩子们说这件事，他们脸上显现出吃惊的表情。很多孩子的脸上写满了疑惑。很显然，他们不明白我为什么要这么做。

我思索良久，给他们写了以下的文字：

其实前几天就有家长联系我，问这次运动会他们需要做什么，饮料、食品、道具、服装，只要我们需要，一切都没有问题。我的回答是，先不用，我问问孩子们的意思。

那天班里表决，一些同学很明确地表示这次不靠家长，也有很多同学未做表示。我知道，其实你的潜意识里还是不希望改变，你希望一切能和以前一样，什么都不需要做，一切信手拈来。你只是不好意思说出来。

我来告诉你，为什么我们要这么做。

你的出生年份是 2004 年下半年和 2005 年上半年，已满 17 岁，或者接近17 岁。

想想你的父母，他们 17 岁的时候在做什么。

他们有的像你一样在高中苦读，他们骑自行车风风火火地穿行在大街小巷或者乡野小路，或者背着大书包搭公交车。

那时候也有风有雨，有酷暑，有严寒。他们的父辈为生计操劳，他们更多只能靠自己。

然而，他们青春朝气，他们甘之如饴。

还有的，已经进入大学，被冠以"天之骄子"的名号。他们中的多数买半价学生票坐着硬座火车奔向远方，一路看窗外草过树过、土过沙过。行李很重，但他们并未曾抱怨什么，因为他们知道，那里面，都是父母沉甸甸的心意。那时候大学生很珍贵，学费很便宜，但他们不曾因此而大肆花费，除了教室、宿舍、食堂，基本便是图书馆、篮球场、足球场。他们让我们知道，不是所有的快乐都需要用金钱购买，即使不花费大量的金钱，依然可以创造丰富、快乐的美好时光。

还有很多因为各种原因不得不离开校园。他们在车间挥汗如雨，埋头苦干，晚上一身臭汗回家，揉揉酸痛的肩膀，上床立即鼾声如雷。或者，天未明便在路边摆开自己的摊位，在冷风里对每一位潜在的客户笑脸相迎，夜色里收摊回家，用满是冻疮的手指盘点一天的收成。或者，和父母一起经营一个店面，进货、送货，承担了所有的体力劳动，为了让渐衰的父母可以少费一点气力。

他们在生活的电影里摸爬滚打，渐渐成为家庭的主力，然后成家、生子。路很长，夜很冷，生活的担子愈加沉重，但他们笑得很开心。

因为，有你。

你是他们全部的希望啊。为了你，他们甘愿为了一个客户四处奔波，为了一个方案殚精竭虑，为了一单生意酩酊大醉，为了一个证书挑灯夜战。

你的 17 岁，有锦衣玉食，有清风鲜花，有游戏电影。你少不更事，无忧无虑。你为了同桌的一句话而赌气，为了电视剧里的一个人物嬉笑怒骂，为了新款的球鞋、手机朝思暮想。

在你的眼中，一切理所当然。

你看不到他们病痛中依然为你准备早餐时脸上的汗珠，看不到他们长途跋涉后满脸的疲惫，听不到他们又要照顾双亲又要照顾你时无奈的叹息，听不到他们为了如何和你交流而爆发的激烈的争吵，忽略了他们曾经青春韶华，而今暗生白发，忽略了他们的梦想从整个世界缩小到你。

只是，他们把所有的风雨霜剑藏在人后、藏在心里，向你展示的全部是秋日的清风和春日的暖阳。他们轻轻对你说：孩子，不要怕，有我呢。

孩子，你生下来的时候，只有50厘米。

而你现在一米八。

你不是植物，不是就着阳光就能生长。

你的新跑鞋、你的大房间、你的新手机、你的自助餐、你去的夏令营、你上的培训班，哪个不浸透着他们的血汗？

而又有哪个家长心底没有几本你小时候的病历？哪个家长身边没摆几张你成长的印迹？

是的，他们愿意为你付出一切。

但并不意味着，这一切，理所应当。

你终于长大了。你健康阳光，活泼开朗，能歌善舞，豪情万丈。

可是长大的只是你的躯体，你的内心，仍在哺乳期。

因此我从第一个假期就要求你学做饭，学打扫房间，学洗衣服、买菜、擦玻璃，还有，坐公交车。

要求你积极参与社会实践，组织各种爱心活动，支持你去帮助身边的人。

因为你已经长大，你必须尝试让自己更强大，更自信，更独立，更顽强。

你要学着由一味索取转为开始承担自己的责任，你要学会去关注更多的人，让更多的人因为你的存在而更幸福，更温暖，更有力量。

你将成为这世界的支撑者，你要让自己更坚韧，百炼成钢。

你要知道以后要面对形形色色的困难，这世界有最真实的风雨，也有最心碎的绝望，有日进斗金的惊喜，也有一无所有的苍凉。

这世界将非坦途一条，你要学会在崎岖中依然有能力感受清风雨露，欣赏绿树繁花，依然能够，顽强向上。

你要学会在郊野抛锚时依然能够看到如火晚霞如诗夕阳，等待求援时，互相温暖，互相打趣，把压缩饼干凉白开吃得满口生香。

你要学会在没有路的地方走出一条路,而不是在熟牛皮铺的路上抱怨彷徨。你要学会在鲜花簇拥中依然淡定,在穷途困境中依然相信自己的能量。强者前不卑,弱者前不亢,得意时自省,失意时自强。始终有斗志,始终有梦想。

在王宫的花园中,我们戴着珠玉载歌载舞。在林边的田野中,我们依然可以戴着花冠载歌载舞。

这快乐,不减分毫。

那些与糖有关的记忆

谁爱吃糖呀？

这个问题问得不对。应该问：谁不爱吃糖呀？恐怕不爱的人很少。

其实我们爱的，往往不是糖果本身，而是糖果代表的那种轻松、愉悦、甜蜜、自由、纯真，以及被宠爱的感觉。

三年高中说长不长，说短不短，给孩子们的生活加点糖，挺好。

印象中和糖有关的记忆并不算少，记忆深刻的第一次是高一的儿童节。

孩子们如平日一般一丝不苟地上课、讨论问题、写作业。我则忙着把一块大泡沫改造成一个长方形，然后在上面像插糖葫芦一样插满五颜六色的棒棒糖。

下午，我开了一次班会。

他们正认真做题，我笑嘻嘻地走进教室："咱——过节吧？"

小学究们抬起头，瞬间就变成了天真烂漫的孩童。

这次班会分三个环节。

第一环节，我问："我们应该向孩子学点什么？"

他们七嘴八舌。有的说，要学习孩子发现美好的能力；有的说，要学习孩子大胆表达的意识；有的说，要像孩子一样迅速忘掉不快，投入新的开始……我大力肯定了他们的回答，说不能因为长大就丢掉了这么多美好的品质。

第二环节，我展示了提前给他们做好的儿童节幻灯片。他们看完很开心。

当时为了做这个幻灯片，我从网上也就找了几千张照片吧……

第三环节，我变出那个棒棒糖"糖葫芦"。他们惊喜万分，欢呼声几乎响彻云霄。

很多孩子毕业好多年之后，还记得那天的棒棒糖。

第二年"六一"是个周六。下午上完自习放学，没有晚自习，没有大课间。没有发挥的空间了啊……这可怎么办呢？

可是，这怎么能难倒我呢？

我想啊，想啊，想啊，终于想出一个好主意。

周六下午放学正常是要打扫卫生的，打扫卫生是需要把椅子搬到桌上的。

因此，我前一天晚上就做了一项秘密工作。

第二天放学他们把椅子翻过来搬上去的时候，简直要开心死了。

因为每个人的椅子下面都粘着一个大号棒棒糖。

第三次，我到上海出差。

最后一天晚上寻思着给孩子们买点儿什么，可是放眼远望又实在没什么好买的。大白兔？估计都吃腻了。鲜肉月饼？不好放啊，再说也不能一人咬一口啊。我在货架间转悠，转着转着，计上心来。

回去后到教室，我说："我想给你们带好吃的，可是瞅来瞅去没啥合适的，后来终于发现一种糖果，又好吃又吉利，就给大家买回来了。"

然后，每人分到了一块——狗屎糖。

他们挤眉弄眼，边吃边笑。真的很好吃呀，香香甜甜的，而且大家一起走狗屎运呀。

最后一次就是高考之前了。

距高考两个多月，一模已经结束，二模即将来临，平时小的检测也非常密集，属于高考前的"高压"阶段，也是孩子们心理问题最集中爆发的阶段。

孩子们的脸色开始变得阴沉起来。班里笼罩着一种肃穆的气氛。

这个时候，他们需要一点多巴胺。

于是我在班里每天放置适量糖果。糖果种类繁多，既有提神醒脑的陈皮糖、薄荷糖，又有造型各异的棒棒糖、棉花糖、夹心糖，还有搞怪的"秀逗""爆酸"……塞到教室门后的作业袋里，满满当当。

孩子们很喜欢，累了就去挑一块喜欢的糖果，然后开心地继续做题。

下午去瞅，少了一大半，心里便有喜悦蔓延开来。爱吃糖是好事儿呀。他们挑选的时候,内心一定是轻松、兴奋的吧;吃的时候,内心一定也是温暖、甜蜜的吧。至于吃到恶搞糖的,不仅给自己的味蕾添了刺激,而且也给周围人带来了很多快乐。

我不时去瞅瞅,糖少了就赶紧补上,时不时换点新花样。

每次补充新糖的时候,他们都很兴奋,一下课就跑上来抢。

快乐的,放松的,兴奋的,温暖的,这才是高考前应有的心态呀。

考前离校的时候,他们依然习惯性地跑上来,摸一颗糖塞在嘴里,笑嘻嘻地离开。

心理学研究表明,摄入适度的糖能减轻焦虑情绪、提高警觉性并减轻压力。希望他们以后回忆起高三备考最紧张的阶段时,除了紧张、拼搏,还有一丝丝糖的甜蜜吧。

我们爱的,往往不是糖果本身,而是糖果代表的那种轻松、愉悦、甜蜜、自由、纯真,以及受宠爱的感觉。

让我们继续爱与被爱吧。

有严厉有温柔的才是亲妈

下午要到教研室开会，走前（13:23）到班里瞅了一眼，一进去就感觉像进了小猪窝，"小猪"们趴在桌子上睡得正香。李皓天迷迷瞪瞪地走动找东西，我记起他昨天发烧，问了下，他说烧退了，没事了。

其实有很多话没和他们说。我是个典型的文科生，有着文科生的一切优点和缺点：敏感、细腻、情绪化，有时犯二，兼充满好奇。然而，现在在他们面前我开始变得内敛矜持，渐渐掩藏自己的很多东西，委屈的时候自己消化，开心的时候亦不敢太过张狂，试着学会冷静与理性，不动声色，尽可能少说或不说。偶尔提醒他们注意海上的波光、食堂前的蜡梅、大楼前的银杏、母亲节的祝福。日子在平和中流淌。习惯了他们粗枝大叶，习惯了他们粗粝而不失稚拙的表达，习惯了他们笨手笨脚地帮我做些什么（偶尔会帮倒忙），习惯了他们犯错误后一脸的无辜。有时会失落，又安慰自己他们已经够乖够优秀，不要有那么多苛求。

他们今年班主任节给我的评语是"最不落窠臼（听着还蛮有文化的）、最散发母性光辉的班主任"。我挺认可的，结果组里同事把我好一通晒笑，说："你这样儿还散发母性光辉，谁信啊？"我很认真地说："严厉的时候像妈，温柔的时候也像妈。有严厉有温柔的才是亲妈。"

所以，当汤世晨一个优美的转圈把一束红玫瑰送给我，伴随着一句"生日快乐"一块蛋糕啪地拍到我脸上，一直傻愣着的宋兆年看到我一脸狼狈就敏捷抓起相机的时候，骨子里的我应该是三声惊叫的，可是我只是一边擦着脸上的蛋糕，一边微笑，一边威胁汤世晨下周天天起来背课文。

其实心里有很多话，可是都没有说，怕他们说我矫情。

想起很多年前，对着学生朗诵那首《我愿意是急流》，把其中所有"只要我

的爱人"换成"我的学生";

想起一年、两年之前,他们放寒假、暑假,我竟然隐隐盼着开学,挠心挠肝地想他们;

想起日常的每一个瞬间,他们眼里飘过一片云彩,我的心底便阴云密布,他们脸上浮现一丝光彩,我的心底便彩霞满天。

想起两年半、一年半之前,他们第一次坐在 7 班的教室里,或乖巧或狐疑或叛逆地看着我时,窗外,那晴好的阳光。

感谢组织班主任节活动的同学,感谢所有人。

我爱你们。

魔术师

高三学生今天下午离校回家,因为后天就要高考。我赶紧跑到六楼划拉了一堆拖把回来。我一直奇怪这些家伙是否有吃拖把的癖好,班里的拖把一个劲儿地少,到现在总共用了七八个,明年春天能剩下三四个就相当不错了。

嗯,明年这个时候,他们也要回家了。

他们居然马上就要高三了。这真是件奇妙的事情。

新生报到的情形还清晰得紧。小女孩们很乖巧,调皮的大男生们故作矜持,眼睛里藏着不羁。我讲话的时候汤世晨在接话把儿,孙启超和同位嘀嘀咕咕。问了吴一家和李梦洋在家都干什么,两个人的答案都是"玩电脑"。两个人都坐在倒数第二排。万玫含和李韵坐在第一排统计军训衫的尺码。刘澜涛坐在第二排。我问张泽辉和张泽昊是不是双胞胎。陈俊凯跑上来说怎么没有自己的名字。迟到的王培磊帮着收调查表。杨子惠说想当宣传委员。李梦洋穿一件黄T恤,刘澜涛穿一件蓝T恤,杨子惠穿着白色图案T恤,王培磊的是红色小格子衬衣⋯⋯

一不留意,他们就长大了。

长大了吗?王天戈刚刚被一只刺猬咬伤了手;陈俊凯下午课间像被马蜂蜇了一样从外面跳到讲台,绕场一周又跳到后黑板;叮嘱有腰伤的宋兆年不要参加值日,他很不甘心地问:"拖地也不行吗?"魏名谦笑起来依然是眼睛和鼻子似乎都挤到一起;吴一家依然为一点好玩的事情就笑得眼泪也跑出来;吕新培依然爽快利落得像个大男孩儿⋯⋯

可是孔昭宁已经由一米六八长到近一米八,用刘澜涛的话就是"眼瞅着就比我高了";昊龙也长个儿了,张海宾和张宗毓长得更高;李梦洋这个以前下课几乎屁股不沾凳子的小皮蛋已经能够坐住，非常专注沉静地学习；宋笑蕾、孙丰秋这些很腼腆的小女生已经养成了有问题就到办公室问老师的好习惯；王培磊由没心没肺变得专注笃定；任翊夫已把课间问问题当作最重要的事情；马园园开心地做着英语课代表；王艺博越来越像大人；吴一家除了傻乐也很拿学习当回事儿，姜钧耀上课听得专心极了；偏食的阿年同学终于开始少吃辣、多吃蛋白质；所有老师都惊呼马越辰似乎变了一个人；当时在调查表上写"扫地、拖地、管理财务"的陈俊凯已经开始和缜密的李韵一起管理班级财务；卢锡蓉的雷厉风行让一干男孩很是钦佩，而少言寡语的王沛林以其在班中的威望当了非常好的体育委员……

　　一直觉得初中老师眼瞅着那帮家伙由一米五转眼蹿到一米八肯定很好玩，其实高中眼瞅着他们由一帮皮孩子长成大人的感觉也很有意思。时间是个很棒的魔术师。

那些孩子

最后的孩子

智荣借用我们的操场开运动会，入场式从矮到高的排列很是有序。很是讶异于初一小男生的"袖珍"（我们班那堆"电线杆"……真的很难想象他们是从这么一丁点长到那样的）。小学生太极扇表演，领导们在主席台上，看前排优秀选手的优秀表现。而我，在他们身后，看到的，是最后一排。

是的，最后一排的孩子，或有些胖，或站不直，或动作不甚协调。然而，每一个孩子，都那样认真而专注。尤其是最后那个很胖的男生，很多动作他做起来都有些变形，可是，他一直在认真听着音乐，盯紧前面同学的一招一式，一次也未曾疏漏。

我看了他很久。他们在最后一排，领导看不到他们。练习的时候或许他们也时常被忽略。可是，可是他们，同样认真，同样努力。

记起那年优质课比赛，临近尾声的时候，我把一个不太难的问题留给了一个后面角落里的孩子，因为从一开始上课，那个孩子一直是低着头的。可他居然是个结巴！我看得到很多孩子脸上的恐慌。于是，在全国优质课的比赛现场，在我的《兰亭集序》一课要完美结束的时候，全场两千多人，静寂无声，听着那个孩子结结巴巴地读那段并不难的文字。

我静静地等他读完，说这位同学已经理解到了作者的感情，所以比较激动，但他读得非常准确、非常好。那孩子抬起头看着我，我看到他眼睛里闪烁的光彩。

课上完了，有同行老师嗔怪我："你看你，放着前面的学生不叫，偏叫后面的,多危险啊,不怕给你砸了锅?"我微笑,想我们只要有足够的耐心和宽容,有什么尴尬化解不了呢?在全国优质课赛场上得到老师的肯定,这孩子的心想必会温暖一些吧。我不认为这是败笔,而是一次成功的尝试。

后来我得了一等奖。回想起这节课时,真是奇怪,印象最深刻的居然是这个孩子看着我时那眼中闪烁的光彩:有些羞涩,有些惊喜,有些——温暖。

有多少孩子,因为排在后面,曾经被我们忽略,被父母忽略,进而被自己忽略。

而每一个孩子,都是父母最珍爱的——宝贝。

皮孩子

带孩子去看牙,正碰上崂山某小学的孩子集体做窝沟封闭。一些孩子早早做完到候诊室等待。一个孩子在椅子上蹦来蹦去,遭到了医生的呵斥,然后老师被叫了来。那孩子被要求坐在进门第一把椅子上不许动。

那孩子坐得乖极了。我看着他惹麻烦后悻悻的表情,忍不住想笑。

工作十余年,接触的孩子越来越多。渐渐地对调皮的孩子愈发理解和宽容。有时甚至觉得很可爱。所谓调皮,只是一种好动的个性。我不能接受的,是欺骗,和缺乏对集体、对他人的责任感。

那些不一样的孩子

儿子幼儿园有个孩子有些自闭,经常在大型活动时不听指挥到处乱跑,而老师们总是耐心地引他到正确的位置,或是安排他参与活动的机会。一次户外活动,内容是竞技游戏,儿子和他都在蓝队。第一轮他没有参加,蓝队得了第一,老师发现了,第二轮鼓励他参加,蓝队这次是倒数第一。可是老师大大表扬了蓝队,说他们是表现最好的一个队。儿子和其他小朋友开心极了,甚至胜过得第一的那次。

我这一年接孩子的次数屈指可数。可是不多的这几次,我往往会碰到这个孩子的父母和老师交流孩子的表现,脸上都是满足和开心。后来在走廊上的育儿交流区,我看到孩子母亲的文章。写得很细致。

不由得问自己,如果这孩子是我的,我能不能做得这么好。

小区里一个孩子患有先天脑疾,五六岁的时候由大人扶着在外面吃力地行走。时间一晃,他已经长得老高了,可是依然不能正常行走,脖下常系一块口水巾。

一个周日,先是在小花园里碰到那个孩子的爸爸细心地为他按摩,鼓励他摇摇晃晃地行走,不停地鼓励他迈步,后来碰到他的妈妈,牵着他的手和人说话,脸上满是晴朗的笑容,没有半点阴云。

不由得又问自己:如果是我,会如何?会不会做得这样好?

他们或许也抱怨过上天的不公,可是,他们从未放弃。他们坦然地接受命运,并尽自己的每一点努力去改变现实,让一切更好。(而且,我坚信,一定会越来越好。)

而我们——孩子的老师,孩子的父母,还有总觉得自己不够聪明、不够好的孩子们,还有什么理由不满意、不努力、不开心?

岁月是个淘气鬼

那场高考已成喧嚣往事,那帮"猴子们"在微信上依然吵得让人时而开心时而烦乱。三年好快,他们夏天来、夏天撤,我依然记得他们每一个人军训时的样子。

前天,校长找我恳谈许久,恳谈的结果是,我从下周一起接任新高一海尔班的班主任。

窗外秋日渐近,叶子被阳光晒得七荤八素,天空依然宁静高远。记起8月应有关部门要求写过一篇有关夏天的文字,翻出来看。

文字比较细碎,没有刻意的修饰,或许就像这三年的日子吧。

感谢命运,让我遇到你们。

记起前几日在乡村,到处都是诗的影子,一些谷物呼啦啦地成熟,它们的种子,已被农人抱在怀里。

夏天里的那场盛筵

那是个极普通的下午。阳光似乎灿烂。

我走到教室门口,吸一口气。很多年没接新高一,脑海中还是十几年前的生涩印象:未发育完全的小男生,温婉的小女生,怯生生的小眼神,眼睛里满是纯真和梦想。

一步迈进去看到他们,我倒吸一口冷气。

有一半得在一米八以上吧。眼神冷峻,眼睛里满是质疑和叛逆。我讲话的时候,有两个头发挺长的男生在后面嘀嘀咕咕,我不得不盯住他们。还有一个头发更长的肆无忌惮接话把儿。一丝凉意从脚趾直到发梢,我立马清醒地意识到，他们是"95后"，不是"80后"。这三年，绝不像自己想象的那样简单。

军训在8月底，阳光耀得人眼晕，五天只有一场10分钟的雨，其他的日子连一块完整的云彩都不曾驻留。我们班在运动场靠近旗杆的位置，唯一一点阴影，来自国旗。

女生普遍很乖，然而班里有36个男生，其中至少有20个"大爷"。他们几乎要把那个年轻的教官气哭了，站队列的时候有的像鼻涕一样下垂，有的像虫子一样扭动。一个孩子，别人坐的时候他总要半蹲，教官生气地让他保持半蹲姿势15分钟。他蹲完了站起来，第二天拒绝继续训练，说脚蹲坏了。

我一开始冷眼旁观，后来实在看不下去了，便和教官一起管理。而他们有一天良心发现，突然就听话了，突然就积极昂扬了，突然内务也规矩，训练也认真了，突然就像钢七连了。

对，钢七连，那个夏天，《士兵突击》正在热播。

我在班级博客里写："等着他们，长大。"

高中的第一个寒假和暑假，我要求他们回去学几样基本的饭菜和其他生活技能。孙启超在反馈表上"学会的基础级烹调内容"栏填写"煎鸡蛋"，提升级内容写"煎八分熟鸡蛋"。曲浩然寒假写"方便面、蛋炒饭"，暑假写"蛋炒饭、方便面"。后来我知道，很多孩子是平生第一次下厨房，在家长的眼里，他们只是外形拉长的娃娃。

我问阿汤能不能来为学业水平考试提供引导服务，他认真地看着我："老师，你找的都是形象好的吧？"我问王珂以前有没有参加过运动会。听她说参加过跳远，我大喜过望，问跳得怎么样。她一脸真诚地望着我："没跳进坑里，老师！"选综合实践标兵，他们喊："邵子政！"我说："要选三个。"他们喊："邵子政、邵子政、邵子政！"他们望着我，眼里满是狡黠。

第一次分离是文理分科，我在班级博客写："今天，分班。我躲在后门，可以悄悄擦去眼角的泪水。"最后写："我们只是汇入不同的河流。我们终将汇入同一片大海。"

高三突然就来了。中午突然就看不到他们在操场上打球了。他们开始发胖，我陪着他们一起胖。

气氛很诡异。反正也逃不掉,只有豁出命向前跑。

我把这一年分成六个阶段,把它设计成果实逐渐成熟到收获的模式。最后20天,我在走廊的展板上粘了一棵挺大的苹果树,每天向上粘红红的苹果。红苹果挂满枝头的时候,他们开始打扫高考考场,准备最后的离校。李昊龙安静地收拾好电脑上交。我站在讲台上,看着他们忙忙碌碌地搬桌椅,看着他们仔仔细细地揭下墙上的标语,看着他们小心翼翼地把窗台、讲台上的花草搬到办公室,看着他们把数不清的卷子塞进大书包,我拍拍手,突然舒一口气。

毕业照多照了一张。在教学楼门口的台阶上,他们几个人把刘澜涛抬起来,其他人姿态各异,我笑出了双下巴。

他们筹火晚会的时候,我正在济南阅卷。他们说"等你回来吧,老师",我说"不用了,你们一定要注意安全",叮嘱一二三四五六七八九十。据说他们玩得很开心,还有好几个表白的。第二天,我问梦洋都有谁表白了,他说:"我不知道,老师,我喝断片儿了。"

我知道他是真的不知道,三年时光足够彼此了解,我没骗过他们,他们也懒得骗我。愚人节的时候他们会互相骗,有的被骗到我办公室,我发两块糖弥补心灵创伤,他们咧着嘴巴回去。

24日出成绩,27日聚会。提前出国的、半路转文的,好多都来了。我熬了几天几夜给他们做了一组幻灯片。当酒菜渐冷,半数微醉,我给他们放幻灯片。屏幕上出现他们军训时黑黑的脸,出现他们高一时的稚气脸庞,出现孙启超的"煎鸡蛋"和"煎八分熟鸡蛋",他们有的在哭,有的在笑。

"记忆中,那些温暖的记忆,当时只道是寻常。"(幻灯片语)

三年,刚刚拿到北航通知书的孔昭宁,从一米六五长到一米八五;被中山大学录取的孙启超,从104斤终于艰难长到120斤;参加山东第一年异地高考的李昊龙,从入学的540分考到640多分。

夏天里的那场盛筵,终会散。然而记忆里永远有一个名字。

我们只是走进不同的河流,终将汇入同一片大海。

给新大学生的叮嘱

徒儿们：

近日你们捷报频传，往昔调皮捣蛋的你们已越来越像大人模样，为师甚感欣慰。你们即将高飞，我回一中"复读"。昔日烦你们的时候恨不能早些高考，现在见你们一个个拍拍翅膀要飞了，心底竟有些许不舍。眼睛亦有些酸楚，想必是中午洋葱迷了眼。想想整点儿啥送予你们，思来想去，吃喝易得，真话难得，便送你们几句叮嘱吧。

放下笔，好好听。

（1）无论什么时候，悲伤或者欢乐，喧嚣或者落寞，结伴抑或独行，出门在外，记得首要的是保护好自己。尤其是女生，假期搭车徒步之类的想法，现在就可以从根儿上灭了。

（2）大学是个小社会，多参与活动是重要的，但不要让自己变得浮躁。你要知道，大学是你人生的重要一步，别走错或踏空了。

（3）物质，差不多就行了。物质是永无止境的，不要靦着脸无休止地索取，父母给你提供学费和生活费已然不易。我很看不上一些孩子，明明父母已经非常辛苦，还要提出各种无理的要求。有本事，自己去挣。过分注重物质上的攀比往往意味着心理上的弱小。

（4）正常来说，理工科大学生活都应该是忙碌而充实的，你的提升往往和你的忙碌程度成正比。如果你感到很轻松，或者是因为学校做得不太够，或者是因为你做得不够。后者，你知道该怎么办；如果是前者，你要想办法让自己充实起来，学习英语口语或二外二专，参加各种竞赛或社会实践活动。如果现在对你的学校和专业不够满意，想办法让自己拥有满意的下一步。

（5）一般来说，大学里的爱情相对比较单纯，工作后的爱情比较现实。如果大学里爱情来了，我的建议是既要单纯又要现实。如果爱情没有到，不妨静心做好自己的事情。如果能够枝繁叶茂（努力充实提升自己，毕业后身体强健、工作奋进、前途远大……），当然不愁没有凤凰。

（6）爱情不是人生的全部，社会活动也不是，当然只会学习亦不见得最佳。周围环境越浮华，你越要坚定。因为坚定，所以坚持；因为坚持，所以强大。

（7）大学是个小社会。要知道有些东西可以改变，有些东西我们没有能力改变。对你不能改变的要学会接受，进而内心平和，不要成为祥林嫂。良好的人际关系会让你生活愉悦。

（8）好好利用在公共场合说话的机会，展示或者锻炼自己。从"不够好"到"还可以"便是一个很大的进步，但如果因为害怕而始终不去做的话，你只能停留在"不够好"的阶段。别怕丢人，那是一种成功的尝试，当然也不要笑话那些上台尝试的人。

（9）坚持体育锻炼，拥有健硕的身体将使你的精神更饱满、更持久。不要动辄用"没时间"作为借口，那些你用来睡懒觉或者刷视频的时间已经够你每天在操场跑 10 圈了。

（10）不要老待在寝室，多泡泡图书馆。不要在意别人说什么。不要为了所谓"合群"而丢掉自己的原则和珍贵的时间。你自己要走的路，只有你自己最清楚。

（11）生命是上天赐予我们最宝贵的财富。无论遭遇挫折、烦恼抑或质疑甚至羞辱，没有什么值得用放弃生命来证明。你的生命不仅仅属于自己，还属于所有爱你和你爱的人们。当你不慎踏入一个泥潭，切记它并不是你生命的归宿，当你后来走出它，你就会发现，它只不过是你整个人生中微不足道的一笔。

（12）诚信是这个社会越来越珍贵的品质，请你珍惜。学会量入为出，不要借贷，它将成为你沉重的负累。不要作弊，它会成为你一生难以抹去的污迹。如果你在意成绩，请你努力。如果你实在有急用，还有我呀！

（13）做一个懂得感受生活、有情感的人。你们都是理科生，然而出色的理科思维与精彩的生活感受并不冲突。为我们生命中的每一次惊喜而激情欢呼，为生命里每一个美丽的瞬间而激情感受，为我们未来美好的人生而激情拼搏。这才是真正充实、丰富的人生。

（14）大学是一个全新的开始。昔日的荣誉已成往事，昔日的寥落亦被甩在身后。珍惜这个崭新的起点。相信你自己。去尝试做到别人以为你们做不到的事情，那是相当酷的。

（15）做一个快乐的人。除非你投降，否则，没有人能夺走属于我们内心的快乐。人生有两种快乐最为真实和纯粹，那就是助人之乐与收获之乐。

（16）坚持学英语。从近处来说，你可以在四六级和考研英语中拿一个更好的分数；远一点来说，将来读英语文献的时候不会那么吃力。

（17）树立终身学习的意识。目标确立越早、越清晰，你的方向就越精准。如果你的目标是保研或考研，提前了解保研条件，或者提前做好考研的准备。如果你的目标是出国，那么提前想好你这几年都需要准备什么，是否应该从现在开始着手雅思，要不要进行深入的课题研究、发表几篇学术论文，要不要到有分量的公司积累实践经验，或者积累其他必要的奖项。这不是功利，而是在机遇来临之前做一个有准备的人。

（18）高考只是你人生中一个崭新的起点，你学习的意义在于塑造更强大的自己，提升自己和这个世界对话的底气，如果能力足够，还可以为更多的人谋取更多。你们已经是青年了，应该有自己的使命和担当。你们是这个国家、民族的未来和希望。我们还有很多方面为人所制。记住我曾经在课上对你们说过的话，你们不仅仅属于自己，更关乎这个时代的风向。吾辈，当自强。

（19）不要笑话农村来的同学或其他相对困难的同学，如果做不到悄悄帮助，起码做到闭嘴。

（20）不要只在缺钱的时候才想起给你的父母打电话，他们很牵挂你。和你的中学同学保持联系，当大学毕业四散时，多数人都会回到这里，你们会成为彼此最温暖的依托。

熟读以上所有内容，能背过最好。

爱你们的张老师

青春，不妨有一点亢奋、一点狂妄|

　　是的，你们本来，就是金子。尽管曾经的懈怠可能让它蒙上了一层浮尘，但是，后面的时光中你们要做的，就是拭去这些浮尘，努力擦亮自己，找到那个闪闪发光的自己，那才是你们本来应有的样子。

青春，不妨有一点亢奋、一点狂妄

——在新学期开学典礼上的讲话

各位领导、老师，亲爱的孩子们：

大家下午好！

我觉得这一年特别有纪念意义。我刚刚送走的 2017 级经历了第一年新高考，刚刚迎来的你们经历了第一年新中考，而且都经历了一个月无比充实的延期。让我们欣喜的是，你们都经受住了这一年的考验，迎来了自己崭新的开始。祝贺你们！

你们入校的那一天，我和 5 班的孩子们说了一些话，其中有一句是"从来没有什么点石成金"。所有优异的成绩都源于你们专注而努力的付出。而且，还有非常重要的一点：你们本来，就是金子。

是的，你们本来，就是金子。尽管曾经的懈怠可能让它蒙上了一层浮尘，但是，后面的时光中你们要做的，就是拭去这些浮尘，努力擦亮自己，找到那个闪闪发光的自己，那才是你们本来应有的样子。

愿你们有金子般最倔强的灵魂。当经历火焰的炙烤，脆弱者们随着一声叹息纷纷化为灰烬，而你们却骄傲地，蜕去杂质，更加纯粹，更加强大。进入高中，我们要迎接的考验有很多。你身边的竞争对象已与往日不同。你们往日或许是一枝独秀抑或几枝争艳，而现在，是百花齐放甚至千帆竞发。你们不仅要与中考胜出的优秀者们竞争，还要与全省乃至全国的优秀学子竞争。你们的课程设置亦与往日不同。高一 9 门学科的压力并不算小，而高二的"六选三"也对你们提出了新的挑战，高三时的全力冲刺亦很刺激。然而沧海横流，方显英雄本色，狭路相逢勇者胜。所谓"真金不怕火炼"从来不是一句妄语。我们已经看到了你们散发的光彩,而三年过后,相信经历了高考历练的你们,一定更从容、更坚毅,会放射出更加耀眼的光芒。

你们有金子一样闪耀的光芒。那是青春的光芒。青春是美丽的。它由奋斗书写,由热情铺就,由梦想导引,由年轻的心灵去感受。只有由奋斗书写的青春才是无悔的青春,只有由热情铺就的青春才是沸腾的青春,只有有梦想的青春才是充实而饱满的青春。然而同时,我也不希望你们成为书呆子。我向来相信,真正优秀的学生完全可以做到全面发展,你们有这个能力。那天我们在见面会上见到的优秀学长,很多都是中学里的多面手。吕林航,除了在信息竞赛、生物奥赛、数学创新大赛和英语能力竞赛获奖,还是学校手绘社团的主力成员、编程社团的社长、艺术节演出的主力、学校志愿服务的积极分子。上交的辛屹东、西交钱学森班的叶家卿、南开的杨亨瑞都是班级足球队的主力成员,而且都登上了艺术节的汇报演出舞台。他们都把学习这件事情几乎做到了极致,然而并不妨碍拥有更精彩、更绚丽的青春年华。接下来的三年,愿你们专注而丰富,这二者,本不冲突。

你们有着金子般美丽的梦想。我看到了你们在新生信息表上写下的志愿,那一个个响亮的名字令人无限向往。什么是梦想?梦想是用来实现的。它不是天上的泡泡,看似五彩斑斓,实则空无一物。它应该是你高中赛道上那道美丽的终点线,是你视线聚集的地方。它应该是一种发自内心,由内而外的,对未来的渴望。因为它的存在,你心无旁骛,全力追赶。

是否努力,决定了你人生的姿态,是主动,还是被动,是选择,还是被选择。

青春,不妨有一点亢奋,有一点狂妄。永远不要轻易说不可能,无数学长已经证明,你能到达的比想象的要更远。努力去做到那些别人原以为你做不到的事情,那样才酷。

你们生逢这金子般美好的时代。这时代风云变幻,是你们只要有实力、有能力就可以大放异彩的机遇期。何冰在《后浪》中感慨,你们有幸遇到了最好的时代,而这时代亦有幸遇到了最好的你们。希望你们努力成为最好、最优秀的你们,然后创造更好、更优秀的时代。希望你们在个人成长的同时亦促进更多人的成长。今日家国之责任,不在他人,而全在你们青年人。希望你们能够有青年人的使命与担当，用你们最睿智的头脑、最无畏的勇气、最专注的精神、最昂扬的姿态，锐意进取，破浪而行！

年轻人，你是否已听到了梦想敲门的声音？那是这世上最美的声音。为梦想而拼搏的青春，是最美的青春！在这三年的时间里，我们，青岛一中的每一分子，都愿意为你提供最无私的帮助，伴你一路奋力前行。当你从这里走出，你就会明白，青岛一中不只有"面朝大海，春暖花开"，更有坚实而厚重的土壤、倔强而向上的精神、温暖上进的伙伴、追求卓越的气氛。从今天开始，你的名字已经和"一中"紧密联系在了一起。愿你在这片百年历史积淀的土地上，收获人生最美的果实。

同学们，三年很短也很长，如果你蹉跎光阴，三年不过是转眼一瞬，而当你全力前行，这三年会成为你通往未来最好的桥梁。愿你无悔、无畏，愿你成才、成人。愿你超越众人到达终点，让我们看到你骄傲而灿烂的模样。

努力吧，年轻人！珍惜你这美好的三年光阴，当晨光升起，当原野初亮，世界呈现斑斓的模样，时光以新的姿态绵延，万物美好，你在中央。

谢谢大家！

当终点离我们仅有百米之遥

——百日誓师发言

我，今天，在这里，和大家一起见证这庄严的时刻。今天，我们离高考还有100天。

经历了12年的拼杀，我们已经看到了终点线的模样，那里彩旗飞舞，欢声笑语，梦想的大门向我们缓缓开启。

这个时候，我们一定要拼尽全力，无论经历多少艰辛，就是爬，也要爬过去！冲过去，叫功德圆满；倒在这边，叫功败垂成。

马云说："今天很残酷，明天很残酷，后天很美好，大多数人死在明天晚上，看不见后天的太阳。"努力容易，难的是坚持努力。坚持容易，难的是始终坚持！就像那个著名的"30天荷花定律"：一池荷花，用30天的时间开满了整个池塘。然而第29天时，池中的荷花才开了一半。最后一天开的荷花数，等于前29天开的荷花数的总和，前29天，都是积蓄力量的过程。

是的，就如这荷花一样，厚积才能薄发。积累是一个漫长而又孤独的过程，在这条路上最重要的不是兴趣，而是坚持和坚定。差一天，就会与圆满失之交臂。唯有坚持到底，方能荷花满塘。

为什么要坚持？因为梦想在那里。为什么要努力？因为未来在那里。为什么要竭尽全力？因为终点在那里！它离我们只有百米之遥，这个时候还不拼尽全力，你还要等到什么时候？只有强者才能过自己想要的生活！若不够强大，只能被取舍、被选择。我们要让自己变得足够强大，只有这样，我们才有更多选择的权利！

100天很短，对于得过且过者，它转瞬即逝。100天很长，对于争分夺秒者，每一天，都是机会。

前行的道路上会有风雨，有挫折。我们或许会因一次退步而质疑自己的能力，或许会面对厚厚的试卷而感到不堪重负。这很正常，高考面前所有人都有压力。但高考给予每个人的压力是等同的，它把松垮的压成粉末，把坚韧的变成钻石，关键在于你是否有坚定的意志。航海家哥伦布在浩渺的大海上找不到方向的时候，坚持每天在航海日记后面写上一句：我们在前进。希望每一个含着眼泪奔跑的日子，我们也可以坚定地告诉自己：我在前进！前进，便在接近；接近，便有无限可能。

同学们，假如，明天就高考了，你用你全部的虔诚向上帝祈祷："万能的上帝，我还有一些知识没有完成，一些问题没有解决，求你再给我 100 天，100 天就够了，好不好？"现在，万能的上帝就给了你 100 天！你要如何使这 100 天发挥最大的价值，解决更多的问题，创造更多的可能？如果你还没有来得及想，现在马上去想，马上去做！别在机会面前踟蹰不前，别让这珍贵的 100 天成为你终生的遗憾！

100 天里，我们要摒弃一切杂念，让生活尽量简单，以最专注的姿态去做我们现在最该做的事情。"吾尝终日而思矣，不如须臾之所学也。"专注走好脚下每一步。愈专注，愈平和；愈平和，愈高效；愈高效，愈坦然。

我们要珍惜时间，注重细节。这 100 天，有的人把它过成 50 天，而有的人却可以过成 150 天。我们不能让时光倒流，但可以不让一分光阴虚度。希望你们不放过任何一个疑问，不错过任何一道习题，不放弃任何一个哪怕多得一分的机会，一分一分地积攒。书写越来越规范，步骤越来越严谨，自习越来越高效，基础越来越扎实。我们希望看到早晨教室里，更多的同学在晨读；课间走廊上，更多的同学在追问；每节课堂上，更多的同学在专注倾听。我们希望，当高考结束回首这 100 天时，你可以自豪地说：我没有因虚度年华而悔恨，也没有因碌碌无为而羞愧，我尽到了我全部的力量，我问心无愧。

同学们，"骐骥一跃，不能十步；驽马十驾，功在不舍"。拔河到了最后的时刻，这是最艰难的时刻，也是决定胜负的时刻！谁咬住牙，谁就赢了！世界上本没有奇迹，流的汗多了，便成了奇迹。而下一个奇迹，就是你！你敢不敢，用这

100 天去实现它,展示你真正的实力? 高考之后,面对曾在中考中领先你的同学,微笑着,在心底说一句:"我起跑的时候慢了一点,但我冲刺的时候到了你前面。对不起,我赢了。"

让我们一起努力! 100 天后,我们在这里等你胜利的消息!

与青春为伴，携天真同行

——教师节发言

各位亲爱的战友：

大家好！教师节快乐！

很荣幸在我工作的第 19 个年头，站在这儿和大家叙说我的感受。

很幸运，这生命中最充实、最宝贵的 19 年，能够在这样一所美丽、厚重的校园，能够和这样一些美好、温暖的同伴相处。这些年，在我生命中留下了太多充实、温暖的记忆。难忘当我迷茫的时候各位领导给我的指点，当我惶惑的时候各位同事给我的鼓励，当我虚弱的时候各位亲友赋予我的力量。多么幸运，在这生命中最重要的年华，有你们陪我成长。

在这段饱满而充盈的时光里，我看到太多，感受太多。

我看到语文组的伙伴们一边哭诉着"上辈子杀了人，这辈子教语文"，一边晚上加班到 10 点，批一堆堆最难批的卷子，忘了午休，忘了周末。

我看到各位班主任一边念叨着"再也不要他们了"，一边"屁颠屁颠"在班里像个老婆婆一样强调多喝水、少吃零食、多活动、中午睡觉关空调。

我看到神经衰弱的同事早晨哀叹"完了，又失眠了"，上课却笑出最美的黑眼圈；看到她们病痛时紧蹙的眉头，踏入教室却瞬间绽放的笑容。

他们说：很多事情其实没想太多，只是习惯，只是不由自主。而这份习惯却出自内心最朴素的一份情怀。优秀的个体，在身边，无处不在。

曾经有朋友问我："你为什么要一直当老师呢？"

我也曾经疑惑地问自己：为什么要当老师？自从当上老师尤其班主任，真实的感受是日子瞬间变成了快进模式，生活的像素被调低。曾经一朵花、一片叶都可以让身心荡漾,后来往往一个季节扔进去都听不到水声。哗,一年过去了;唰,三年过去了;唰唰唰,十年过去了。学生不再是那些学生,讲台还是那个讲台;青春不复是那个青春,情怀还是那份情怀。

我"使劲"总结了下,觉得当老师有如下优点:

当老师,整天和一帮新锐少年斗智斗勇,整天做题、备课,更新知识结构,不容易得老年痴呆。

当老师,整天被一百多双眼睛盯着,对自己的形象不会轻易放任。

当老师,让我们一直拥有美好的梦想。

当老师,一直和孩子们相伴,让我们始终保持温暖和善良。看到孩子们失落,情不自禁想去安慰;看到孩子们生病,不由自主便去呵护;看到孩子们不用心学习,忍不住替他们着急;听到孩子们胜利的消息,发自内心地为他们高兴。我们的老师们抱着满满的善意,一路行走,一路播种,一路耕耘,一路开花。在这样一种满怀善意的环境里,我也不断受到感染。

当老师,让我们始终与青春为伴,携天真同行。与孩子们相处最好的一点是让我们感觉自己一直没有长大,每日教室归来,仿佛仍是少年。有时不照镜子的时候会有一丝恍惚,觉得仍是那个毕业不久的青涩大学生,开会迟到想报告,见了领导会紧张。不过前几天,我发现了一个很严峻的现实。我这届学生家长里有五个比我小……以前孩子们顺口叫我"磊姐",现在他们的爹妈也好叫我"姐"了,孩子们估计好叫我"大姨"了。但"大姐"也好,"大姨"也罢,希望我们内心深处能够始终保持晴朗和纯真,像这秋日天空般宁静、悠远。我想,这也是我们作为教师珍贵的宝藏之一。

归来仍少年,希望我们每一个人都能够保持少年般纯洁的心灵、少年般明媚的笑容、少年般清澈的眼神。以后的日子,希望我们能够以对待学生的温暖和耐心来对待我们的孩子、我们身边的每一个人,那么,我们的生活,一定会更加温暖和幸福。

亲爱的同志们、亲爱的战友们,在这欢聚的时刻,让我们一起为自己喝彩,为学校喝彩,祝愿学校明天会更好,祝愿我们每一个人每天都最好! 谢谢!

我只是一名普通的班主任

——班主任节发言

各位尊敬的领导、老师，亲爱的同学们：

大家早上好！

今天，谈谈我们这个特殊的群体——高中班主任。

什么是班主任？

学生说，班主任就是你自习课说话的时候、中午不好好睡觉的时候恰好站在你身边的那个人；

老公说，班主任，就是平时在家啥都不负责，就负责对我们进行思想教育的那个人；

楼下邻居说，班主任啊，就是那个你晚上睡着了，他咚咚咚咚地回来了，早晨还没醒呢，他又咚咚咚咚地走了的那个人；

孩子说，班主任，就是在我睡觉的时候轻轻坐在床边看着我，我不睡的时候却看不到的那个人。

班主任们说，这是一份特殊工种，我们要把一群四蹄乱蹦的野马训练成所向披靡的战马。

这也是个良心活儿。

别人眼中的我们，目光坚定，声音铿锵，行走如飞，斗志昂扬。

选择做班主任的那一刻，其实每人心底都明白这意味着付出和割舍，然而依然默默地接过，默默地开始，默默地付出，默默地为孩子们撑起一片天。然后，习惯了夜半醒来时满脑的心事，随时可能响起的电话；习惯了清晨海面上跳动的一轮红日，夜晚天边挂着的月牙儿。是的，一切已变成习惯。看到孩子们生病,不由自主便去呵护;看到孩子们不用心学习,忍不住替他们着急;听到孩子们胜利的消息,发自内心地为他们高兴。

我们知道:尽管我们只是普通的班主任,但眼前的每个孩子都承载着整个家庭的期望,眼前的每一点空间都连续着他们未来世界的无限宽广,眼前的每一分每一秒都通向他们人生最美的梦想。

因为我们知道,每一个孩子,对我们来说是几十分之一,是几百、几千分之一,而对于这个家庭,对于这个孩子的一生,却是全部。

因此,在这个日子,向所有可敬的班主任致敬,向所有关爱、支持班主任的人们感恩、致敬!

并祝所有在座、在站同学,学业顺遂,成就梦想。所有同仁,家庭幸福,身体健康。谢谢!

我们为什么要好好学习

——在国庆升旗仪式上的发言

大家早上好！

今天我想和大家讨论的议题是：我们为什么要学习？

有的同学说，为了考个好成绩、上个好大学。

有的说，如果不学习，爸爸妈妈会生气，自己也不开心。

有的说，没想过原因，觉得现阶段任务就是学习。

我要给第三类同学点赞。因为他们知道什么时候该干什么时候的事情。我估计这部分同学高中三年大概率不会谈恋爱。

也为第二类同学点赞。他们非常照顾父母的感受，应该是很孝顺的好孩子。

而第一类同学有自己清晰的目标和方向。这份清醒是高中阶段非常非常重要的特质。

大家的答案都没问题。现在，我们站在这里，在中华人民共和国成立72周年庆典的旗帜还在天安门上空高高飘扬时，我想我们或许可以把目光放得更远一点，思考得更深远、更广阔一点。

近期有两个新闻刷屏，一个是孟晚舟返回祖国，一个是神舟十三号成功发射。听到这些喜讯的时候，我们心潮起伏，热泪盈眶，再回想起奥运会上祖国健儿们夺冠时我们内心的感动和骄傲，我们无意中发现，在内心深处，我们和祖国的血脉已经紧紧联结在一起，喜乐相通，休戚与共。

在我们的课前演讲里，我们看到了吴孟超、叶嘉莹九十几岁的高龄依然在拯救生命，在传播祖国优秀文化，听到袁隆平用英文向世界传达我们的新发现。

60岁、70岁、80岁、90岁……当很多人一日日静待命运的枯萎时，他们却依然不停绽出新叶，开出繁花，一直到最后仍葆有孩子般的天真，始终保持着生命的蓬勃和热情。他们或许没有亿万豪宅、万贯家产，但他们始终有一种发自内心的平和与纯粹，一生从事一份喜欢的、热爱的、有价值的事业。这是一种多么厚重而灵动的人生。

我们每位同学都已完成高考的选科工作，也基本确定了我们的人生走向。而我们的人生走向和祖国的发展也是不可分割的。我们每一个人，都有自己存在的意义和价值。即使是一颗小小的石子、一粒微尘，在历史的发展中也有自己的分量，有自己的光和热。如何在有限的人生当中更大程度地实现自己的价值，或许是我们每个人应该思考的命题。首先，语、数、外是一切的基础。然后，为了有更多的北斗、墨子、祝融上天，为了解决光刻机难题，为了有最先进的武器可以保家卫国，请你好好学物理。为了让我们的航天器有更轻便、更耐高温的材料，更优质的能源，为了我们的食品和容器更安全，请你好好学化学。为了早日找到疑难杂症的遗传密码，为了早日打败病毒，请你好好学生物。为了让我们的后代领略祖国几千年来的灿烂文化，为了启迪他们的心灵，请你好好学政治和历史。为了更好地发现并利用自然，请你好好学地理。为了让人民有着更高雅的情趣和更强健的体魄，请你好好学习艺术以及体育。

我们每个人都是带着使命来的。希望我们都去做一个发现者、推动者、创造者，而不是彷徨者、等待者、旁观者。我们不能躺在前人的功劳簿上坐吃山空。在卫星发射现场，我们看到除了白发苍苍的专家，有越来越多年轻的面孔开始出现。在全运会赛场上，越来越多的小将成为新的金牌得主。我们知道很多专家奋斗到高龄终离我们而去，而他们手中的棒需要我们接过来，并继续向前奔跑。一代人有一代人的使命，一代人有一代人的担当。我们遇到了最好的时代，我们也一定会让时代遇见最好的我们。愿我们每一个人不断砥砺完善自我，在祖国的发展中留下自己的光和热，不负青春，不负人生。

珍惜韶华，珍惜青春

——微电影首映式发言

各位领导、老师，亲爱的同学们：

大家下午好！

相信大家和我一样，看完影片觉得心里很沉重。在看的过程中，我一直在思考，作为一名教育工作者，我们该做些什么才能帮助这些孩子，让他们健康成长，而不是成为校园暴力的施暴者、受害者。

很多荒唐的行为起源于幼稚和无知。这几年，我们欣慰地看到教育部门越来越关注校园欺凌事件，越来越关注孩子们的健康和安全。安全平台上多次出现预防校园暴力的内容。我们学校也非常重视这方面工作，多次邀请法制工作者为全校师生做专业法律讲座。学校还指导我们开了主题班会，办了主题展板。有了上级部门的指导、学校领导的关注以及专业人士的引领，我们相信，这片阴霾一定会渐渐散去。

作为班主任，我发现很多孩子的心理问题都有其深层根源。影片中几个孩子的家庭教育都存在缺失：鲍文泽父亲教导他一味忍让，袁振父亲教给他以暴制暴，陆旭等孩子缺少来自家庭的必要的关爱。因此我觉得，我们不能只看到这些孩子表面的暴力行为，更应该看到他们隐藏在行为之后的内心诉求。每个人的负面情绪都是日积月累的结果，如果这些行为异常能够在萌芽时被发现、被引导，那么，后面的悲剧就不会发生。

还有周围的人群。鲍文泽那么悲伤地说："他们打了我十几分钟。"当时，如果有一位同学及时报告老师，而不是看热闹甚至于拍照取乐，那么，后面的悲剧可能也不会发生。

因此，我呼吁每一位教育工作者密切关注孩子们的心理健康，能够及时发现孩子们的异常，并进行及时干预、引导。作为家长，要适度接纳并化解孩子们的负面情绪，用理性的行为去解决问题，而不是以暴制暴或置之不理。作为同学，希望大家能够以一颗悲悯、同情、善意的心灵对待这世界。不旁观，不纵容，更不要去模仿。而如果你遭遇了不公正的待遇，请一定及时来找我们，我们一定会做你的强大后盾，请你相信。

看完影片，我相信每一位都和我一样深受震动。感谢影片创作者为我们拍摄了这么有意义的作品，鲍文泽等几个角色都是由一中学生出演的，相信我们的学生一定会从中受到很好的教育。韶华易逝，劝君珍惜。相信在我们的共同努力下，善意必将取代冷漠，关爱必将代替伤害。这片阴霾会渐渐散去，孩子们会在晴和的天空下健康、快乐成长。

谢谢大家！

能力不行，不过是懦夫逃避的借口

——十九届五中全会主题升旗仪式发言

前不久，有人在知乎上问了这样一个问题："不甘于平庸却又莫名浮躁、无所事事，对现状不满却又无力改变。求：怎么破？"

我想，这也是在站的我们很多人所纠结、所挣扎的现状。

但或许你应该为自己感到庆幸。纠结、挣扎，是因为你心存不甘；追问、痛苦，是因为你心有所求。我们相信你的内心，依然有很多梦想在闪光。只不过，因几次小小的成绩，你有一点点迷茫。

而历史的发展也好，人的发展也好，有一点惊人相似，那就是：最初，都是步履蹒跚、跌跌撞撞、鼻青脸肿，甚至于头破血流。

然而后面的走向便分为三处：一些人汲取教训，奋力前行；一些人不思悔改，依然如故；一些人一蹶不振，说"我不行"，就地躺下，赖着不肯起来。

第一类人，叫胜者；第二类，叫庸者；第三类人，已经不存在了。

你，属于哪一种？你正在做的，又是哪一种？

十九届五中全会报告有这样两个重要部分：一，对过去的总结；二，明确我们的使命和后面要解决的问题，找到努力的方向。

一个国家如此，一个人、一段学习，亦是如此。

你，做了吗？

总结，是为了更好地反思；而反思，是为了更好地前进。

曾有一位记者问海尔集团张瑞敏："海尔前几年收购了美国通用电气家电业务，国际上企业并购后的整合是非常难的，那么，海尔如何应对这个问题？"张瑞敏微笑着回答："1992年，通用本来准备兼并海尔，当时提出的是在中国找一个非常有潜力的企业,选中了海尔。但是,谈了两个多月没有谈成,因为海尔没有同意它的兼并。没有想到,24年之后,海尔反而兼并了通用电气家电业务。也就是说,当时海尔的规模是非常小的,但海尔现在的规模已经远远超过它。而兼并重要的因素就是你本身的实力要够强。"

中国海尔和美国通用,曾经被吞食的对象现在反过来兼并了对方。考场亦如市场。不到最后一刻,你永远不知道鹿死谁手。进入高中,很多同学的成绩与中考相比已经有了翻天覆地的变化,下一次,变化会更大。直到高考,依然有人在不断实现超越。所谓基础不好、能力不行,不过是懦夫逃避的借口。只要你想,每一天,都是机会。

最后,和大家分享我很欣赏的几句话:

没有哪个人能够独自应对面临的各种挑战,也没有哪个人能够退回到自我封闭的孤岛。合作,至关重要。

我们不能因现实复杂而放弃梦想,不能因理想遥远而放弃追求。每一天,都是机会。

历史只会眷顾坚定者、奋进者、搏击者,而不会等待犹豫者、懈怠者、畏难者。

爬上山顶并不是为了让全世界看到你,而是为了让你看到整个世界。愿你现在所有的遗憾,都是未来惊喜的铺垫。

让我们共勉,谢谢!

五月，属于母亲

——五月升旗仪式发言

五月，从劳动开始。劳动的主角依然是母亲。其实不仅仅是"五一"，所有的节假日，劳动都是母亲不变的主题。她把我们弄脏的校服洗得洁白，把我们汗湿的鞋子变得清香，挖空心思准备我们爱吃的饭菜，细心收拾我们离家的行囊。她以不变的姿态做着这些，做得那样熟练、那样自然，自然得我们甚至忽略了这一切的存在。下一次，或许我们可以搭把手，或者说一句："妈妈，今晚的饭菜真好吃。今天的碗我来洗。"她或许会开心地接受，或者会忙不迭地推辞，然而她的心底，必是满满的幸福和甜蜜。

刚刚过去的周五，是"五四"青年节。回首来时的道路，我们却有些无措，什么时候，我们已经由儿童变作了青年？我们长高了，梦想变得越来越近、越来越真实，我们拥有了更高的追求、更多的秘密。然而同时，我们却打着"成长"的旗号叛逆。我们抱怨母亲的唠叨，抱之以冷语和漠然。其实你是否想过，母亲何尝不为我们的冷漠而伤心，然而，她依然给我们最贴心的照顾、最细密的关爱。而我们往往忽略了一个事实，那就是：我们来到这个世界的时候，母亲正也是青年。她们拥有最美丽的容颜、最动听的声音、最狂妄的梦想、最清澈的眼神。然而，伴随我们的成长，所有这些，却渐行渐远。"岁月在你身上燃尽，换来儿女成长。"然而母亲并不曾后悔，她为我们的长大而自豪，而由衷欣慰。希望你们记住，长大并不仅仅意味着叛逆和逃离，长大更应该是一种宽容、坚韧，拥有能够做好自己的事情并关爱他人的思想，对个人、对家庭、对社会的责任感，以及能够为父母分担劳苦的意识。

五月，母亲拥有了自己的一个节日。五月的风很软，五月的风里有花和草的清香。"谁言寸草心，报得三春晖？"或许我们现在做不了太多，然而我们只需要试着去咀嚼母爱，去体味母亲的付出，然后，在这个美好的日子里，用最专注的眼神、最真诚的声音，告诉她："妈妈，我真的很爱你。"

秋天，再出发

——山东省优秀班主任工作室授牌仪式代表发言

各位领导、老师：

大家好！很幸运在这里和大家汇报我的班主任成长经历。

我是 1999 年参加工作的，除了有几年连续带高三学生外，几乎都在担任班主任。做班主任的感觉很奇妙，如果说以前更多接触到学生的花和叶，现在则进一步看到了他们叶脉中汁液的流动，触摸到他们根系的生长，工作变得更加厚重和饱满。从蹒跚学飞到能够独立飞翔，我一路上感受到无数帮助的力量。在大家的托举下，我由一开始的校标兵班主任、首席班主任，到青岛市最美班主任和第二届名班主任工作室主持人，今年又有幸入选首届省优秀班主任工作室主持人，所带班级也一直在各方面全面发展，得到了大家的肯定和鼓励。在很多人眼中，我似乎已经是一名老班主任了，可我始终觉得自己只是班主任队伍的一名新兵，自己要学习、要做的实在太多。

一、这是一片会生长的土地

有人说，校园是一片会生长的土地，学生在这片土地上茁壮成长。而我一直觉得特别幸运的是，上级部门和学校也为我们的成长提供了肥沃的土壤。

感谢学校"以老带新"的班主任培养机制，为每位新手配备了有经验的班主任导师，从教学、管理和个人成长方面进行全方位指导帮助。感谢学校的"金字塔"培养模式，从青年骨干班主任到标兵班主任，再到首席班主任，为每个人铺设了坚实的上升阶梯。每年班主任节的举办，使我们不断收获前行的力量和勇气。定期举办的班主任沙龙、班主任讲座等更使得我们的思想逐渐丰富，在个人的专业发展之路上坚实前行。

感谢市教育局给予我们的诸多成长机会。青岛市名班主任工作室的成立，使得我们有了更高的交流平台，使我们有幸和郊市区的各位骨干班主任一起探索教育真谛，总结教育规律，实现个人成长。去年市教育局安排我参加了北京科教院全国班主任培训班，使我有幸聆听诸位大家的教诲，时有醍醐灌顶之叹。教科院组织的系列学习型班级建设论坛、工作室阶段总结交流以及名家讲座等，均使我们受益匪浅。在我们参加市级、省级和全国班主任基本功评比活动时，又安排了经验丰富的老师带队，安排专家进行了多次针对性培训，这才有了后来的优异成绩。一路行走，一路感恩。

二、这是一个不断萌发的进程

我曾经和年轻老师说，我们做的每一项工作其实就有一个根本目的，那就是帮助孩子们成长。而事实上，我们也在和孩子们一起不断成长、不断收获。

（1）有所做，有所获。每当一届新的孩子们送到我的手上，每当新的工作室开始成立时，我都感觉到肩头沉甸甸的责任。一个人可以率性而为，而带领一群人则必须严谨而缜密。因此作为班主任，我一直致力于引导孩子们实现持续成长、全面成长，提供各种平台让他们感受到世界的广阔，搭建各种桥梁让他们体味亲情的温暖，抓住各种契机使他们得到素养的多面提升，创设积极情境让他们感受到高三的昂扬。作为工作室主持人，我为每个成员细致打造了个人成长计划，进行了多方面技能培训，组织了多个问题的针对性研讨，在公众号发布原创文章100余篇，一直致力于教育教学工作中"真问题"的深入思考和剖析，有20余篇文章被教科院公众号转载，多篇发表于《教学与研究》《班主任之友》等。在工作室成立两年多的时间里，五人被评为青岛名师、青岛市最美教师、学科带头人和优秀班主任，两名青年教师也先后在基本功比赛中获全市一、二等奖。

（2）有所激，有所得。有的人说，年龄不小了，进入了惯性的轨道。我也曾经有过这样的闪念，但同时我又深深知道，不断学习、不断提升就是一个再萌发、生长的过程，一味地等待和驻足看来闲适，却又何尝不是一种萎落。于是，我一方面努力带领学生和成员成长，另一方面，努力为他们做好表率。公众号一直坚持和成员们一起轮换编辑更新，各项活动也是积极报名参加：申报课题，承担研讨会发言，参加比赛，把工作的点滴感悟写成文字。通过参赛，我也深深意识到，做班主任除了完成日常工作之外，一定要有自己系统、科学的管理方略，要有不断积累过程性资料的习惯，更要有不断学习和总结的意识。而自己以前做得很不够，以后要努力改进。

与在座的各位相比，我经常觉得很惭愧。很多同仁不但善于深度探究和思考，且有极强的行动力。而很多时候，我需要不断与内心的惯性思维和懈怠进行斗争，逼着自己走出舒适区，才有可能更多触摸到外面的世界，在这个过程中又更发现自己的不足，找到新的方向。这是一个痛并快乐着的过程，有不间断自我否定的痛楚和迷茫，亦有认知不断提升、褪羽新生的战栗与幸福。

三、这是一个充满无限可能的舞台

现在，又一片崭新的土地展现在我们的面前。这是一个载体、一个平台、一个熔炉、一个家园。我将和大家一起秉承"追求卓越，提升自我，带动辐射"的工作目标，力求不断更新教育理念，使得自己的教育方塘"天光云影共徘徊"。我会加强学习，用一种安于平静甚至孤寂的精神去夯实教育教学理论基础，利用这个平台不断提升自己的专业素养和研究水平，并在前期青岛市名班主任工作室建设的基础上，立足教育教学实际，继续研究"双减"大背景下学习型班级建设思路，继续向下纵深进行科学探究，向上扎实推进人才培养，解决班主任工作和学生成长过程的"真问题"。

我将广泛学习，在大家的帮助下继续成长。在座诸位都是教学名师和教育大家，既是崇高教育理想的践行者，更是教育前沿的开拓者。我清晰记得在来时的路上诸多同仁给予我的温暖扶持，在以后的日子里，期待与大家一起走得更快、更远。

各位领导、各位同仁，站在这个崭新的起点上，我感到一分信任、两分鞭策、三分压力、四分挑战，合起来就是整整十分的使命。这份沉甸甸的使命捧在手里、担在肩上、放在心中，使我不敢有丝毫懈怠。身担教育使命，心揣炽烈情怀。这个美丽的秋天，让我们一起带上行囊再出发，在这片希望的田野上，写下最美的一笔。

与大家共勉，再次感谢！

年轻人，别让年龄限制了你的想象

——写给年轻教师

我和年轻人聊起来的时候，经常对他们说的一点是：不信邪。

比如，有的年轻人认为年轻教师就应该不如老教师。

从来没有这样的道理。教育教学，最后干得如何，向来与付出有关，与方法有关，与用心有关。最不重要的，恰恰就是年龄。

年轻人最珍贵的是什么？是那种初生牛犊不怕虎的锐气。

记得大学时学了三年的各种教育学、心理学，各个朝代文学，还有各种让人发麻的理论，老师说要开始试着讲课了。

当时两个班合班上大课，我是两个班第一个上去讲的，选的篇目是秦牧的《土地》。当时想的是，越往后越紧张，不如第一个。这样自己弄完没了心事，还可以静下心来听别人的。

这篇文章并不简单，我当时抱着课本趴在床上，想除了古老的串讲之外，还有什么更好的切入方式。

我真的想到了一个特别好的切入点，用两个词语串起了整篇文章。于是我很亢奋，一点点补充细节，上台的时候丝毫未有紧张，心里满满的是兴奋。

后来到一所高中实习。带的班是年级唯一的重点班。很多年后，我还记得他们满脸兴奋、叽叽喳喳的样子。

真是太喜欢那段时光了。

尽管每天要早起，经常冒着冷风赶公交车，但那些学生，真的是太可爱啦。

班主任孙老师出差一周，中间恰逢学生运动会，学校安排我当播音。我很委屈地问领导："为什么不让我带班？"领导笑了："别人都恨不得挑点儿清闲活干，你专门挑大头啊。"

这个班除了正常的比赛之外，还担任了大会的服务工作，包括大会所有工具的安排，比如说，跨栏的栏杆要准时摆到正确的位置，结束后又要第一时间搬走。有一场比赛时间特别紧张，我和学生一起扛栏杆。带着学生去领工具的时候，那个老师说："叫你们老师来。"学生笑了："这就是我们老师。"

嗯，那时二十多岁，满脸都是朝气。

后来还给他们开了运动会总结班会。

定汇报课篇目的时候，我定的是一篇有些意识流的《过万重山漫想》，我采取的讲授方式是扣住"漫想"二字：漫想，就是漫无边际地想，那么你读这篇文字的时候都想到了什么，有哪些问题，大家一起提出来，我们一起在课堂上交流解决。

目前记得的一个细节是学生提出里面"鸥"的问题。我用杜甫的"飘飘何所似，天地一沙鸥"和范仲淹的"沙鸥翔集，锦鳞游泳"来引导他们明白了景情之间的关系。

现在回头看看，当时的这个思路还有点儿超前……这不就是现在的"翻转课堂"吗？当时没想这么多，只觉得这样的课堂更生动有趣，学生参与度更高，很想试一试。

正式入职之后，这篇我又讲了一次，感觉不如第一次效果好。很多东西，还是"新"的时候更有感觉。

第二次、第N次，熟则熟矣，却失了初见时的那种怦然心动，不免多了匠气。

所以，我并不是太喜欢讲自己以前比赛过的篇目。很多人说："哎呀，这篇你以前出过课，直接拿来用就行。"其实不是，当时思来想去，再三研磨，嚼碎了，撑着最后一口气到比赛结束，这篇文章就再也不想看，再也不想讲，即使用了当时的思路，也再也找不到当时的感觉了。

"人生若只如初见"，哈哈。

所以说，这就是"新"的优势。新的，是早晨的第一颗露珠，是春日的第一片嫩芽，是欣欣然的，是无穷的。

说这些是什么意思呢？就是想告诉和我当时一样新、一样年轻、一样愣的年轻人：什么也不要怕，干就完了。

现在回头想想，也特别庆幸碰到那么多特别好的前辈。学校给了自己无数尝试的机会，我的师父杜老师虽然不太看得惯我张牙舞爪的二愣子作风，但一直耐心地给我指导很多特别实用的内容，比如如何抓知识的落实、如何找学生谈话，令我在后面的二十几年时间里，受益匪浅。

我入职后的第一次期中考试，班里考了倒数第一。

是的，自视这么高的我，所带的班居然考了倒一。

后来我自己也分析，师父也帮我分析。我发现自己的问题主要出现在两个地方：

一是对落实抓得不够，在有些方面，自己太理想化了。比如，考前我提醒学生《史记》相关内容很重要，组长说要考。以为这么一说他们肯定要吓死了，会拼命复习，后来发现根本不是这样，必须拎着脖子检查，甚至拎少了还不一定管用。

二是知识点主次不清。我记得有一次大家来听我的课，我正带学生复习《逍遥游》，当场检查了一会儿学生，特别得意于学生连"数数然"的解释都倒背如流。后来经过高考才发现，很多我觉得很重要的根本不考。这也是年轻教师客观存在的问题。为什么要多听老教师的课？不光是听思路，也要留心听重难点。

后来我把这些问题想明白了，带出的学生成绩就慢慢好了。

现在我们来理一理，年轻教师有哪些天然的优势呢？

一是最充沛的精力。这是年轻人一个非常大的天然优势。因为年轻，体力、精力均优，而且能够有充足的时间来开展各项工作。这一点是很多有经验的老班主任可望而不可即的。

二是最前沿的思维。近几年看了很多班主任的教育案例，其中很多令人惊叹的操作都来自年轻班主任。他们不刻板，不守旧，不受固定思维的桎梏，往往有很多出人意料的点子。年轻人往往拥有最活跃的思想和最前沿的知识，这是当好新时代班主任的重要前提。年轻人一定不要浪费了自己的这个优势。

三是最新锐的视野和技术。"视野"是个比较宽泛的概念。举个很简单的例子：一个已经工作了 20 年的班主任，看起来各方面都很有经验，是班主任中的熟练工，然而他的心理学知识是 20 年前的，他的教育学知识是 20 年前的，而你的全都是最新的。这 20 年里会有很多教育理念的革新，尽管我们每年都会有新知培训，但也弥补不了其间的巨大差距。除此之外，你的脑海中还有很多新的东西：二次元、电影、电脑游戏、音乐、体育项目，甚至"网红"、明星……你的脑海中都是最鲜活的有生命力的东西。在整个教育过程中，你会发现，你懂得的每一点都不会白费，它们将是你拉近与学生距离、创新教育思路的非常好的辅助。更不必说各项教育教学新技术。记得我们有一次工作室培训，当工作室中的"90 后"小姑娘教给一些老班主任"班级小管家""腾讯文档"等小程序的使用方法时，这些老班主任不时发出惊呼："原来成绩可以这么发！""原来信息可以这么收集！"而这些新技术极大地提升了班主任工作的效率。对于其他新技术，如音像文件的编辑、微课的录制，甚至课件制作技术，年轻人无不有其独特的优势。

四是对学生心理的精准把握：常言道"三岁一代沟"，那么，我们这些中年人和班里的学生已经隔着一个"战区"。而你们不一样，你们和学生在相邻的位置。你们多数都是独生子女，从小的生长环境包括用过的教材和学生的可能非常相似。他们在青春期的头上，你们在青春期的尾巴根。你们的很多心思是相通的，你们可以自豪地把自己摆在"同龄人"的位置，与学生的心灵更容易接近，也更容易沟通。

但是，年轻人有没有容易出现的问题呢？也是有的。据我的体验及了解，年轻班主任容易出现的问题主要有以下几种：

第一，容易上纲上线，把学生犯错和"不听话"联系起来。

年轻班主任有时容易过度重视学生"听不听"，犯"情绪主导理智"的错误。年轻人往往有一个特点：自尊心强，比较爱面子。学生其实也是这样。这就容易导致一个问题：面对同一件事情，老班主任可能应对得比较从容，不会失态，也不容易失言，会用更合适的方法（比如私下交流）解决问题；而年轻班主任则很容易冲动，会比较看重自己丢面子这件事情而忽略问题本身，更倾向于往"这个学生居然不听我的，让我的面子往哪儿搁"方向上想，就比较容易硬碰硬,控制不好自己的情绪,甚至说过头话,让事情陷入更加被动的局面。

在这儿我要提醒各位年轻班主任,一定要记住不要和学生较真。有时候学生不配合,未必是内心抗拒,也可能是觉得在同学面前丢了面子,需要用一种抗拒的方式挽回来。这也是青春期一个非常典型的特质。因此,班主任应该把自己放在一个长者的位置上,把学生放在孩子的角度,不和他们一般见识。

比如,之前碰到一位班主任谈起这样一个问题:孩子早晨睡觉,班主任让他站会儿,他就是不站。遇到这种情况,你能怎样?要么你把他抱起来,当然这样不合适;要么你放纵自己的怒火,与孩子越来越对立;要么你快气疯了,向家长控诉,让家长教训孩子,这也不合适,容易把孩子彻底逼到自己的对立面上。

我们现在来想一想:他早晨犯困还不站,是谁的错?他的错。他的错丢的是谁的面子?他的。他越是固执就越是被动,就是一个小朋友犯糊涂,上来偏劲了而已,和藐视你没有半毛钱关系。所以,你大可不必把问题往自己身上引。你可以先搁置一下,后面再处理;也可以把这个孩子悄悄叫出去聊聊,你往往会发现这孩子一出去就屁了,为什么?因为他虽然面上绷着,其实心虚得要命,就是碍于面子死撑着而已。所以没有必要和他较真,更没有必要因此而生出挫败感。对付这种孩子,你越从容、越淡定,越占据主动。要是当着其他学生的面和他吵吵起来,只会让事件越来越被动。要是你再认为这孩子因为不尊重你、不喜欢你才这么干,更要委屈、伤心死了。其实,很多戏是自己给自己加的。这种情况往往只是一个孩子在成长阶段中犯了一个小小的偏而已。

第二,容错空间小。

刚才说了,年轻班主任往往很要好、要面子,因而往往会有完美主义的倾向,怕出问题,希望学生千万别惹出什么乱子来。但事实往往是墨菲定律,怕什么来什么。今天早晨卫生不好,让卫生老师说了几句,你心底郁闷;上午跑操有孩子说话被点名了,你火冒三丈;下午有节课二分铃响了,有学生来晚了,你怒不可遏。你会觉得这些学生怎么这么不听话,这么没有规矩,这么没有集体观念,这么不给你面子,但实际上,他们往往只是贪玩而已。这个时候一定要记住:他们是孩子,孩子出问题是正常的,不出问题是不正常的;碰到问题跳脚没有用,最重要的是想想如何解决问题。先问原因,再说问题,然后提醒,该惩罚就惩罚，但惩罚时切记：杀鸡勿用牛刀。孩子跑操说话，说明什么？说明没累着他，那就多跑一圈或者帮班里打扫卫生。大家哈哈一笑，孩子也得到了教训，就可以了。一定注意不要凡事上纲上线，动辄小题大做，不然先把自己给气死了。

第三，容易胡子眉毛一把抓，甚至有时捡了芝麻，丢了西瓜。这个问题其实就和前面说的学科教学一样，因为没有经验，也因为过度要好，很容易混淆了主次关系。很多年轻老师的特点是目光如炬，眼里容不得沙子。如果不论出现什么问题都要说说，那么结果就是什么也没强调。况且，班主任的工作非常琐碎，可以说基本上没有干完的时候，而且你还要备课，还要批作业，所以，年轻班主任做事情一定要先分出主次。列计划是个非常好的方法，把重要的事情、大事列在前面，次要的列在后面，一些填空的事情用零碎时间完成。如果时间有限，这样做可以保证主要的事情不出问题。

第四，多了匠气，失了灵气。我想提醒广大年轻人，经验固然可贵，但你内心那些新鲜的想法也很珍贵。地底下粗壮的树根是岁月的馈赠，枝头上鲜嫩的芽和枝干上饱满的汁液又何尝不是最美的风景。因此，在此提醒各位年轻人，在积累经验的同时不要丢掉自己的好奇与热情；课也好，管班也好，不要把自己的灵气全变成匠气。

年轻人，别让年龄限制了你的想象。

你的未来，不可限量。

附　录
一点点自留地，种些小花小草

有人的地方就有江湖。

那些好玩的事儿——咳,都给你们记着账呢

2011级7班八卦

合唱比赛

刘澜涛开会回来说:"老师,学校要举行合唱比赛。"我说:"好啊。"他继续说:"要班主任参加。"我说:"好啊。"他又说:"要领唱。"我:"必须?"他点头。我点头:"好啊,不过你们得申请换一个。"他疑惑地问:"换什么?"我大笑:"换班主任啊。"

几个女生不死心:"老师,你领唱试试嘛,你适合唱什么歌啊?"我说:"我适合的歌多了去了。"她们期待地说:"那我们从你适合的歌里选。说,什么歌?"我很认真地说:"《上学歌》《蜗牛与黄鹂鸟》……"我还没说完呢,她们居然就跑掉了!

选好看的

学校需要一些学生周末为学业水平考试服务。我在教室门口碰到汤世晨,想这厮住得很近,便问他:"周日来给学校干点活儿吧。"他很痛快地答应,问:"什么活儿?"我说:"给学业水平考试做引领。"他说"好的",然后特别认真地看着我说:"老师,你挑的都是形象好的吧?"我愣是没忍住,笑"爆"了。

那些美好的瞬间

从体育馆练完歌回教室,他们叽叽喳喳说个不停,到了三四楼有教室的地方突然安静了,我正纳闷怎么这么乖巧,看张海宾伏在楼梯口,冲每一个人做出"嘘"的姿势,于是,一切安静下来。

下课，不知谁的衣服扫过讲台，粉笔盒翻倒在地上，正当几个孩子在探讨是谁把它碰倒了的时候，吕新培已经一声不吭地蹲下身在收拾了。

每天早晨，教室外面的海面总有一个极红的太阳，红得干净而纯粹，天空的背景色极淡。我总要盯着那太阳看好久。真的很好看。

大家都爱邵子政

要评各种标兵。我在班里宣布了这个消息，一帮男孩叫："邵子政！"我认真地说："每种标兵要选三人。"他们又叫："邵子政、邵子政、邵子政！"

不要睁眼

军训结束给他们照合影，我想说"注意了，不要闭眼"，一不小心说成"不要睁眼"。他们笑傻了，我赶紧抢拍。可惜我也笑傻了，照虚了……

程寒宇的零食

那天三、四节语文连堂，课间我找出跑操比赛的规则，想让程寒宇给大家说说，可左等不来右等不来，二分铃过后终于把他等来了。我说："程寒宇先别回座位，正好给大家说一下跑操的事。"程寒宇很不自然地站在讲台上。我说："过来说呀。"只见他伸手到校服里面，慢慢掏出一包鼓鼓的零食来。我们大惊失色，而后大笑不已。我看他尴尬，便接过来，说"我早晨正好没吃饭呢"，却没留神那东西是开了口的，哗啦啦掉了若干个。程寒宇在给大家讲，我一走动，吧嘎，再一走动，吧嘎……

跳远比赛

运动会报名，程寒宇不太好意思问女生，我自告奋勇给他帮忙。看到小珂，便问："你以前有没有参加过运动会？"小珂抬头，热情洋溢地说："参加过的，老师！"我大喜："什么项目？"她依然热情洋溢："跳远，老师！"我继续大喜："跳得怎么样？"她还是热情洋溢："没跳进坑里，老师！"

2014级9班传闻

皇族基因

一次听写，胡泽阳同学把"联"很自然地写成了"朕"，我们肃然起敬，认为胡同学骨子里一定有皇族的基因。

于是，那天讲《信陵君窃符救赵》，我问谁来当皇帝，大家齐说："胡泽阳。"

我说皇帝找一个将军，胡泽阳选了张倬睿；再找一个大臣，他找了坐在身后的李宗元；再找一个仇人，就只能是"前同伴"冯圣凯了。

我让胡同学给大家演示一下虎符的用法，指令是：让大臣传令给将军灭了敌人。

小胡同学默默拿起一支笔，把笔身给了张倬睿，笔帽给了李宗元，然后李宗元和张倬睿把手里的东西郑重合在一起，检查无误后，张倬睿就冲着冯圣凯去了。

当托儿的操守

邹腾变魔术，欲找一托儿。我迅速地跑到讲台上站在他身边。邹腾看看我，摇摇头，说："张老师你不适合，你不好收买。"我急："我很好收买的，两块糖就可以。"邹腾迅速伸出一个手指头："一块。"我说："两块。"他说："一块。"我只好让步："一块糖和一块巧克力。"这个小气鬼居然说："一块糖和半块巧克力！"我快哭了，他终于良心发现："好，一块糖和一块巧克力。"

魔术开始，我坐在他身边，眼睛一眨不眨地盯着他的手，唯恐被他钻了空子。当他举起右手说橡皮在这里的时候，我知道肯定在他左手里！我盯住他的左手，特别想把它掰开。我脑海中的愿望愈来愈强烈，愈来愈强烈。千钧一发之际，我突然记起了自己的一块糖和一块巧克力，于是最终什么也没说，什么也没做。当托儿也是要有职业操守的！

芥菜和荠菜

《长亭送别》里有个词：拾芥。他们读成"拾荠"。我说不对，是芥菜的芥。他们齐呼："老师，不对，是荠菜！"我在黑板上图示荠菜和芥菜的区别，当我画完那芥菜疙瘩时，他们一齐叫："老师，这是萝卜！"

我问："你们就算没吃过芥菜，芥末总吃过的吧？"有人说没吃过。我说谁没吃过，举手。只见刘界良、宋凯和冯哲高高举起了手。我说："这么珍贵的滋味儿没品尝过是不是很可惜啊？"大家说"是啊，是啊"。我说："咱们想个办法让他们品尝一下好不好啊？"他们兴奋地说："好啊，好啊。"

这天晚上很辛苦,我跑了五家商店才买到了芥末味的薯片,对,就是"泡吧"那种。

重点检查

让孩子们背初中课本里的一篇古文,我说:"你们初中都背过了吧?"有人大喊"没有"。我很同情地问:"哦?哪些同学初中没背过这篇课文?"一些孩子高高举手,一脸感念君恩的表情。我环顾一圈,说"啊,我知道了",记下了他们的名字,让他们放下手,然后淡定地说:"下周我将重点检查这些同学。"

2017级4班账本

这个真一辈子忘不了

去北京研学的路上,猛然想起自己忘了准备午餐。心里还有一丝幻想,以为火车上除了难吃的盒饭,还会有大碗面之类。然而并没有。

饭点到了,空气中飘来幽微却摄人心魄的香气。我深吸一口气,站起来提醒孩子们接开水注意安全。原野突然抬起头问我:"老师,你知道火车上哪儿卖方便面吗?"我没好气地回:"没有!我想买还没的买呢!"他的脸上绽出一个绷不住的笑容:"老师,我这儿有,你买不?"

红凤房

一个孩子背课文,我发现他"f""h"发音有点小问题,当机立断决定给他现场来一则绕口令练练。最简单的当然是"红凤凰,粉凤凰,红粉凤凰花凤凰"。结果因为常年缺乏训练,我一开口就是"红凤房"……他们简直要笑炸了。唉,真是"人心不古"。

擒贼先擒王

早晨下了点儿雪,学校通知课间操不上了。我发现一拨男孩正抱着篮球顺着楼梯往下"出溜"。操场上又是雪又是冰又是水的,万一摔了怎么办?我便悄悄拦下最后抱着球的男孩带到办公室了……

假睫毛

练合唱的间隙,后面的男生突然一阵骚动。我过去查看,发现于浩然一根指头上拈着一根假睫毛，说从地上捡的。他们决定现场试一下这根睫毛怎么用。他们在王同学眼皮上忙活了半天后，很郁闷地问我怎么粘不上。我说："要是能粘得住，它能掉下来吗？"他们愣一下，说："对。"

"谄"怎么读

讲《屈原列传》。他们读"谗谄之蔽明也"时，好几个人把"谄"读成"陷"。我大怒，说："谁读错了？我保证不掐死他。"回身把"谄"字写在黑板上，指着它大声问："这个字念什么？！"他们被我吓住了，半天没作声。最后，听一个孩子怯怯地说："掐……"

小白兔干的

魏来到办公室说开会内容，我问他同学们大摇绳练得怎么样，他说还不错，就是出了点小状况：他们练完之后拿那根绳拔河，把绳拔断了……我记起一个同事家的孩子两岁时用家里的窗帘荡秋千，结果窗帘被拽下来了，宝宝对她说："是小白兔拽下来的！"我到班里讲了这个故事，然后问今天那根绳是不是也是小白兔拔断的？他们用小白兔一样萌萌的眼睛看着我。这是一帮平均身高在一米八以上的大男人啊……

奇奇怪怪的运动会故事

整理运动会的照片，笑死我了。

工作人员原野同学走过来视察工作。我说："你也不戴个帽子啊？万一晒坏'盛世美颜'咋办呢？"他说："老师，我抹防晒霜了呀。"我说："哎呀，还挺讲究呀！"他接着就激动地挥舞手臂："老师，你是没看见呀，今天早晨我一进班，咱班大老爷们儿全在抹防晒霜……"哎呀，怎么听起来那么"销魂"呢……

上午10点，太阳笑得花枝乱颤，不怀好意。我站起来说："嗨，女生们，早晨抹过一次防晒的，现在要补涂了，要不就晒坏了。"浩才的大脸激动地探出来。我说："浩才，你不用涂，你那张脸晒不透。"他激动地从包里摸出一个东西晃："老师，看我的防晒霜！"

这个"4×100掉棒事件"是这样的：潘奕晓和刘玉芃递棒的时候，可能是劲儿大了点儿，用刘玉芃的话说就是"棒已经在我手里了，可是它又弹走了"。

刘玉芃低头找寻了一圈,连根棒的毛都没见着,他干脆心一横、牙一咬,甩开两只大巴掌就跑了。在第四棒等着冲刺终点的于浩然抻着脖子,终于等到了姗姗来迟的刘玉芃,看他空荡荡的两只大巴掌,那表情简直……让我还原一下于浩然此时的心理活动:"早知你没有棒,我就撒脚丫子跑了!"

女子跳高,一位裁判临时有事,抓田润去代替。于是有人来传话说:"田润,快去! 女子跳高!"周围响起一片笑声。在笑声中,田润慢慢站起来,用两只小胖手捂住大胖脸,慢慢地走了……

胖胖的浩才同学人生第一次参加运动会就是跑 1 500 米。一开始,苏阳在陪着他跑。当他被别人落下一圈的时候,有四个男生在旁边一直给他打气,陪着他跑到终点。

至于我眼睁睁见一个帅帅的高一男生 400 米跑到一半鞋掉了这种事,就不提了,哈哈……

奇葩的停宿事件

一个快要抑郁到心碎的班主任跟你们说说班里的孩子是怎么把自己整"停宿"的:

一是"223 拖鞋事件"。一天,王同学中午去上厕所,蔡大神突然觉得这是个绝佳的"作案"时机,于是在宿舍的几个橱门上各放了一只拖鞋,王同学如果出来碰到就会被击中。蔡大神手头还有几只拖鞋,遂又在地上用拖鞋和各色袜子摆了一朵花。王同学出来,见花狂笑,并未中计。宿管老师闻声而来,维持完秩序离开时,不慎碰到橱门……

二是"213 橱门事件"。一天,宿管老师告诉我,刘同学拿了别人的橱门。我满心狐疑:他拿人家的橱门干吗? 而且橱门是"长"在橱上的,他怎么能说拿走就拿走呢? 心里揣着"十万个为什么",我把刘同学叫到办公室询问。他的回答是:一天到某屋串门,看到人家有个橱门掉下来了,他觉得那个门长得很像《植物大战僵尸》里面的某个角色,所以抱回去"研究研究"……一天,宿管老师发现刘同学和宋同学两人在一起玩什么电器,有点奇怪。后来,两个人交代那是一个小音箱,刘同学发现它的线很像一根拉链,觉得很新奇,就扯过来"研究研究"……

三是"216厕纸事件"。一天晚上,216宿舍突发骚动。后来经调查,舍长当时在厕所,然而他并不能逃脱干系,为什么呢?因为当时厕所正好没纸了,于是厕所里的舍长与宿舍里的同学开始"讨价还价"……

你一定要坚定地相信:他们一切皆有可能……

运动会延期了

他们期盼已久的运动会,竟下起雨来了!

学校下了通知:运动会延期,是日正常上课。

他们坐在座位上,蔫了吧唧,神情呆滞。

我努力给他们做思想工作:

"这雨6点下比9点下好。"他们略微点下头,表示略微同意。

"不但下雨,而且还打雷……你们这些'电脑'是不是特别危险?尤其再打把金属柄的伞……"他们笑起来。

"不但有雨,预报说下午还有大风……我发现了,咱们学校每次运动会延期都被证明是特别明智的……之前有一次延期,原定日期来了个初中学校开运动会,那天的风刮得呀……简直是'十班刮到一班,一班刮到海边'……那天咱们都觉得庆幸极了。"他们乐得不行,瞅着窗外风雨大作、电闪雷鸣,很开心了。

铃被雨淋后出了点问题,没响,他们还俏皮地戏谑:雨霖铃。

2020级1班花絮

文理有别

讲《桂枝香·金陵怀古》,对"画图难足"一句的理解:

文:景色太美了,用图画很难表现出来。

理:长江太长,景物太多,图框不过来。

讲到"千里澄江似练,翠峰如簇",我说:"我们以前也学过一句写景,白绿搭配,特别清新的来着……"

文:遥望洞庭山水翠,白银盘里一青螺。

理:白毛浮绿水!

叠 词

今日讲叠词。使用叠词的好处是音韵和谐,朗朗上口。我说:"比如你们的小名,是不是很多用的叠词呀?"他们说:"嗯嗯。"这时,我看到平日呆萌的涂竣淇同学突然探过头去问楚和睿同学的小名是什么,楚说:"先说你的!"大家说:"淇淇!"然后停顿一下,突然大喊:"涂涂!涂涂!"

啦啦队队长的诞生

楚同学吵吵着要报名当运动会裁判。我说:"你有项目,报啥报?"他皱着脸说:"在看台上当观众实在太无聊了。"我说:"那好办,我给你找点儿事干——你当咱班啦啦队队长吧!"旁边的朱昱丞拍着胖巴掌说"真棒真棒",我瞅他一眼:"你当副队长!"大家一齐鼓掌:"真棒真棒!"董茂原在后面喊:"老师,他们得配上专门的服装……"我一拍巴掌:"说得对!咱班还缺个可爱的吉祥物!董同学,就你了!"

苏门四学士

昨天讲到张耒的一首诗,看到注释上的"苏门四学士"字样,他们挤眉弄眼,我忍不住想起自己上高三时的一个故事:

语文老师在黑板上写"苏门四学士"。我想了一秒钟,唰唰在纸上写"苏洵、苏轼、苏辙",又想了一下,还有个女婿,就写了"秦观"。

老师溜达过来,看看我写的,摇头说不对。我很惊讶:怎么会不对呢?老师沉吟一下,说:"秦观是对的,还有黄庭坚、晁补之……"老师突然就卡壳了,皱着眉头,陷入了沉思。我在一边发呆。

过了一会儿,老师突然使劲拍了一下桌子:"我想起来了!第四个是张耒!"

大馅儿三明治

上课讲到一篇散文,开头、结尾是现在,中间全是回忆。我说这个写成倒叙也可以。董茂原睁大眼睛问:"插叙行不?"我就给他们讲了个故事:

一地盛行走私象牙,海关加强管控。一人牵象走过来,大象两只耳朵上各挂一片吐司。他说:"这是我的三明治。"

他们愣一下,大笑起来。我说:"你这思路没问题,但这馅儿,太大了。"

又讲至诗歌。全诗很明显是借景抒情,但孩子们答了些边边角角,似乎都有点道理,但都不是核心内容。

作文审题也有类似问题。

我把陈广瑞叫上讲台,让几个孩子用最短的时间给他画个像。

他们毫无例外都先画头,再画躯干,最后画指头等等。

我说:"大家发现了没有,虽然我没提要求,但大家第一意识画的都是正面,而且都是先整体、再局部,没见哪个先画脚趾头的。"

他们愣愣,点头。

然后,我说:"作文立意也是这样。你们放着好好的头和躯干不画,画一堆脚趾头干吗? 让你们拔棵树,你们撅几个小树枝行吗?"他们顿悟。

不靠谱的张老师

窗台上的几株小植物,经历了一个又一个匆忙离校的寒暑假,经历了一次又一次线上学习,依然仰着头,在春天里,显露喜悦。

我以前都是用擦黑板的那把喷壶浇,有一次操作不当,喷了自己一脸,他们哈哈大笑。还有一次浇了几下,怎么都不出水,我心虚又委屈地说:"可能坏了,但肯定不是我弄坏的。"他们说:"老师,你给它打打气就好了。"我发现打气很刺激,就多摁了几下,他们又恨铁不成钢地看着我说:"老师,差不多行了,再打下去要爆了。"

估计是他们越来越不放心我,有人悄悄地把浇花的活儿揽了过去,旁边贴着"本周已浇水",还随时更新日期。哈哈,我怎么觉得这与其说是提醒班里同学,不如说是提醒我这个傻老师……

美玉变石头

张同学把"珠玑"写成了"珠矶"。我们都很警惕,好好记住:以后不能和他做珠宝生意。

治"病"

朱同学改病句,找出一个词语错误。我问:"你怎么改的?"他愉快地说:"删掉啦！"

我说："有一天朱同学鼻子不舒服，到医院看鼻子，医生说……"孩子们齐声喊："删——掉！"

我又说："有一天朱同学耳朵不舒服，到医院看耳朵，医生说……"孩子们齐声喊："删——掉！"

我继续说："有一天朱同学头有点不舒服……"他们已经笑疯了。

然后他们便明白了：改病句和治病一样，要把错的变成对的，而不能随手一删了之。

综合篇

刚才谁在讲话

初高中衔接，讲词性。

刚讲完代词的几种类型，我叫起一个男生："请你站起来。"他站起来，有点茫然。我继续问："刚才谁在讲话？"

男生一脸惶恐："老师，我不知道，不是我。"

其他孩子的脸上也蒙上了一层紧张的神色。

我淡定地回到讲台上，打开新一页课件，上面写着三句话："请你站起来。刚才谁在讲话？ 我不知道。"

下面还有一行字："请找出这三个句子里面的代词。"

他们愣了一下，然后突然反应过来，哄堂大笑。那个要答题的男生拍着胸口："吓我一跳。"

拿根绳

我问："除了这几个文言实词之外，还有哪个词也有慰问的意思？"

张鑫说："吊。"

我叫他起来，问："哪个吊？"

他想了一下，说："拿根绳的那个。"

进不了

一日，我讲"深孚众望"，为了让学生把它和"深负众望"区别开，遂举一例："比如说，咱班李佳森同学参加世界杯——"李佳森先是惊讶，而后得意异常。孩子们笑。"我们本来以为他能踢进20个球——"孩子们惊叫。我继续说："结果他只踢进了8个球，真是深孚众望啊！用得对否？"孩子们且笑且想。我叫李佳森来说，他肯定地说："不对。"我窃喜：他肯定知道这两个词的区别了。于是我微笑地看着他："你说说为什么不对。"他嗫嚅着说："我想了一下，我进不了那么多……"

凭什么

讲冒号的段末总结用法，我举例："比如说，中午宁远同学吃了5个馒头，嵇超同学吃了6个包子，王庆同学吃了4碗面条，我吃了3只龙虾、4只鲍鱼、2只大闸蟹……此处放一冒号，后面写结论：我们都吃饱了。此处的冒号就是表总结的用法。"孩子们先是颔首，而后突然醒过来："凭——什——么——啊？"

清醒操

下午第一节课，他们一个个睡眼惺忪，极不清醒。

我说："来，伸出手，跟我一起做个清醒操。"

他们认真地举起手。

我说："用你的大拇指和食指捏住脸颊。"他们认真地捏住脸颊。我说："来，顺时针旋转90°……"他们突然感觉不对，我还在说："如果觉得不够就180°……如果自己不方便操作，可以同位互换……"他们笑得东倒西歪，然后，当然真的就清醒了呀。

都是些什么眼

讲"提纲"的字形，我顺便讲了下"纲举目张"。

我先在黑板上画一根绳为"纲"，下面画一张圆圆的渔网，画上经纬线，窟窿眼便为"目"。为了展示渔网在水里的状态，我还特别画偏了角度。

画完，我满意地看一眼，回头说："大家看，这是个……"

他们异口同声："地雷。"

议论文之"晚节不保"

写议论文,一些孩子本来写得不错,一看字数够 800 了,就急急忙忙结了尾,弄得人好不失落。

我说:"这就像有人到你家里吃饭,前面一道菜一道菜吃得可好了,正吃得有劲呢,你突然把满桌子菜飞速撤了下去:'没有了,没有了!'你知道吗,老师看得心理落差有多大,最后打分就有多狠。"

他们若有所思。

"还有的一看快到结尾了,就不好好写,乱七八糟写一堆。"我看他们一眼,接着说,"就像本来吃得挺好,快要圆满结束了,你突然往人嘴里塞了一块破抹布!"他们吃了一惊,而后笑起来。"老师最后打分的时候很愤怒,因为满嘴都是破抹布的味道!"

后来,他们就认真写结尾了。

网课那些事儿

乙　兄弟，好久不见啊！

甲　好久不见，好久不见。

乙　前几天好几次叫你"开黑（组队打游戏）"，你怎么都不理我呢？

甲　我上网课呢。

乙　上网课？

甲　对呀，我们老师抓得可严了，要开着摄像头，还有课堂提问，要求谁被点到名字必须 5 秒钟之内应答。

乙　这么严啊！

甲　一开始我不信这个邪，寻思这么多人，老师还要讲课，肯定顾不过来。我就趁老师讲题的时候偷偷打开手机。我在游戏里都"铂金 1"了，再打两局就上"钻石"了。

乙　所以你就打开了手机？

甲　对。就在我打开手机的一刹那，老师突然提问我："陈昭燃，你来说说这道题怎么解。"

乙　这道题怎么解？

甲　（唱）这道题怎么解，这道题怎么解？我心思全在游戏上了，我怎么知道啊？

乙　嗯，是够吓人的。

甲　我惊慌失措，我战战兢兢，我哆里哆嗦，我——急中生智！

乙　你怎么做的？

甲　我深吸一口气，非常淡定地打开麦："老师，我思考了一下，觉得这道

题的思路应该是这样的：首先——"（作瞠目结舌状）

乙　（好奇地看看甲，手在甲面前晃晃，很疑惑。）

甲　（继续作瞠目结舌状，一动不动。）

乙　噢，我明白了，你这是在现场装"卡"呢！

甲　老师说："陈昭燃，你的网络是不是有点问题？记得检查一下你的网络。换个人来回答。""好的，老师。"

乙　网络好了？好吧，你接着说。

甲　我当时可后悔了！什么是"一说话成千古恨"？这就是！

乙　怎么办？

甲　我只好一边翻着题，一边搜肠刮肚地编："首先，这道题要求……这道题的思路是这样的……"

乙　真能编。

甲　就在这短暂的静寂中，我的手机突然响起了一个清脆、美妙的声音。

乙　什么声音？是答案吗？

甲　（模仿游戏开始时的声音）TiMi……

乙　是游戏啊！

甲　然后我就暴露了。当天晚上，我乖乖地把手机上交给了我妈。

乙　断念想了。

甲　是啊，"暂断尘缘，一心向学"吧。有句话说得好："当你努力前行的时候，全世界都会为你让路。"

乙　嗯，是有这么一句话。

甲　当你认真听讲的时候，全世界都会给你提供帮助。

乙　这话怎讲？

甲　语文课复习文言文，张老师问："陈昭燃，你来说说，古代文化里的月初一般叫什么？"同学们，你们说说，月初叫什么？你也说说。

乙　我想起来了，叫"溯"！

甲　什么"溯"，那叫"朔"！有水才叫"溯"！你这大脑，得脱脱水！

乙　（作捂脸状。）

甲　这题我会，我很兴奋，赶紧回答："叫'朔'，老师。"张老师很满意，问："那么月底呢？"来，你说说，月底叫什么？

乙　我忘了。

甲　这个怎么能忘呢？张老师说了："到月底了，你想想，现在要是不好好学习，工作以后月底过的是什么日子？工资花光了，再有几天'花呗'需要还了，手机包月费用也要扣了，房东马上会来催上个月的房租……"

乙　等等，不应该是下个月的房租吗？

甲　上个月和这个月的都没交哇！当时答应月初发工资就交，可是我的钱都还"花呗"了。我陷入一片困顿。

乙　这么晦气呀！

甲　你这个思路对了。体会到这个感觉，这个词儿就忘不了了！月底就叫"晦"！

乙　(哭腔)好吧，我记住了。月底就叫"晦"。

甲　我说："老师，月底是'晦'。"张老师很高兴。

乙　她表扬你了？

甲　嗯，她说："不错，不错！你再来说说，十五叫什么？"

乙　(好奇)十五叫什么？元宵节？中秋节？月饼？

甲　你这啥跟啥呀？是一个字！可是——我想不起来是哪个字了！

乙　我想想……是不是"元"或者"仲"？要不怎么叫"元宵节""中秋节"呢？

甲　你快别瞎编了。张老师说了，"知之为知之，不知为不知"，记不起来的不要瞎编。你要为广大听众负责！

乙　你怎么回答的？

甲　我绞尽脑汁，冥思苦想。正当这时候，张老师家的小狗叫了："汪！汪！汪汪汪！"我一下子记起来了，说："老师，是'望'！十五是'望'！'望'！"

乙　哦，我也想起来了，《赤壁赋》里说"壬戌之秋，七月既望"，"既望"是十六,十五就是"望"！对,没错！

甲　张老师也是这么说的。我说:"我明白了,老师。"张老师问:"真明白了?"我说:"明白了,明白了。"张老师说:"那么就再说一遍十五是什么,声音大一点儿。"我说:"望！"张老师笑了,说:"再说三遍。"我说:"望……老师,我不说了,您太坏了。"张老师笑着说:"下次别忘了啊！"我说:"老师,您放心,我再也不会忘了！"

乙　我也记清楚了。

甲　从此以后,我对张老师家那只小狗有了特别的好感。可惜以后再也没听过它叫。

乙　为什么？

甲　有一次我悄悄问张老师,张老师说因为它网课期间总是乱叫,就送到老家了。

乙　多心疼啊！

甲　是啊,老师们为了给我们上网课付出了太多。地理老师的孩子小,在旁边找妈妈,老师也顾不上管。数学老师的爱人也是老师,孩子也上网课,为了避免干扰,数学老师只好在厨房给我们上课。厨房多冷啊！有一次我眼睁睁看着数学老师的鼻涕流出来了。

乙　太不容易了！谁能想到网课能和厨房沾上边呢？

甲　真还能沾上边。有一天物理老师给我们上课,是连堂课,中间有一个大课间。可是老师课间一点儿没捞着休息,一直在给同学们解答问题。第二节课上着上着,老师突然说:"咦,什么味儿呀？同学们等我一下,我炖的牛肉糊了！"后来我才知道,老师的爱人早晨炖上牛肉就上班去了,嘱咐老师别忘了关火。老师本来算的正好在大课间关火,可是一直给我们解答问题就忘了这茬儿。一大锅牛肉,糊了！

乙　怎么办？

甲　老师关上火跑回来,说:"同学们,我中午改吃牛肉干了！"

乙　老师们真不容易！

甲　谁说不是呢！所以我就下定决心,一定好好学习,不让老师们操心。

乙　嗯,得做到啊,不能说一套做一套啊!

甲　我是那样的人吗?我就盯着班上的"学霸","学霸"晚上学到几点,我就学到几点。"学霸"就是"学霸",都11点多了,还在专注地学习。我也非常专注地——

乙　学习?

甲　睡着了!

乙　你睡着了?

甲　是啊,我还做了一个梦:我去西天取经,被妖怪抓住了,妖怪要吃我,另一个妖怪说等等。

乙　等等孙悟空不就来了吗?

甲　那个妖怪说:"大哥,我怕吃了这个和尚会得'三高',稍微饿他几天再吃。"妖怪们就把我捆起来关在一个山洞里,只给水,不给东西吃。我那个饿呀!

乙　悟空怎么还不来?

甲　我饿晕过去了,迷迷糊糊听到有人在耳边唤:"陈昭燃,陈昭燃!"

乙　咦,不应该叫"师父"吗?

甲　我也觉得奇怪,就张嘴喊道:"悟空!啊不,师父!啊不,老师!"

乙　怎么回事?

甲　张老师在腾讯会议上叫我呢!

乙　张老师还没睡啊!

甲　我看了看时间,都12点了,就问张老师怎么还没睡。张老师说:"我刚批改完你们的作业,一看电脑,你还在这儿'挂'着呢,我就叫你,可是你不回我。"

乙　"挂"着睡呢!

甲　是啊。我不好意思地对张老师说:"对不起,老师,我不小心睡着了。"张老师说:"赶紧去睡吧,小心着凉了。"我说:"老师,您也早点休息。"张老师说:"快去睡吧,别忘了把作业本上的口水擦干净啊!"

乙　还有这么一出!张老师每天晚上批改作业,还要陪你们学习?

甲　是啊。张老师还给我们设了上课铃和下课铃。

乙　真讲究！

甲　上课铃是冲锋号。有时候我在旁边干别的，听到号声响了，赶紧撂下手上的活，进教室学习。

乙　下课铃呢？

甲　下课铃很好听："布谷，布谷——"

乙　嗯，听起来真不错！张老师这得费多少心哪！

甲　可不是嘛！连我们周末考试的开始和结束都有铃声，和学校的铃声一模一样！

乙　这能学不好吗？

甲　虽然是上网课，但是我们学得可好了，一点儿不比在学校差！就是留下了一个"后遗症"。

乙　什么"后遗症"？

甲　有一天我和我妈看电影，其中一个镜头有布谷鸟的叫声："布谷，布谷——"我妈感慨地说："春天来了！"我接着跳起来喊："下课啦！"

乙　你能有点儿出息吗？

甲　有一天上英语课，英语老师检查我背课文。

乙　这个简单，可以把课本放一边儿！

甲　不行，老师说要面对摄像头，把眼闭上。

乙　这招太狠了！

甲　是啊，我也说："老师，这招太狠了！"老师说："友谊的小船这就翻了？"我拼命点头。可是老师说："翻了就翻了！闭眼！背！"

乙　这可麻烦了！

甲　我就闭着眼背，背着背着，背不过了。老师说："陈昭燃，你什么时候能背过啊？"我说："明天，老师，明天我肯定能背过。"老师说："背不过怎么办？"我说："老师，要是我背不过，您家的年夜饭我包了！"

乙　包吃还是包做啊？

甲　当然是包做啊！但是老师说："得，你还是背过吧。你做年夜饭，我怕得连饿两年啊！"

乙　这算是真相了。不过,英语老师怎么知道你不会做饭啊?

甲　我估计是物理老师说的。

乙　物理老师又是怎么知道的?

甲　有一天中午下了课(那节正好是物理),物理老师说:"其他同学下课。陈昭燃,你留一下。"

乙　你又犯什么错了?

甲　我也拼命想啊:我作业都交了,上课也认真听讲了啊。这时物理老师说:"孩子啊,我看你这几天瘦了不少,怎么回事?"

乙　怎么回事呢?

甲　我说:"老师,这都被您看出来了。这几天我爸妈忙防疫,顾不上我,我就天天下面条,实在是吃够了!"

乙　只会下面条? 你也太笨了!

甲　我后悔了。刚放假的时候,张老师让我们回家学做饭,我偷懒了,这下知道难受了。

乙　让你不听话!

甲　物理老师说:"你今天中午吃什么? 总不能光吃面条啊。咱们家离得近,你到我家来吃吧。"

乙　还有这样的好事!

甲　我都想好措辞了,本想说"老师,不用了,谢谢您",开口却说成"老师,不用了,我不敢"。

乙　嘿,一不留神把实话说出来了!

甲　老师说:"有什么不敢的。你之前还说有几道题要让我看看,一块儿拿过来吧。"

乙　老师多么负责啊!

甲　我也想:是啊,有什么不敢的? 于是我赶紧问:"老师,咱们今天中午吃什么?"

乙　吃什么呀?

甲　老师说:"吃什么? 吃牛肉干呀!"

乙　还没吃完呢!